DON'T FUCK
THE POLICE

Samuel Vázquez
Josema Vallejo

DON'T FUCK
THE POLICE

Un modelo policial que protege
al poder y no a los ciudadanos

la esfera ⊕ de los libros

Primera edición: febrero 2025

© Samuel Vázquez Álvarez, 2022
© José Manuel Vallejo, 2022
© La Esfera de los Libros, S. L., 2022
Avenida de San Luis, 25
28033 Madrid
Tel.: 91 443 50 00
www.esferalibros.com

ISBN: 978-84-1384-959-1
Depósito legal: M-24220-2024
Composición: Versal CD, S. L.
Impresión y encuadernación: Huertas
Impreso en España-*Printed in Spain*

Índice

AGRADECIMIENTOS

En la portada aparecen dos nombres y dos apellidos, pero solo como humilde representación de todos aquellos que son ejemplo de dedicación y amor al servicio y que, con su trabajo, han permitido que la asociación Una Policía Para el Siglo XXI se haya consolidado como referencia en doctrina policial y como plataforma para todos los que aspiramos a un verdadero cambio en el modelo de las Fuerzas y Cuerpos de Seguridad.

Son Sergio de la Torre, Juan Pablo de Anca, Jesús de Prado, Raúl Moreno, Isabel Sobrino y Fernando Recio. Son nuestras familias, son nuestros amigos. Son ciudadanos valientes que no se resignan a dejar en manos de la delincuencia los barrios que les pertenecen. Son todos los compañeros que, independientemente del color del uniforme, salen cada día dispuestos a hacer el mundo un poquito mejor.

Son los que ya hicieron este camino antes que nosotros y, sobre todo, son los que dieron su vida en el cumplimiento del deber quienes merecen cualquier reconocimiento pasado, presente y futuro que las Fuerzas y Cuerpos de Seguridad y vigilancia puedan alcanzar.

Gracias.

Samuel & Josema

Prólogo
LA DELGADA LÍNEA AZUL

En el año 2018 participé como ponente en la Comisión de Interior que pretendía reformar nuestro modelo policial para adaptarlo al siglo XXI. Allí advertí a los diputados de la Cámara que España no estaba preparada para afrontar la nueva realidad delincuencial que ya se había impuesto en parte de Europa y que esta nueva realidad iba a convertir nuestros barrios en zonas de confort criminal que condicionarían, en un futuro muy cercano, la vida de nuestros hijos.

Desde la perspectiva de la ciencia policial y habiendo analizado escenarios como los de Francia, Bélgica o Suecia, les expliqué de manera gráfica que no teníamos un escudo como el del Capitán América protegiéndonos en los Pirineos y, por lo tanto, lo que había sucedido en Marsella, Bruselas o Estocolmo también ocurriría aquí.

También les anuncié que, por motivos relacionados con las políticas municipales de permisividad con la delincuencia de baja intensidad, en cuanto esta escalara hacia formas más sofisticadas y activas, como siempre ocurre, Barcelona sería la primera ciudad sin ley.

La primera respuesta que recibí de la diputada del Partido Popular —entonces en el gobierno— María del Carmen Her-

nández Bento fue: «No le puedo admitir ese discurso», a lo que
siguió un mitin de quince minutos en el que una profesora de
Matemáticas que llevaba casi veinte años en política me explicaba a mí cuál era nuestro modelo policial. Me fui a casa con una
sensación de frustración difícil de gestionar para una persona
que lleva casi dos décadas de experiencia profesional sobre el
terreno y ha dedicado miles de horas al estudio de la criminología, la ciencia policial y los diferentes modelos de seguridad.

La realidad, hoy, es que somos el segundo país de Europa en
el *ranking* de robos con violencia e intimidación según Eurostat,[1]
las agresiones sexuales se multiplican año tras año y han aparecido nuevos tipos delincuenciales que, hasta hace poco tiempo,
eran solo conocidos por los que nos dedicamos a estas materias,
como la técnica del mataleón[2] en los robos con violencia, los
secuestros exprés[3] o las violaciones en manada.

El país en el que hasta hace tan solo cuarenta años, sobre
todo en las zonas rurales, se vivía con las puertas de las casas
abiertas, es hoy el cuarto del mundo con más alarmas y cámaras
domésticas de vigilancia. Los crímenes atroces que hace un par
de décadas ocupaban miles de horas de televisión apenas dejan
huella hoy durante un par de días ante la continua sucesión de
hechos delictivos de extrema gravedad, cada uno más espeluz-
nante que el anterior.

Como pronostiqué, Barcelona es ya una ciudad degradada
por la delincuencia que consiente e incluso favorece la insurgencia
de baja intensidad por intereses políticos. Ciertas zonas del levante

---

[1] Oficina Europea de Estadística. Últimos datos de 2019.

[2] Técnica de estrangulamiento que produce en segundos pérdida de
consciencia a la víctima y facilita el robo.

[3] Secuestro de corta duración, a veces incluso virtual, con el fin de
obtener cantidades relativamente reducidas, pero de forma rápida, en efectivo
o en criptomonedas, que la familia debe conseguir.

y sur de España son paraísos para las estructuras del crimen organizado, y en el resto de las grandes capitales la delincuencia comienza a aumentar de forma preocupante ante la pasividad de
muchos de sus regidores, que prefieren ver cómo todo se hunde
antes que comprometer su mensaje de que «todo va bien».

En la sede de la soberanía nacional avisé de lo que estaba
por llegar si no hacían nada, y eso es exactamente lo que hicieron: nada. El desdén político tiene consecuencias. El barrio en el
que creciste ya no será el barrio de tus hijos.

Debemos entender que no hay escenarios intermedios entre
el orden y el caos. El orden nunca es perfecto, el mal existe y los
criminales también, pero dentro del orden las posibilidades de
victimización son más escasas. Una vez superada la delgada línea azul, solo hay caos. Las bandas criminales establecen territorios que son la antesala de las zonas *no-go*, escupiéndonos a la
cara una realidad: la libertad tal y como la conocimos ya no existe, es una quimera.

La inacción de los partidos que nos han gobernado en los
últimos cuarenta años, más preocupados por proteger sus intereses que los de los ciudadanos, ha impedido cualquier intento de
transformación del modelo policial, entre otras cosas porque el
que hay es ideal para servir a sus discursos.

Si el ciudadano medio supiera en manos de quién está y
conociera la realidad de lo que sucede a su alrededor, sentiría
pánico; de ahí que se dedique tanto dinero, tiempo y esfuerzo a
convencerle de que está seguro, no a darle seguridad. Estadísticas
y propaganda; los dos grandes pilares, como titanes mitológicos,
que sostienen las bases de nuestro sistema. Pueden llegar a convencerte de que la delincuencia desciende manejando una serie de canales de propaganda y unos índices de criminalidad
que son un insulto a la inteligencia, diseñados por el poder
político únicamente para sostener y dar cobertura a su posición hegemónica.

Josema Vallejo y un servidor trataremos de contar en este ensayo algunas cosas importantes que el ciudadano desconoce acerca de nuestro modelo policial y sobre la seguridad en nuestras calles.

Josema peregrinaba por el mismo camino empedrado que yo cuando le conocí, e intentaba llegar al mismo destino: cambiar las cosas. Es algo que en este país tiene mucho coste y muy poca recompensa. Josema era otro *outsider*, pero del cuerpo hermano, la Guardia Civil. Sus conocimientos de ciencia policial, complementados con su experiencia como trabajador social y sus vivencias en la Francia de los años noventa —testigo privilegiado de cómo todo se derrumbaba—, además de su trabajo incansable para intentar explicar la verdad a la sociedad, nos han unido en este proyecto donde intentaremos que tú, querido lector, entiendas que el mundo en el que solíamos vivir ya no se parece en nada al que está por llegar. Que la civilización más libre y próspera que ha conocido la humanidad está herida de muerte; o que los soldados que habían jurado protegerla han sido desarmados legal y moralmente por los que se hacen llamar a sí mismos padres de la patria y representantes del pueblo. El enemigo también está dentro de casa.

La primera vez que entré en contacto con otro modelo policial fue en el año 2002, precisamente en París, mientras preparaba la oposición. Allí me reuní con Pierre, un policía que llevaba veinte años de patrulla por las calles de la capital francesa grabados en su rostro; pelo grasiento, barba de dos días y fumador empedernido. Un policía de la vieja escuela.

—Samú —me decía poniendo el acento en la u—, la ciudad está perdida, la gente no lo sabe, pero es cuestión de muy pocos años. Hemos perdido el control y a nadie le importa. Los que toman las decisiones viven en burbujas de cristal sin ningún contacto con la vida real en la calle, nuestros mandos son oficinistas al servicio del político de turno y lo peor es que da igual quién sea el político de turno... son todos iguales. Se están creando guetos por toda la periferia, dentro de nada todo París será un enorme gueto con las zonas turísticas como zonas de exclusión militarizadas.

Casi se le humedecían los ojos al hablar, eran las palabras de alguien a quien le importaba París, la ciudad donde nació y creció. Alguien que se preocupaba por sus vecinos, a los que llevaba veinte años protegiendo.

Hoy, veinte años después, los guetos han rodeado París y el centro turístico está militarizado. Pierre no era un genio ni un adivino, pero no se equivocó en nada. Era, eso sí, un policía que observaba con ojos de policía y actitud de policía. Probablemente sus jefes pensaron entonces que era un paranoico y un chiflado; hoy seguirán sin enterarse de nada mientras miran en la pantalla de su despacho alguna absurda hoja de Excel.

Yo ya había viajado por primera vez a París en el 98. Hospedado en un hostal de Saint-Denis, bajaba todos los días hasta la basílica para coger la línea 13 y llegar al centro. El ambiente entonces ya daba miedo; reinaba una calma tensa, como si la gente estuviera en permanente vigilancia, consciente de que en cualquier momento algo podía suceder. Y no iba a ser nada bueno.

El barrio donde nos alojábamos todavía no era un gueto, pero había silencios en el aire que gritaban pidiendo auxilio: las miradas de algunas mujeres —sobre todo las más jóvenes— o las de algunos tenderos de la zona, que llevaban allí toda la vida y que fueron los primeros en darse cuenta de que algo iba mal. Grupos de hombres de origen magrebí permanecían todo el día en algunas esquinas, marcando territorio. Su presencia era intimidatoria, respirar era incómodo y el instinto te invitaba a salir de allí cuanto antes para llegar al París vigilado.

En 2018, durante mi intervención en el Congreso de los Diputados, sentí la misma frustración que Pierre cuando intenté explicar en la Comisión de Interior que España estaba en el mismo punto que Francia hace veinte años, y que solo era una cuestión de tiempo que los ciudadanos descubrieran que nuestro modelo policial estaba agotado.

Muy poca gente sabe que la OTAN lleva desde el año 2015[4] estudiando posibles escenarios de insurgencia en las urbes occidentales que obligarían a desplegar al ejército de manera habitual.[5] Hoy, *de facto*, ciudades como París o Bruselas ya tienen presencia militar permanente en sus zonas turísticas y a nadie le extraña lo más mínimo.

La era digital, las nuevas autopistas de la información y el globalismo han transformado el planeta en un periodo de veinticinco años en una dimensión casi equivalente a la que hasta hace muy poco tiempo exigiría tres o cuatro siglos. El crimen ha analizado esta nueva realidad y se ha adaptado a ella, pero, para frustración de miles de policías, la política criminal y las estrategias de seguridad elaboradas por políticos ignorantes permanecen ancladas al siglo pasado.

Estas políticas criminales no solo dejan al policía a los pies de los caballos, y por lo tanto al ciudadano desprotegido, sino que atentan directamente contra la capacidad de este para defenderse a sí mismo. Mientras se escriben estas líneas, un anciano de setenta y ocho años de Ciudad Real pasa las Navidades en la cárcel por defenderse en su propia casa de un asaltante con numerosos antecedentes que portaba una motosierra en las manos. Siguen mintiendo con el mantra de la proporcionalidad, sin que nadie sea capaz de explicar que, en la defensa de la vida, el cere-

---

[4] AJP-9, NATO Civil-Military Co-Operation (CIMIC) Doctrine.

[5] NATO Joint Military Operations in an Urban Environment (Joint Urban Operations).

bro humano se introduce en una tormenta de procesos químicos y neurológicos que hacen aflorar su parte más atávica. Nadie es proporcional en ese escenario. Pero es que, además, a nadie se le debería pedir que lo fuera. No existe proporcionalidad entre el bien y el mal; entre el bien y el mal hay que estar con el bien de manera desproporcionada y el coste de un asalto violento debería asumirlo el asaltante, no quien se defiende. Sea cual sea el resultado de su defensa.

Hemos construido un mundo donde el criminal tiene a su disposición todas las herramientas para delinquir, pero se limitan las que la víctima pudiera tener para enfrentarse a él. Hemos atado a los perros pastores mientras dejábamos sueltas a las ovejas. Los lobos harán el resto del trabajo.

Queremos contarte la verdad sobre un modelo policial destinado a proteger estructuras de poder y no a los ciudadanos, sobre cómo se convierten las políticas de seguridad en enormes negocios que tienen por objetivo controlar el crimen y no acabar con él, para así mantener los presupuestos; sobre cómo se asesina la perspectiva profesional para imponer la política que protege discursos de gobierno pero no personas; sobre cómo los partidos políticos han puesto en peligro nuestra seguridad construyendo un sistema atomizado de cortijos y caciques que solo se protegen a sí mismos, no al pueblo.

La ética no se negocia.

SAMUEL VÁZQUEZ ÁLVAREZ
Madrid, a 23 de diciembre de 2021

1

PERDIENDO LA GUERRA

*Nunca hay viento favorable
para el que no sabe a qué puerto se dirige.*
SÉNECA (Cartas, 71, 3)

«Antes, todo esto era campo». No importa cuál sea tu generación ni tu edad, siempre llegará un día en el que podrás decir a tus descendientes que todo ha cambiado y que la sociedad que un día conociste ya te es ajena. En esa expresión hay un punto de nostalgia, aquello de que *cualquier tiempo pasado fue mejor*. Lo cierto es que todo cambia, pero son cambios circulares; nada hay, socialmente hablando, que no haya habido ya.

La delincuencia también era campo, también era sencilla, no decimos inocente ni menos mala, solo más primitiva. Pero aun siendo mucho menos compleja, sí tenía algo en común con la que actualmente convive con nosotros: causaba un enorme desasosiego en la sociedad.

Si retrocedemos en el tiempo, desde que existen los primeros códigos penales o, antes que eso, desde que existe el castigo divino como primera forma de someter a aquellos que son indomables, comprobamos que también existía algo de lo que hoy carecemos: un consenso casi unívoco sobre el bien y el mal. O sea, había un código escrito (la ley) y otro informal (la costumbre), y fuera de ellos pocos se deslizaban voluntariamente, más bien los empujaban. No estamos debatiendo si aquellas normas eran sensatas o buenas, simplemente decimos que eran indiscutibles. Así, las sociedades se dividían a este respecto en dos grupos, los que hacían cumplir la ley y los que debían obedecerla y, dentro de esos dos grupos, ya fuera de vigilantes o vigilados, había una pequeña parte —eso tampoco ha cambiado— que era ingobernable.

Los vigilantes tenían muchas reglas de régimen interno que cumplir y que podían saltarse siempre que no vulneraran el principal precepto de la obediencia debida, y además disponían del monopolio de la violencia —regla que hemos heredado con muchísimos matices—, y podían ejercerla bien protegidos por el poder, siempre que con ello sostuvieran al cacique de turno. No importaba la clase de abuso si servías a ese fin.

Los vigilados, en cambio, tenían pocas normas que cumplir, pero muy estrictas y sin posibilidad de pleito. Todo el mundo lo tenía claro, si tu comportamiento estaba fuera de lo que el regente o la moral de la época dictaban, estabas perdido. ¿Había justicia? Sí, pero muchísimo más limitada e imperfecta que la de hoy. El agente del orden, entonces sin más formación que la de seguir las órdenes recibidas con fe ciega, era un peón prescindible —eso también pasa hoy— dentro de su estructura jerárquica, pero estaba dotado de un poder casi ilimitado de puertas afuera en una sociedad desconocedora de los pocos derechos que tenía. La única salida posible a tal sometimiento era la fuerza del grupo, la de vencer resistencias a base de luchas contra esos agentes de la ley que representaban la justicia divina en la Tierra o al cetro de oro del hombre poderoso. Contra ellos se dirigieron siempre el odio, el miedo y la rabia del ciudadano, con razón cuando servían a un poder despótico e injusto. Contra ellos, también el poder, porque cuando dejaron de ser útiles y el sistema precisó un cambio, fueron considerados agentes del caos y sustituidos por los guardianes de las leyes nuevas que les persiguieron, represaliaron y eliminaron.

Hoy, en los sistemas democráticos occidentales, los agentes del orden hacen cumplir unas leyes emanadas de parlamentos que representan la voluntad popular, así que ya no se puede hablar del *monopolio de la violencia*, sino del *monopolio de la fuerza* para revertir la violencia de aquellos que no creen en la democracia, la ley ni el orden, y que, la mayor parte de las veces, no representan ya ese perfil romántico de valientes rebeldes indomables, sino que son, simplemente, delincuentes.

No temas, esta no es una lección filosófica sobre el fundamento de la policía, ni siquiera un relato de su historia. Baste con saber que policías ha habido siempre, aunque no tuvieran ese nombre, y que, a pesar de que muchos de estos cuerpos de vigilancia se crearon con vocación y función altruista, habitualmente han sido utilizados, con total descaro, como instrumentos al servicio del poder político. En un estadio primitivo de la civilización, el policía era un guerrero que protegía la tribu, luego todo se fue degradando. Pocas son las instituciones que sobreviven a las edades del hombre a través de los siglos. Dos son la Iglesia y el Ejército. Siempre hubo un guerrero para defender lo propio y siempre hubo un sacerdote como intermediario para relacionarnos con el más allá.

El policía, un ciudadano más

En la actualidad, la capacidad de la política para utilizar a los vigilantes sigue intacta, pero, a diferencia de otros tiempos más oscuros, los agentes de la seguridad pública y privada han crecido y se han formado en un Estado de derecho en el que los valores constitucionales y los derechos y libertades de los ciudadanos a los que han de proteger deben estar por encima de cualquier otro interés. Cada vez son más los ingobernables o indomables, dentro de los propios cuerpos policiales, que se resisten a su utilización política y quieren cambiar las cosas. El policía ya no es un miembro de la sociedad apartado de ella, sino un ciudadano más, sometido a las mismas estructuras e inercias lógicas de la política y el poder. Como tal, por primera vez, ha dejado de creer que sus superiores policiales y los políticos de los diferentes gobiernos compartan un compromiso similar al juramento del soldado, el policía o el guardia civil, la virtud con sus cuatro brazos: prudencia, justicia, fortaleza y templanza.

No pretendemos hacer de jueces. No venimos a examinar a otros ni a atacarlos —el que así lo sienta mírese al espejo y reflexione—. Tampoco a refrendar la máxima de que los policías de antaño eran más violentos. Antes la relación con la violencia de nuestras sociedades era muy distinta. El maestro podía pegar un bofetón al alumno y cuando este llegaba a casa, su padre le daba otro para que aprendiera a respetar al maestro. No preguntaba quién tenía razón, solo reforzaba la autoridad indiscutible. Hoy, en un tiempo en el que la pedagogía ha sustituido a la autoridad que ostentaba el maestro por conocimientos y edad, el profesor acabaría expulsado y ante un tribunal de justicia. No ha cambiado el maestro, ha cambiado la relación con el alumno. Tampoco lo ha hecho la policía; ha cambiado la sociedad, y la policía no es más que un reflejo de esta.

El avance de la sociedad es el avance de la rebelión, de la contestación a las normas. Primero fue la lucha de los oprimidos contra un pueblo extranjero, después contra la nobleza, luego siguió la lucha contra la burguesía, por fin contra los gobiernos y, siempre, contra los ejércitos o los policías que trataban de defender el orden establecido. La sociedad lucha incansablemente contra el poder que cree que la somete, pero al mismo tiempo queda subyugada cuando obedece determinados mantras y eslóganes diseñados por las élites para guiarla al redil de la vida en comunidad.

«Antes, todo esto era campo». No. Antes, todo esto era lo mismo que ahora.

En la actualidad sufrimos un modelo policial fallido y agotado que, sometido solo al criterio de las órdenes políticas y con un discurso que ya nadie cree, ha conducido a Europa al borde del abismo: delincuencia y cibercrimen, bandas organizadas y terrorismo yihadista. El mal que traspasa la delgada línea azul e impone el caos.

Tras las dos grandes guerras mundiales, y después de superar aquel mundo partido por la mitad que fue la Guerra Fría, al cerrar un trágico siglo XX, son los disturbios urbanos, la inseguridad ciudadana y los atentados islamistas algunos de los monstruos a los que nos enfrentamos en el nuevo milenio. Tal vez creas que no es para tanto, o quizá seas de los que piensan que el enemigo está a las puertas y que aún queda tiempo. Nosotros te decimos que ya está dentro y vive muy cerca. Troya ya tiene su caballo, pero a diferencia de aquel engaño mítico que construyeron los aqueos para vencer al adversario, aquí el caballo lo hemos fabricado nosotros.

A Pierre le tachaban de loco en París, y quizá lo estaba... o quizá le volvieron loco; en cualquier caso, era un loco visionario. Nosotros también somos un poco como Pierre. Tú verás lo que haces y a quién crees. Sin duda, nos iría mucho mejor en nuestras profesiones si dijéramos que todo va bien, que somos el país más seguro de Europa, pero no dormiríamos tranquilos. Decide tú a quién quieres hacer caso. No son pocas las veces que hemos escuchado que nuestras afirmaciones son excesivamente alarmistas. Realmente, nos importa poco. Hasta el momento ninguna de nuestras predicciones —que lejos de ser profecías no son otra cosa que análisis operativos derivados de los conocimientos teóricos y la experiencia empírica— ha dejado de cumplirse.

No solo nos ha traído hasta aquí una política tolerante con el caos y la delincuencia autóctona, sino que la inmigración ilegal masiva ha supuesto un cambio de paradigma criminal en todos los territorios donde ha impactado; aun así, no puedes hablar de ello. No puedes analizar el problema para encontrar soluciones, no puedes plantear estrategias porque inmediatamente te acusarán de racista. Resulta una obviedad decir que los procesos de inmigración controlados —inmigración legal— suponen un gran valor añadido para un país, pero pasan a ser un auténtico problema cuando se desbordan y descontrolan, una vez activadas las redes de inmigración ilegal, tráfico y trata.

Cualquier problema social desbordado en el espacio y en el tiempo, no solo el de la inmigración, acaba convirtiéndose en un problema de seguridad y libertad casi de manera inmediata. Si comunicas a la provincia de Cuenca que este año va a recibir a 120 personas sintecho —once de ellas en enero, otras ocho en febrero, etc., Cuenca no tendrá problemas para gestionar el problema. Pero si en el mes de agosto, y de repente, llegan 1.500 sintecho, la provincia tendrá un problema de seguridad y libertad en apenas días. Con la inmigración ilegal desbordada es exactamente igual. No es tanto una cuestión de raza o etnia, como de volumen y capacidad de absorción, en la que influyen la cultura y el arraigo; y en esos dos ítems, tiene mucho que ver el origen. Al profundizar en el ejemplo de los sintecho, podemos ver con regularidad en los medios informaciones sobre las personas sin hogar y los recursos que se dedican a ellas y comprobamos que, a pesar de que cada vez son más los voluntarios y las entidades civiles que ofrecen sus esfuerzos, su número no desciende y sus problemas se agravan. ¿Por qué? Tal vez porque se ataca la consecuencia y no la causa. En este país todo funciona así, medicina para los síntomas, sin tratar jamás el origen del mal.

Para poner en contexto parte del problema debemos hablar necesariamente de las experiencias vividas en otras latitudes, en las que también lo vieron venir, pudieron prevenirlo y tampoco hicieron nada. Nuestros vecinos galos, germanos o aquellos tan civilizados del frío norte sufren desde hace demasiado tiempo, y debido a esa recepción incontrolada de inmigrantes ilegales, algo que se afanaron más en ocultar que en solucionar: el fenómeno de las llamadas zonas *no-go,* que proliferan en muchas de sus capitales y que, como si de un cáncer se tratara, se están expandiendo por todo el continente, sin que hasta la fecha haya en marcha ninguna iniciativa política seria para atajar lo que será uno de los principales problemas que afrontaremos en las décadas venideras.

Estamos a tiempo de aprender la valiosa lección que el ejemplo de estos países nos proporciona. No hacer nada no es una opción, pero hasta el momento, aquí, en España, ha sido la opción elegida por nuestros cobardes gobernantes, que prefieren diseñar estrategias específicas y crear nuevos grupos policiales *ad hoc* para luchar contra problemas artificiales, como por ejemplo agresiones homófobas inventadas en una de las ciudades más tolerantes del mundo, Madrid, solo porque favorecen a su discurso político, antes que mirar a la cara y poner coto a problemas delincuenciales acreditadamente reales.

En septiembre de 2021, al mismo tiempo que la delincuencia de las bandas latinas y las agresiones sexuales se multiplicaban sin que el ministerio diera respuesta al problema, el ministro del Interior Fernando Grande-Marlaska anunció a bombo y platillo la creación de nuevos grupos especializados en delitos de odio en la Policía Nacional y la Guardia Civil en respuesta a una supuesta agresión homófoba en el barrio de Malasaña en Madrid, aunque ya se tenía conocimiento de que se trataba de una denuncia falsa, como la propia supuesta víctima había confesado.

Muertos incómodos

Meses más tarde, aunque en el mundillo policial se sabía que los compañeros del País Vasco se estaban enfrentando a un más que posible asesino múltiple, y muy probablemente en serie, se trató por todos los medios de ocultar al pueblo español que un criminal de ese tipo estaba matando gais en Bilbao, y posiblemente en otras zonas. La noticia no salió a la luz hasta que el rumor era tan potente que fue imposible acallarlo. Hubo cuatro muertos confirmados y otros cuatro posibles aún sin confirmar. ¿Por qué esa diferencia de trato mediático? ¿Por qué una agresión homófoba inventada provoca un comunicado del presidente del Gobierno, otro del ministro de Interior y la creación de nuevas estrategias y grupos policiales, pero cuatro asesinatos confirmados y otros cuatro presuntos no?

Pues sencillamente porque la autoría contradice el relato oficialista de que algunas personas serían seres de luz. El presunto autor era homosexual e inmigrante y, precisamente por eso, porque estaba ya identificado y se conocía su origen y condición, era mejor que la noticia se diluyera. Sabemos que matan todos. Matan los hombres heterosexuales, blancos y españoles. Matan las mujeres; las madres y las que no lo son. Matan los negros, los hispanos, los asiáticos… Matan los ricos y los pobres. Y también matan los homosexuales. La diferencia crucial es que hay algunas muertes *menos importantes* o menos oportunas para el aparato de poder.

Ocho homosexuales asesinados no les servían para hacer política, pero un gay de Madrid que se dejó grabar a navaja la palabra «maricón» en el trasero dentro de una relación sexual consentida, y que luego denunció en falso por miedo a perder a su pareja, provocó un comunicado del mismísimo presidente del Gobierno, Pedro Sánchez, y la convocatoria urgente de la Comisión contra los Delitos de Odio y varias manifestaciones convocadas por organizaciones LGTBI, todas ellas controladas por la izquierda para que hagan de ariete en el señalamiento del adversario político. Ni la comisión ni las manifestaciones fueron desconvocadas a pesar de que, antes de su celebración, ya se supo que todo era una gran mentira.

Los autores de este libro no somos pioneros en esto de denunciar la hipocresía, otros lo intentaron antes y todos fracasaron. Si quieres que te seamos sinceros, también nosotros creemos que fracasaremos. Nuestra única esperanza eres tú, que formas parte de una ciudadanía harta de medias verdades. La solución solo puede llegar con el masivo apoyo de una población cansada de vivir con miedo, que no se rinda y exija un cambio inmediato en nuestro modelo policial y en la política criminal. Todo aquel compañero policía que, en Bruselas, Copenhague, Estocolmo, Berlín o cualquier otra capital, trató de difundir este mensaje fue automáticamente tachado de alarmista, conspiranoico o extremista y, como nuestro amigo Pierre —que predicaba en el desierto del París de los noventa—, su destino fue resignarse a vagar por las calles de la ciudad de sus desvelos haciendo sus horas de patrulla, procurando no meterse en líos y viendo cómo todo se iba a la mierda. En menos de dos décadas no hay un solo patrullero en Europa que no se haya convertido en Pierre.

Allí donde el mal impera

Una zona *no-go* es un espacio urbano al que las autoridades recomiendan no acudir. Los primeros escenarios afectados se correspondían con zonas en las que no había *nada que ver* y que eran desaconsejadas a los turistas; ese fue el pretexto inicial. «Oiga, mejor que no visite estos lugares ya que no tienen nada de interés y, además, puede que le engañen o le roben el reloj si no es usted del barrio».

A priori, solo eran zonas desfavorecidas de la ciudad, luego fueron zonas conflictivas, después hostiles y, hoy, no entran en ella ni los servicios públicos ni la policía.

Aquel «nada que ver» tenía una traducción evidente y no era otra que la de malos políticos que esconden una nueva realidad delincuencial que les podía afectar electoralmente. Este es justo el momento en el que nos encontramos ahora en España con el ministro de Interior, Grande-Marlaska, que manifiesta que los índices de criminalidad descienden, o con representantes electos como la diputada Hernández Bento que le dicen a Samuel en el Congreso: «No le puedo aceptar ese discurso».

Nosotros, querido lector, venimos a explicarte que con ese «nada que ver», llegado el momento, esconderán la violación de una manada a tu hija, la rotura de cadera de tu abuela después de ser asaltada en su portal para robarle el bolso o el asesinato de tu hermano al intentar defenderse en un robo con violencia. Los autores no tendrán nombres ni apellidos, las víctimas solo serán números. Nunca serán ellos los afectados, las élites, protegidos en sus zonas residenciales de lujo por personal de seguridad pública y privada las veinticuatro horas del día, los trescientos sesenta y cinco días del año. Seréis tú y tu familia; seremos nosotros y nuestras familias.

En cualquier caso, podemos hablarte de zonas *no-go* y delincuencia, pero tú necesitas saber qué es eso más allá de la retórica. Recordarás que, hace algo más de una década, la cadena de televisión Cuatro emitió una serie de reportajes llamados *Callejeros*, que tuvieron un éxito sin precedentes al mostrar, por primera vez con total crudeza y realismo, las vidas de ciertas zonas marginales de España en las que, por ejemplo, se ejercía la prostitución o el tráfico de drogas. Durante los últimos años han proliferado en otros tantos canales de televisión las docuseries de temática policial. *Control de carreteras*, *Control de aduanas*, *091: Alerta Policía*, en DMAX, o *Policías en Acción* en Antena 3. Son contenidos de interés para un espectador ávido de conocer una realidad que, hasta hace muy poco, nadie parecía querer enseñarle. A través de ellos, el televidente puede asomarse sin riesgo a un submundo disfuncional que oficialmente no existe. Para muchos, aquellos programas fueron una revelación, el inicio de un cambio de mentalidad, casi de conversión. «¿Esto también ocurre en España?», nos han preguntado muchas veces. Sí, ocurre y, aun así, lo realmente crudo y escabroso sigue oculto al público en general. Antes de emitirse, cada uno de esos programas pasa por el filtro de la jefatura correspondiente del cuerpo policial que aparezca en las imágenes. Así que sueles ver cosas bonitas, policías que hacen *cosas chulísimas* y productores y jefes de prensa policiales que las comunican *bien*. La auténtica basura, esas historias que se graban en el cerebro y no se olvidan jamás, no te la muestran a ti. Es el policía quien se la lleva a su casa cada día al finalizar su turno.

Nuestro país lleva cierto retraso en el establecimiento de esas zonas *no-go*, pero sí conocimos los asentamientos chabolistas de los años setenta y ochenta en casi todas las grandes capitales. Exceptuando a grupos históricamente rebeldes al acatamiento de normas, estos asentamientos se han ido eliminando, absorbidos por las urbanizaciones de extrarradio, pero la realidad es que esta integración duró más de dos décadas, y eso que aquel desbordamiento social estaba protagonizado por nuestros abuelos, emigrantes rurales. Eran personas con las que compartíamos lazos familiares, costumbres, creencias, códigos e idioma. Hoy el fenómeno se repite, pero con gente llegada de otros continentes, que no comparte nuestra cultura; en muchos casos, ni siquiera la respetan. No es una alianza de civilizaciones, es un choque. Disfrazarlo con palabrería no solucionará los problemas que ese impacto, mal gestionado, traerá consigo. Todavía hay gente que no entiende que el islam no es solo una religión, sino un sistema político cuyo libro sagrado es la ley.

Si la emigración masiva del campo a la ciudad cambió por completo el contexto delincuencial en España en los años setenta y ochenta, ¿cómo pretender que ese mismo proceso, pero con cientos de miles de personas llegadas de otros continentes, con culturas muy diferentes a la nuestra, no lo haga? Provocará un cambio multiplicado por diez o cien, dependiendo de la escala de llegadas.

El fenómeno del barrio antiguo que se depaupera y se convierte en una zona de confort criminal ha ido expandiéndose sin control. Son barrios en los que no puedes entrar sin que te roben, salvo si lo haces con un cometido concreto y permiso de la autoridad informal del lugar. O, algo muchísimo peor, son barrios de los que no puedes salir. Porque, aunque viviste tu infancia allí, y allí compraste tu primera vivienda y decidiste que era un buen lugar para tu familia, hoy te encuentras atrapado, rodeado de suciedad, ruido y miseria, y tu propiedad se ha devaluado tanto que nunca podrás venderla y obtener el montante necesario para irte a un lugar mejor.

Pero bajemos a la tierra. ¿Cómo es una zona *no-go*?

La experiencia de Josema como trabajador social en Francia o de Samuel, y su amistad con Pierre, pueden servirte de guía. Una vez más, tú decides si merece la pena arriesgarlo todo para evitar que te llamen racista, pero recuerda, no hay nadie más perjudicado por esto que los millones de inmigrantes que han llegado a nuestro país —a toda Europa— de manera legal a buscar un futuro mejor a través del esfuerzo y el trabajo duro. Esos, con los que convivimos a diario, amigos nuestros, serán los primeros señalados. No fue nunca una cuestión de raza o etnia, sino de arraigo y cultura. Cuando todo estalle a causa de la conducta de los inadaptados, de los que no desean convivir, el ingeniero argentino o la economista chilena que llegaron para compartir su talento, o el albañil ecuatoriano, la peluquera colombiana y el mecánico marroquí que vinieron para aportar su esfuerzo, serán los primeros señalados y acabarán metidos en el mismo saco que el que solo vino a reírse de nosotros y jodernos la vida. Lo hemos vivido demasiadas veces a través del tiempo. El mundo no es justo, nunca lo fue.

La historia de París o Marsella hoy es la misma historia que la de Afganistán o Irán en los años sesenta y setenta, pero con unas décadas de retraso. La historia de grupos de chicas jóvenes que disfrutaban de la libertad de los noventa, con sus largas melenas, sus minifaldas y sus botas hasta la rodilla, y acabaron sometidas bajo un pañuelo, obligadas a decir, además, que ponérselo había sido una opción voluntaria. Chicas que pasaron de ir a la discoteca con amigas a estar encerradas en sus casas, en barrios donde solo los hombres podían sentarse en la terraza de un bar para tomar algo; hombres con quienes les concertaban matrimonios para construir hogares donde la mujer no tiene voz ni voto, hombres que presumían de tener sexo esporádico con mujeres occidentales, a las que en sus charlas privadas trataban como a putas, con total desprecio.

También es la historia de barrios periféricos donde no trabajaba nadie, pero por cuyas calles circulaban a todas horas coches de alta gama, conducidos por jóvenes con cadenas de oro y Nike Jordan. Barrios que empezaron siendo pequeñas zonas *en las que no había nada que ver*, pero que terminaron siendo círculos de extrarradio que rodean a la gran urbe hasta dejarla sin respiración, como si de un asedio militar se tratara. Zonas que tienen sus propios códigos y sus propias leyes.

Guetos de argelinos que llaman a los negros «negros de mierda»; de negros que llaman a los chinos «chinos de mierda»; y en los que todos llaman a los blancos «infieles o blancos de mierda». Mientras, en las escuelas y en los medios de comunicación solo se señala al hombre blanco como racista y se le obliga a arrodillarse para redimir unos pecados que no cometió. Pecados que, en todo caso, pudieron cometer, o no, sus antepasados, al igual que los antepasados de todos los demás. Más de un millón de europeos fueron esclavizados por corsarios de la costa de Berbería —Marruecos, Argelia, Túnez y Libia— entre los siglos XVI y XIX. Los esclavistas eran piratas musulmanes, pero no vemos a ningún marroquí hoy arrodillarse y pedir perdón. Tampoco nadie se rasga las vestiduras e implora clemencia porque, en un momento de la historia reciente, hace poco menos de un siglo, miles de mujeres blancas vulnerables fueran extraídas de sus entornos de elevada pobreza por tratantes que las explotaron sexualmente y las distribuyeron por Asia y África. ¿O creías que la expresión *trata de blancas* era un eufemismo?

El futbolista del París Saint Germain Neymar, que fue uno de los deportistas que lideró el gesto de arrodillarse antes de cada partido para apoyar el lema del movimiento Black Lives Matter —«La vida de los negros importa»—, fue grabado por una cámara de televisión en mitad de un partido al dirigirse al jugador del Olympique de Marsella Hiroki Sakai con la expresión: «Chino de mierda». Desgraciadamente, el racismo es universal.

Las invisibles cadenas del gueto

La disfuncionalidad y la rebeldía impostada ejercen un increíble magnetismo, sobre todo en los preadolescentes y jóvenes. Es muy fácil dejarse atrapar por la vida del gueto, máxime si tienes carencias afectivas, de filiación o pertenencia.[1] En el gueto existen fuertes lazos de comunidad y, una vez te integras en su microcosmos, los de allí son tus amigos para toda la vida. Obtendrás de ellos lo que te haga falta de una forma muy distinta al modo occidental de las relaciones. Si necesitas dinero, protección, alimento, amor... lo tendrás. El precio es muy alto. De ti se exigirá lo mismo. Darás protección, alimento, dinero y amor a los tuyos. Te sacrificarás, si es preciso. Si en ese proceso de identificación con el grupo intervienen elementos de radicalización religiosa y estos

---

[1] Las crisis de fe o existenciales, la ansiedad social o la falta de redes de apoyo familiar son algunos de los factores que intervienen en los procesos de radicalización. También son aprovechados por elementos de subversión infiltrados en nuestra sociedad para llevar a cabo tareas de captación entre los jóvenes.

escalan, muchos jóvenes son incluso requeridos para el martirio. Pero esa es otra historia… aún más preocupante.

El gueto tiene ese inconmensurable poder de atracción. Proporciona todo a jóvenes que no tienen nada: seguridad, recursos materiales a los que jamás tendrían acceso y una vida de aparente ensueño que acabará convirtiéndose en pesadilla. Los guetos también atraen por coacción a jóvenes que ya estaban integrados a la perfección en la cultura autóctona. Un joven del extrarradio marsellés, perfectamente adaptado a la vida occidental, cuya intención es finalizar sus estudios para encontrar un buen trabajo y tener una vida plena formando una familia, ve de repente cómo su barrio se transforma en gueto y empieza a tener problemas de socialización con los vecinos de su misma edad que solo se dedican a *trapichear*. Mientras que antes su única preocupación era la de aprobar exámenes y tener una infancia feliz, ahora tiene que caminar a diario entre miembros de bandas que le miran amenazantes y le dicen: «¿Dónde vas?, esa no es tu gente, nosotros somos tu gente… No puedes tener una novia cristiana, esas solo sirven para follar. Tú te tienes que casar con una de nuestras mujeres, una buena musulmana».

Es muy difícil aguantar esa presión a determinada edad. El joven acabará por evitar el conflicto adhiriéndose a alguno de los grupos o bandas, adaptándose al nuevo escenario disfuncional como método de pura supervivencia en perjuicio de su vida anterior que, sin duda, era mucho más favorable para su futuro.

A pesar de que la experiencia nos avisa de estos peligros, los gobernantes en Europa han seguido apostando una vez tras otra por la concentración de personas sin arraigo y provenientes de una cultura muy diferente a la nuestra en espacios reducidos y compactos como método de integración. Grandes bloques de viviendas de protección oficial, barrios que se convierten en enclaves que hacen de microcosmos donde uno puede vivir casi sin entrar en contacto con la cultura occidental, tiendas *halal* en las que ningún distribuidor patrio tiene cabida, asociaciones subvencionadas donde solo se aceptan personas de una única raza o religión, etc. La dispersión obligaría al que llega a integrarse para seguir adelante, pero la concentración provoca lo contrario. El foráneo no necesita integrarse y, así, comienzan a fraguarse las sociedades paralelas, fuera de la ley. Nuestros brillantes líderes occidentales escogieron esta segunda opción.[2]

Este método ha fracasado una vez tras otra, pero a nuestras élites políticas les ha parecido siempre una buena idea porque alejaba a la mayoría de sus votantes del problema. No contaban con que sería el problema el que terminaría por acercarse al votante. El fenómeno ya se ha extendido tanto —democratización de la delincuencia— que es imposible no entrar en contacto con él. Antes el problema apenas te rozaba, ahora te escupe a la cara.

En España, faltaría más, también llevamos años copiando esta estrategia que no ha salido bien nunca en ningún sitio. No funcionó en Suecia, no funcionó en Francia, no funcionó en Inglaterra, pero va a funcionar aquí, y no se te ocurra decir lo contrario, racista de mierda. Cualquier gran ciudad española tiene hoy un «barrio moro» donde las carnicerías no venden carne de cerdo y en las terrazas de los bares no ves a una sola mujer. Cada vez se ven más chicas jóvenes con la cabeza tapada; incluso chicas occidentales guiadas por el distorsionado discurso de la multiculturalidad, que inician relaciones con chicos musulmanes y acaban por usar hiyab, después de pasar veinte años en nuestro sistema educativo escuchando lecciones sobre feminismo, igualdad y valores democráticos. La incompetencia, la cobardía y la miseria moral de los políticos a los que votas han

---

[2] La dispersión también plantea problemas, pero pueden atenuarse con la acción policial para hacer cumplir la ley. Cuando no se aplica aparecen los problemas de convivencia vecinal. Si bien no se crean guetos, sí se produce la depauperación de los barrios tradicionales.

traído el problema a la puerta de tu casa. La tuya, porque la de ellos, recuerda, está permanentemente vigilada. Hemos sido tolerantes con la intolerancia, e implacables con la cultura más tolerante y libre que ha conocido la humanidad, la nuestra.

La degradación es el preludio

Los abuelos y padres de los protagonistas de la historia de esos chicos y chicas francesas de la que os hablábamos tuvieron la difícil tarea de llegar a un país extranjero sin nada y salir adelante con sacrificio. Francia, como Bélgica, Suecia, Alemania o Dinamarca, decidió introducir la política del subsidio y la inercia hizo el resto. Viviendas gratis o a bajo coste, que se encargaron de convertir en vertederos y nidos de venta de droga, y un gigantesco gasto en servicios públicos que despreciaban y malempleaban. Un parque se convertía en un desguace; una fuente se convertía en un lavadero público. Las funcionarias terminaron por negarse a acudir a sus puestos en los barrios por las continuas vejaciones a las que eran sometidas. Las empresas de reparto y paquetería cancelaron sus rutas y establecieron otras alternativas con kilométricos rodeos para no aproximarse a estas zonas en las que su mercancía desaparecía, sus vehículos se desguazaban y sus trabajadores resultaban gravemente lesionados. A esto, los políticos franceses lo llamaron multiculturalidad.

Mientras tanto, las unidades de policía que al principio acudían raudas a los requerimientos se cansaron de ser recibidas a pedradas, conocedoras de que, en el Elíseo, los políticos observaban los *banlieues*[3] con la única preocupación de que en ellos no estallara la chispa de la revolución por causas raciales. La seguridad de la ciudad o la de los policías no importaba nada. Solo

---

[3] Suburbios o barrios de extrarradio.

pensaban en el sillón, la reelección y en que ninguna acusación de racismo o xenofobia enturbiara su foto mediática. La tragedia se cocía a fuego lento.

Los malos cada vez más fuertes e impunes, los buenos cada vez más desmotivados y abandonados. El escenario perfecto y de difícil retorno donde se supera la línea azul del orden. Detrás, solo ruinas. Como ya hemos dicho, no hay escenarios intermedios entre el orden y el caos; una vez superada la barrera de autoridad solo queda el desastre. El orden no es perfecto, siempre habrá maldad y malvados que comentan fechorías, pero fuera de él, tienes más posibilidades de que tu vida o tu hacienda sean los siguientes.

Los comandantes cuyo amor propio y orgullo profesional superaban al ansia de medrar dentro del cuerpo veían sus carreras constantemente superadas por las de sus elegantes compañeros que hacía ya mucho tiempo que solo *pisaban moqueta*. Los capitanes, inspectores y policías de base dejaron de creer en el modelo y se dieron cuenta de lo que hoy sabemos todos: cuanto más pones, más pierdes; y enfrentarse al sistema tiene un altísimo coste. Trabajar en ciertas zonas suponía no solo jugarse la vida, sino el empleo, el sueldo, la inhabilitación o la cárcel, a nada que cualquiera te acusara de racismo o violencia policial. Nadie estaría allí para ayudarte. Toda la cadena de mando se esfumaría amparada en la excusa del procedimiento administrativo para aclarar los hechos. «Se llegará hasta el fondo del asunto, no vamos a tolerar comportamientos propios de otra época en nuestros cuerpos policiales…». Mientras tanto, tu miseria la viviréis tú, tu esposa y tus hijos.

Policías como Pierre avisaron de esto a finales de los noventa a las autoridades francesas. Nadie les hizo caso. Hoy somos nosotros los que avisamos. Nadie nos hace caso.

Mucho antes de que el asunto de los guetos llegara a oídos de la presidencia de Francia, ya era un problema conocido por los ayuntamientos desde los años setenta, porque sus policías locales, como habitualmente pasa en la delincuencia de proximidad, lo habían detectado. Comenzaban a producirse pequeños robos, primero al descuido y luego con violencia, después agresiones sexuales, por primera vez de forma grupal, que casi superaban a las perpetradas por un solo individuo, concentración de hechos delictivos en determinadas zonas y horarios y, al final, espacios urbanos enteros por donde no era seguro transitar. La delincuencia se empezaba a democratizar.

Este es el escenario actual en España. La delincuencia comienza a democratizarse, lo que significa que cada vez son más los individuos que se comportan fuera de las normas básicas de buena conducta y, por tanto, son cada vez más los que se inician en la delincuencia. También se incrementan los escenarios en los que una persona tiene la posibilidad de ser víctima de un delito. Hay menos espacios seguros. Por eso creemos importante que sepas qué viene después, para que cuando vuelvas a votar, ningún político pueda engañarte diciendo: «Tranquilo, eso no va a pasar aquí, somos uno de los países más seguros de Europa, lo dicen las estadísticas».

La magia progresista

Pero volvamos a Francia. En las primeras detenciones el elemento común era la procedencia de los delincuentes: jóvenes, entre catorce y veintidós años, de origen magrebí. Cuando se trabajaba en la resolución de los casos, todas las pistas conducían a determinados barrios y negocios; las primeras intervenciones operativas de entrada y registro para encontrar efectos robados o drogas concluyeron en algún *grand ensemble*[4] del extrarradio.

---

[4] Inmueble de gran tamaño dispuesto para alojar numerosas viviendas, de tipología muy similar. Se caracterizan por su funcionalidad despersonalizada, carente de elementos decorativos o servicios comunitarios (piscina, zonas verdes...).

En ese tiempo la policía mantenía un control férreo de las entradas y salidas de la periferia, y la delincuencia, que ni de lejos tenía la dimensión actual, disminuyó porcentualmente. Pero la alegría duró poco, apareció un elemento con el que nadie contaba pero que no sorprendió a ningún agente del orden con formación académica e interés en el estudio de este fenómeno: el ciudadano francés acomodado, progre y bien intencionado que vivía en un buen barrio se volcaba en ayuda del delincuente —desde lejos, claro—, desplegando toda una pléyade de recursos económicos y sociales. Habían descubierto la fórmula mágica, habían encontrado la solución a la gravísima situación de inseguridad ciudadana: delinquen porque son pobres y no tienen acceso a recursos ni educación. *Voilà*... abracadabra.

Era un mensaje tramposo. En el año 1975 Francia ya disponía de tres millones de viviendas protegidas que, sin entrar en su catalogación, permitían el acceso en condiciones muy favorables para las rentas bajas o para los poseedores de créditos, y la educación ya era gratuita y obligatoria. Sin embargo, nadie se preguntó por qué los vecinos de esas zonas que no pertenecían a determinadas etnias o religiones abandonaban rápidamente aquellas viviendas y, a pesar de no tener recursos económicos, sacaban a sus hijos de los colegios para mudarse a zonas en las que no existieran problemas de adaptación cultural. Como lo lees: el ciudadano francés autóctono con menos recursos era el excluido en la ciudad y el barrio que le habían visto nacer. Inmediatamente, su vivienda era ocupada por un inmigrante de segunda generación. La segunda y tercera generación son las que vamos a empezar a conocer ahora en España, y han sido las de mayor componente criminal en todos los países que vivieron el fenómeno de la inmigración masiva antes que nosotros. Tú debes saberlo, aunque eso nos cueste que todos aquellos que están a un paso de destrozar tu vida tal como la conocías nos llamen racistas.

Nuestra querida nación empieza a experimentar los mismos procesos de desestructuración de Francia, pero a mayor velocidad. Cuando los vecinos de Hortaleza, en Madrid, protestan porque les han puesto un centro de menas en el barrio, no se han vuelto de repente todos xenófobos. Cuando las madres de un colegio de Barcelona se manifiestan en contra de un albergue para indigentes o una asociación se queja por la construcción de una mezquita en Sevilla, no es que se hayan convertido en monstruos aporafóbicos o racistas; solo sufren el problema en primera persona. Los vecinos de cualquier otro barrio más acomodado, esos que ahora les llaman racistas, acabarán manifestándose también si trasladan cualquiera de esas instalaciones a su zona. Porque el buenismo como herramienta política, o el señalamiento como *facha* o *xenófobo* de quien no opina como tú, al más puro estilo de la Alemania nazi, dura lo que tarda tu hijo en llegar a casa con la cara reventada porque un grupo de menas le ha rodeado y le ha dado una paliza para quitarle el móvil. La tolerancia a la multiculturalidad tarda en desvanecerse lo mismo que tardas en darte cuenta de que tu hija, con dieciséis años, se echa un novio que le controla las conversaciones de WhatsApp, le dice cómo tiene que vestirse y un día vuelve a casa con la cara marcada de un bofetón.

Si queremos poner las cosas en perspectiva, el problema global ya viene de lejos. Del verano del amor del 67 en Estados Unidos o el mayo del 68 en Francia, tan próximo a España. Ambos fueron expresión del avance de un nuevo socialismo pasado por la túrmix de lo moderno y mezclado con la candidez de unos jóvenes con la tripa llena que no vivieron los conflictos de sus padres y que creían que con paz, amor y «socialismo con rostro humano» todos los problemas del antiguo régimen se acabarían.

El mayo francés es una fecha infame convertida en efeméride romántica para diluir la responsabilidad de una tragedia. Una simple protesta estudiantil en contra de la segregación por

sexos en las residencias de la Universidad de Nanterre —La Dé-
fense-París— sirvió como detonante para lo habitual: hacer barricadas, quemar coches y lanzar piedras a la policía. Autores más
cualificados pautan este hecho como el primero en el que se
definen e inician luchas específicas que hoy son banderas del
nuevo mundo global. El feminismo, el ecologismo o los derechos de la población homosexual estaban sustituyendo a las antiguas clases como identidades para la lucha social y, aunque todo
parezca espontáneo, nada tiene de casual. Esta conversión estaba
bien estudiada, asumida por los más radicales para su uso como
munición en la guerra de las ideas de una izquierda totalmente
fragmentada que solo era capaz de unirse en el conflicto.

No seremos nosotros quienes resumamos un tema tan complejo en cuatro párrafos, pero detrás del romanticismo del *Sous
les pavés, la plage!*,[5] lo que hubo no fue sino violencia extrema
ejercida por estudiantes, sindicatos de obreros y activistas de izquierdas afectos a diferentes causas, que se unieron a la huelga
aprovechando el éxito de una primera movilización, esta sí, espontánea. Simplificando: los de siempre sembraron el caos en
una guerra de comandos *light* tratando de emular las históricas
barricadas de París. La policía, que no se contuvo, cargó con la
máxima contundencia contra una turba descontrolada y cargó
también, como siempre, con la culpa de la negligencia política.
Como en el 15-M o como en Barcelona durante el golpe de

---

[5] «Bajo los adoquines, la playa». Al arrancar los adoquines de la calzada
para hacer barricadas o arrojarlos a la policía, observaron que el mortero era
arena. Fue el lema de la revolución del 68. Pero, como casi todo en los movimientos sociales, no fue una expresión espontánea que calara en los participantes y fuera difundida, sino un eslogan pensado por el activista de izquierdas
Cousin y el experto en comunicación Bernard Fritsch. El dominio de la
propaganda de siempre para engañar a la parte más manipulable de cada
generación.

Estado separatista. Y aunque estos acontecimientos siempre se venden como masivos o mayoritarios, lo que nunca se cuenta es que, la verdadera mayoría, los ciudadanos honrados que no acuden al vandalismo para «luchar por sus derechos», permanecen en su casa, atemorizados, viendo cómo las llamas de las barricadas alcanzan sus ventanas. Tampoco se cuenta jamás que, entre los cientos de heridos en los disturbios, la mayoría suelen ser policías. Son los grandes olvidados en el recuento de bajas de cualquier hecho social violento en tiempo de paz.

Así nació la actual izquierda, la *izquierda caviar*, de los activistas de salón, la *gauche divine*. El genio del cine Pasolini dijo en relación con esas protestas del 68 en Italia: «Tienen caras de hijos de papá. Buena raza no miente. Tienen el mismo ojo ruin. Son miedosos, ambiguos, desesperados (¡muy bien!), pero también saben cómo ser prepotentes, chantajistas y seguros: prerrogativas pequeño-burguesas, amigos. Cuando ayer en Valle Giulia pelearon con los policías, ¡yo simpatizaba con los policías!, porque los policías son hijos de pobres. Vienen de las periferias, campesinas o urbanas».

Los sesenta fueron años de provecho para el activismo que sentó las bases de un nuevo modelo de sociedad. Lo que demasiadas veces se olvida es que bajo tanto idealismo siempre se esconde el mismo fantasma: el viejo espectro del totalitarismo al que decían querer derrotar. Lo harían tratando de imponer uno nuevo en el que las ideas caducas del enemigo —que era la generación anterior— se borraran con pintura mural llena de colorines, corazones y símbolos de la paz, y se cambiaran por otras nuevas de libertad, justicia y derechos sociales, pero solo las que ellos consideraran dignas y, por supuesto, impuestas *por tu bien* —a la fuerza—, eso sí; y acatados de forma obligatoria so pena de grave condena. No lo consiguieron entonces, pero medio siglo después comprobamos sus efectos y sufrimos sus consecuencias.

Mientras miles de ciudadanos se manifestaban por lo que creían que era justo, con mayor o menor acierto y violencia, se producía otro efecto que se repetirá a lo largo y ancho del planeta en cualquier acción de los movimientos sociales de izquierdas. Cientos de delincuentes se entregaron al vandalismo indiscriminado y al saqueo de comercios, poniendo en jaque a unas fuerzas de seguridad a las que se impedía actuar contra ellos, puesto que, a cada actuación policial, se producía una reacción aún más violenta. Los manifestantes legítimos se negaban a admitir una realidad palmaria: entre ellos había auténtica gentuza. Confundían la represión del delito y el uso policial de la fuerza con el ataque a su causa, seguramente justa y noble en su origen, pero que se torna interesada y vil cuando se somete a intereses de poder, y que se pervierte cuando reclama derechos a costa de pisotear los de otros, mientras gritan, en un éxtasis de impunidad, aquello de «¡las calles serán siempre nuestras!».[6] Los antidisturbios son los que devuelven esas calles a sus legítimos propietarios: toda la ciudadanía. Por eso los odian.

La conclusión siempre era la misma: *es la policía la que inicia los disturbios*. El manifestante compraba el discurso, muchos ciudadanos ajenos también y, por supuesto, el político que había ordenado a sus fuerzas reprimir las movilizaciones se sumaba al mensaje poniendo en la picota a sus agentes para que nada le salpicara a él.

Cuando llegaron los ochenta, aparecía una Francia llena de inmigración descontrolada con serias dificultades para adaptarse a los usos y costumbres autóctonos, que empezaba a cometer ciertos delitos en mayor proporción de lo esperado. Aún no se habían desarrollado las organizaciones criminales, simplemente había personas que no ajustaban su conducta a las normas sociales informales europeas. Afirmar esta inadaptación era xenofobia. Atajar cualquier comportamiento violento o delictivo que los

---

[6] Eslogan habitual en todas las manifestaciones de movimientos de izquierda en España.

grupos marxistas consideraban el espíritu de la revolución, la
república o los mantras del 68 era fascismo. Cualquier actuación
en determinados barrios se consideraba automáticamente violencia policial y racismo institucional. Todos los alcaldes y prefectos temían un estallido de violencia, y cualquiera de ellos
toleraría antes el desorden que la impopularidad.

Pensemos que el delito no aparece como primera conducta
disfuncional, sino que nace de pequeñas y mínimas vulneracio-
nes de urbanidad. Se puede empezar por dejar basura en lugares
no habilitados o no respetar horarios de descanso vecinal y de
ahí se pasa a pintar en las paredes, degradando gravemente el
entorno y, al no ponerse coto a nada, se termina por destruir
todo el medio urbano.

Aquellos inmigrantes no actuaban con conciencia de delito,
solo lo hacían como en sus lugares de origen. En vez de constre-
ñir esas conductas, se alentaban desde medios e instituciones
—«son sus costumbres»—. Se esperaba que gracias a los procesos
de aculturación se integraran, pero fue al revés. Resultó que,
ante la novedad de lo exótico, toda una generación de europeos
aburridos, nuevos burgueses tras la crisis de los setenta y entre los
resquicios del movimiento *hippie*, se lanzaron a aprehender toda
la parafernalia extranjera: expresiones, música, alimentos... El
obrero de la Renault, su papá, no tenía tiempo para eso.

Pascal y Chloë

Los hijos de aquellos primeros inmigrantes se comportaban de
forma disfuncional —aún no necesariamente delictiva—, y los
hijos de los burgueses de los distritos centrales los imitaban. Para
Chloë y Pascal, tener amigos en el *banlieue* era *chouette*;[7] su música

---

[7] La palabra significa «búho», pero se utiliza para decir que algo «mola»,
es «guay».

era *cool*. Esto, que a priori no es ningún problema, empezó a serlo cuando Chloë y Pascal dejaron de ir a clase, se implicaron en las dinámicas de los barrios y empezaron a generar en sus jóvenes amigos menos favorecidos expectativas poco realistas. Mohammed no estaba interesado en el *hecho racial*, sino en prosperar como su padre mediante el trabajo, pero Chloë le explicó que su problema era de estigmatización y exclusión por motivo de raza y que no se solucionaría con esfuerzo, trabajo o estudio: «Fíjate en tu padre, se mata a trabajar, ¿para qué?». Mohammed la creyó. Un problema de adaptación puntual se había convertido en un problema social. Aunque desde luego el inmigrante no partía de la misma posición, sí tenía idénticos derechos: casa, educación y sanidad gratis, pero no era bastante. Necesitaban importar su mundo y su modelo de sociedad e imponerlo a la que les había acogido, lo que, por pura definición, era imposible. Los políticos progres europeos, para utilizarlos con fines electoralistas, y los buenistas de salón, para lavar su conciencia, les hicieron creer que ninguno de sus fracasos era en realidad culpa suya, sino de un entorno hostil y racista que no les permitía prosperar, y por supuesto, les pidieron el voto con la promesa de que su mundo iba a cambiar. Pero no fue así, su mundo no podía cambiar porque el otro mundo ideal que les habían dibujado era irreal, no existía, era todo una gran mentira. Pascal y Chloë —que bien podrían llamarse en España Pablo e Irene— les prometieron un cambio que nunca llegó. Pasaron los años y, tras la efervescencia de la juventud y los apasionados debates en la cafetería de la facultad, Pascal y Chloë —que no dejaron de ser de buena familia— cada vez pasaron menos tiempo en el barrio, se matricularon en una buena universidad y obtuvieron prestigiosos empleos gracias a los contactos de sus padres. A partir de entonces se dedicaron a debatir en las cenas con amigos sobre desigualdad y rentas vitales mientras bebían botellas de vino de precio equivalente al salario mínimo de sus antiguos amigos del gueto, o gastaron en su boda el doble de lo que una familia media gana en un año. ¡Cuánto daño en tanta buena intención!

Pensar que toda persona desfavorecida, inmigrante o en situación de exclusión es propensa a la delincuencia es un absoluto disparate, pero también lo es pensar que todo aquel que cruza nuestras fronteras es una hermanita de la caridad. Hay buenos, malos y muy malos. Si hay una certeza es que toda persona necesita un periodo de adaptación y que, si los sujetos que muestran conductas desviadas difícilmente se adaptan en sus entornos de origen, con mucha mayor dificultad lo harán en uno nuevo. Sin embargo, sí son capaces de crear, con extrema facilidad, nuevas capacidades y redes sociales informales para vulnerar las nuevas reglas que se les trata de imponer. Los mínimos esfuerzos que les son exigidos para lograr lo que aquí llamamos integración son sustituidos por otros, enormes y creativos, dedicados a convertir la nueva sociedad a la que se enfrentan en una similar a la de procedencia, que ya conocen, creyendo que les será más fácil medrar en ella.

Por tanto, problemas que eran de mera conducta desajustada o desviada y que con tiempo, vigilancia y trabajo social se hubieran resuelto, se habían transformado en una cuestión de índole civil y racial a causa del apoyo mal entendido e interesado de los sectores acomodados. Es la época dorada de los servicios sociales, las asociaciones culturales y los abogados pro derechos civiles. Enfrente, la policía. ¡Cómo no!

La hora de los estúpidos

Al principio, esos delitos cometidos en *centre-ville* conducían a los barrios, donde la policía encontraba poco apoyo, pues imperaba una ley del silencio que impedía cualquier investigación y, además, las autoridades se afanaban para que sus agentes molestaran lo mínimo posible, temerosos de quejas y noticias contraproducentes. Esta es la política que ha imperado en la Unión Europea en las últimas décadas: no hacer nada para evitar males mayores. Tal dejación implica que ciertos espacios y grupos sociales conformen una suerte de olla a presión que va aumentando de temperatura hasta que estalla. Así, en esos barrios, los agentes tampoco encontraban al principio demasiada resistencia; se localizaban efectos robados, se hacía alguna detención, poco más. Hasta que, un día, a esa resistencia pasiva de los habitantes de esos grandes bloques se sumaron las asociaciones vecinales, oenegés, abogados, etc., estructuras todas creadas desde fuera del barrio. Mientras la policía trataba de reprimir el delito, las asociaciones pro derechos —que luego iban a dormir a sus buenas urbanizaciones— ponían los palos legales en la rueda. Los delincuentes se crecían, se sentían objeto de persecución. La cuestión no era si habían robado una moto, traficaban con hachís o habían violado a una muchacha, sino que la policía entraba a sus barrios por racismo institucional. El proceso de la delincuencia masiva se inició a causa de una inmigración descontrolada y desbordada, pero esto pudo haberse resuelto policialmente. La verdadera debacle social llegó de manos de los franceses de cuna bienintencionados y, por qué no decirlo, estúpidos.

El resultado era previsible. Toda una generación inmigrante desajustada que cree que actuar a conveniencia, como aprendieron a hacerlo en sus lugares de origen o al modo del lugar de proveniencia de sus ancestros, es un derecho. Una generación de franceses de *toda la vida* que apoyan absurdas teorías de aculturación; unos políticos ineptos y acomplejados que dejan que el problema se extienda y una policía abandonada. La olla hizo ¡*boom!*

Esa policía, que era recibida en los barrios primero con indiferencia, luego con hostilidad y, después, con resistencia armada, no solo se jugaba su integridad física, sino su prestigio profesional y su pan. Porque subían al bloque y el coche patrulla que aparcaban en la puerta aparecía quemado; acompañaban a los servicios sociales y tenían que atrincherarse en un portal a esperar refuerzos. Si había una llamada de auxilio, no podían entrar al barrio hasta que, como mínimo, se reunieran seis o siete patrullas. Dejaron de ir.

Los barrios obreros comenzaron a depauperarse ante la impotencia de sus vecinos autóctonos, cuyas vidas se reducían a *metro, boulot, dodo,*[8] mientras que los nuevos habitantes pasaban el tiempo ociosos y generando molestias y ruido. Después se convirtieron en barrios problemáticos, más tarde en inseguros y al final se transformaron en zonas *no-go*. Zonas que oficialmente no existían, que ningún político reconocía tener en su distrito. Zonas que, a fuerza de ignorarse, de no diagnosticarse ni tratarse, se enquistaron y reprodujeron, y que no se consideraron un problema mientras la explosión de criminalidad no asoló los centros de las ciudades. Así pensaba el político en los años noventa, sin percatarse, en su miserable pensamiento cortoplacista, de que las grandes capitales estaban rodeadas por esos barrios, como en un sitio militar, y que sus problemas y miserias comenzarían a tener eco en lo único que le importaba al gestor: la reelección.

Los coches se empezaron entonces a robar en el centro, donde proliferaron también los asaltos a joyerías y las agresiones. Los barrios, réplica de la organización social tribal de la que procedían sus nuevos habitantes, quedaron para almacenar lo sustraído y para procesar y distribuir la droga. Las leyes nacionales no tienen validez allí y los asuntos legales se dirimen en tribunales especiales. Nadie ajeno a esa estructura penetraba. Como en Las Vegas. Lo que ocurre en el barrio se queda en el barrio.

---

[8] Metro, curro, catre. Expresión coloquial que ofrece una visión pesimista de la rutina de un trabajador. En español no existe traducción idéntica concreta, sería algo como «de casa al trabajo y del trabajo a casa».

Ya no es solo que en Francia, Bélgica, Alemania, Reino Unido o en los venerados países nórdicos —paradigma del estado del bienestar— se hayan establecido estructuras de poder paralelas a los organismos y estamentos del Estado nación, sino que la *sharia*[9] se ha impuesto como ley por encima de las normas constitucionales, las cartas de derechos y los tratados internacionales. Existen amplias zonas, cada vez más numerosas y en expansión geográfica, en las que las mujeres no pueden pasear libremente sin permiso de un hombre y en compañía de un familiar, espacios donde se conciertan matrimonios con menores de edad y se cometen crímenes de honor. Todas esas zonas, independientemente de la forma de administración o ideología política de los gobiernos de los países en los que se han establecido, tienen algo en común: la policía no entra.

Completamente inhabilitadas por la obstrucción política y la acción ciudadana buenista y progre, las fuerzas del orden cargan con toda la culpa. Se les exige eficacia con medios de los que no disponen y se les pide algo a lo que no están obligadas: un sacrificio. Que luchen, pero sin pelear; que resulten heridos, pero sin herir; y que mueran, pero sin matar. Cualquier excusa para el vandalismo es válida. Unos organizan la acción violenta y otros catalizan los movimientos ideológicos mientras grupúsculos de jóvenes disfuncionales aprovechan para saquear comercios. Musulmanes, cristianos, negros, blancos, obreros o burgueses… siempre algo en común: ideología de izquierdas, apoyo mediático, tibieza política y órdenes a la policía para que traten con cuidado a los violentos. «Que la represión no salga en las noticias».

Sí, hay que decirlo alto, que nadie pueda decir que no estaba avisado: en la civilizada Europa el vandalismo se ha converti-

---

[9] Código de conducta del islam que constituye todo un sistema legal y que abarca todas las esferas de la vida del que está bajo su tutela.

do en un acto de rebeldía política socialmente aceptable. Todos los días muere gente apuñalada o tiroteada, y se ha llegado a un punto en el que una víctima mortal en un centro comercial, desangrada por un machetazo, no es más noticia que un vídeo viral a través de las redes sociales, y solo saldrá más de dos días en un informativo si un policía neutraliza al criminal con su arma de fuego. Hay barrios donde las bandas pasean armadas con *kalashnikov* y ningún grupo especial de la policía o el ejército asoma la cabeza, aunque podrían hacerse con el control de la situación en horas, porque los políticos no les dejan. Y no les dejan porque saben que necesariamente habría sangre. Saben que si se derramara la de un *flic,*[10] no habría más problema que el de preparar un funeral y dar una medalla a la viuda, pero si el muerto fuera un «negro» o un «joven» o, ¡Dios no lo quiera!, un «joven negro», los suburbios de la nación arderían, porque la mitad del país aún cree que esto se arregla hablando.

Miradas a La Meca

En la última década del siglo xx hubo cierto consenso entre los sociólogos y trabajadores sociales acerca de que los jóvenes de segunda y tercera generación, así como los que venían de terceros países, habían abandonado parte de su cultura, sobre todo religiosa, para adoptar las formas de una juventud europea interesada en lo material. Coches, zapatillas y mujeres, por ese orden, eran las prioridades de una masa de adolescentes y jóvenes adultos que empezaba su ascenso social. La pérdida de los valores originales no fue sustituida por los nuevos conceptos morales que encontraron en la sociedad de acogida. Acudían menos o nada a la mez-

---

[10] Forma despectiva para llamar a la policía. Diminutivo de *les flicailles*, que corresponde a «cerdos».

quita, pero fue esa falta de identidad espiritual la que, con la llegada del nuevo milenio y con la emergencia de las nuevas tecnologías, encontró el campo abonado, con miles de jóvenes desarraigados o desorientados que fueron radicalizados y llamados a la *yihad* en sus propias casas a través de la web y las redes sociales. Ahora miraban de nuevo a La Meca, pero con una mirada fundamentalista y violenta.

Actualmente, en las listas de éxitos musicales no hay un solo *francés*. Mylène Farmer —equivalente galo de Madonna— no es ni un recuerdo. Rap solo, y ahora, trap. Algunos impostadamente violentos, como los de Keny Arkana. Otros, preocupantemente realistas, llaman decididamente a la revolución y la vida fuera de la ley como forma de obtención rápida de riqueza y rebajando en sus letras a la mujer a la categoría de *res*. Los más peligrosos, llaman al atentado contra políticos y policías como forma de cambiar el mundo. Y, en el último lustro, la amenazante aparición de una corriente de rap islamista que llama a la conquista, mediante las armas, a través de la fe en Alá, de una sociedad que, creen, les pertenece. En definitiva, ese mestizaje, tan prometedor para algunos, ha culminado en jóvenes de todo pelaje, etnia y condición vestidos como en una película de bandas de las que veíamos en los ochenta. Entonces era cine, ahora no. A todo lo anterior se une que la delincuencia autóctona, que ha descendido mucho pero no ha desaparecido, se ha especializado, subiendo varios peldaños en la optimización y el aprovechamiento de la tecnología del crimen. Los de la *banda del melocotón* que iban a robar a la farmacia del barrio y eran reconocidos por la empleada, aunque llevaran pasamontañas, han pasado a ser una banda de aluniceros que roban coches de alta gama, a veces mediante sofisticado *software,* para empotrarlos en joyerías, o de butroneros con repartición de tareas y especialistas altamente capacitados en el uso de lanza térmica o en la anulación de sistemas de alarma.

Es difícil explicar lo que ahora mismo ocurre en nuestras calles, la desesperanza que se percibe a través de las gafas de un patrullero. Cualquier relato que hagamos se quedará corto. Estamos escribiendo estas líneas para tratar de transmitir las íntimas relaciones entre una sociedad cada vez más desestructurada y la delincuencia, pero no confiamos en que seamos capaces de hacer entender la envergadura total del problema.

Francia nos avisa de lo fácil que es imponer una realidad distorsionada en la que los malos siempre son los ricos, los empresarios, la Gendarmería o el policía Pierre. Una visión en la que el sistema occidental tiene la total responsabilidad de la ruina en la que algunos habían convertido sus vidas. El sistema educativo era malo, pero no pisaban la escuela. La policía les perseguía, pero no dejaban de robar o traficar. Cualquier acto se justificaba con la excusa del racismo y la exclusión social, les habían convencido de ello los niños pijos progres del centro de París que, aburridos de todo y con la vida resuelta, creyeron que tenían la sagrada misión de salvar el mundo. A falta de problemas reales contra los que luchar, se los inventaron. Antes de los Pablo, Rita, Íñigo, Irene, Ione e Isa… ya hubo una versión francesa. Ya la hubo incluso antes de la aparición de nuestra *gauche divine* catalana de los años setenta del siglo pasado, precursora de la *izquierda caviar* de hoy. Nada nuevo bajo el sol: niños acomodados que solivantan a obreros desde la atalaya de la modernidad, la intelectualidad y la superioridad moral, a la que solamente se puede acceder si se tiene la tripa llena y el bolsillo acolchado.

Desde hace algunos años observamos las mismas dinámicas en determinadas zonas de nuestro país. Una inmigración descontrolada, una juventud sin futuro y un exceso de políticas sociales mal entendidas, con derechos y sin obligaciones, de procesos de integración, asimilación y aculturación que no funcionan si no son bidireccionales. Como allí, no es cuestión de subsidios y programas, es cuestión de educación en valores que sí han funcionado —los nuestros—, y que han llevado a la civilización occidental, con sus muchos defectos, a ser la más libre y próspera que ha conocido la historia. Al menos hasta nuestro tiempo, aunque incluso eso empieza a estar en discusión ahora. En realidad, es cuestión de tolerancia cero con aquellos que discuten, niegan y vulneran nuestros derechos y libertades fundamentales para imponer su idea del mundo.

No se trata de no aceptar al diferente. ¡Todo lo contrario! Se trata de darle la bienvenida a una mejor sociedad entregándole el *manual de instrucciones*, la *guía de buenas prácticas*. Debe quedarle claro que es él quien ha huido de un modelo fracasado, y que, si quiere quedarse en el nuestro, donde es bien recibido y donde se le va a ayudar a que su vida sea feliz y plena, tiene que ser él quien procure hacer el esfuerzo máximo de integración sin imponer su modo fallido de sociedad al resto. Cualquier costumbre y tradición es aceptable aquí siempre que cumpla los preceptos básicos de nuestra vida en sociedad: respeto absoluto por la Constitución y las leyes, y por encima de ellas no está nada de lo que otros puedan traer. No obstante, aquí juega un papel importante, como siempre, la política y los nichos de votos que pueden suponer ciertas personas de determinados países de origen, por lo que toda cuestión relativa al respeto de leyes y normas pasará a un segundo plano si el regidor de turno cree que en ese grupo de población dispondrá de un caladero abundante de votos.

Lo que no ha funcionado en el resto de los países de nuestro Viejo Continente no funcionará aquí. Ellos ya se han dado cuenta y más pronto que tarde, conforme la situación devenga insostenible, comenzaremos a ver un giro hacia políticas más restrictivas que, rápidamente, serán tachadas por la oposición de ultraderechistas. Un político como Manuel Valls —socialista histórico, aunque a tenor de sus últimas intervenciones también será pronto negado por la izquierda— propuso en diciembre de 2021 *pulsar el botón de STOP a la inmigración*, prohibiendo las reagrupaciones familiares por los matrimonios de inmigrantes, al ser una de las principales fuentes de conflicto social y de creación de guetos. Emmanuel Macron, presidente de la República y también de ideología de izquierdas hasta que renegó del socialismo, ha venido proclamando en los últimos meses, con más intensidad que nunca, la necesaria defensa de unas fronteras «demasiado permeables».

¿Y esto lo piden porque han visto la luz? No, lo piden porque han visto las tinieblas. Hasta ahora la delincuencia te afectaba a ti, estimado ciudadano, y a ellos no les importaba lo más mínimo, por eso te tenían reservada toda suerte de calificativos despectivos si te atrevías a quejarte. Ahora el desaforado aumento de la actividad criminal ha empezado a condicionar la vida de muchos, no solo de unos pocos a los que podían controlar. Es decir, los votos de una mayoría comienzan a estar en peligro y eso ya sí les afecta a ellos y a su interés por permanecer en el poder. Por eso, si es preciso, virarán su discurso tantos grados como sea menester. Los actuales gestores en la élite no están por y para ti, están por y para ellos. Recuerda: proteger las estructuras de poder, no a los ciudadanos; proteger los discursos políticos, no a las personas.

Ahora le toca a España

Cuando todo estalle por los aires y la situación sea ya insostenible, tratarán de corregirlo usando el arma más potente del que disponen, sus Fuerzas y Cuerpos de Seguridad y sus ejércitos. Cuando la situación se equilibre y lleguen el orden y la paz social —si es que alguien se decide a cambiar el modelo policial y la política criminal—, estas fuerzas serán acusadas de prácticas totalitarias y rechazadas por la sociedad que las requirió y, si los políticos no cambian, también por los gobiernos que las ordenaron. No hay historia que no sea cíclica, no hay bajeza política que no se repita, no hay generales y comisarios que hayan llegado a lo más alto de la pirámide jerárquica por decir no al poder.

Si te contamos todo esto es solo para situarte, para que entiendas cómo va a ser tu vida a partir de ahora, salvo que puedas permitirte vivir en la urbanización privada de alguna zona exclusiva o en ciertos entornos rurales. Porque España está hoy, en lo que al crimen se refiere, en el mismo punto que estaba Francia hace veinte años, pero acelerando a ritmo vertiginoso.

Las grandes urbes europeas habían sido tradicionalmente seguras hasta entonces y los políticos jamás se preocuparon de la seguridad más que para presumir de ella, porque, en el juego de tronos del poder, nada que no tenga el impacto suficiente para influir en el voto importa lo más mínimo. Daba igual que policías como Pierre gritaran que el modelo estaba agotado y abocado al fracaso, ese mensaje no interesaba al discurso político. «¡Que le den a Pierre!, saldré escoltado por generales de la Gendarmería llenos de medallas diciendo que todo va bien, que Francia es uno de los países más seguros de Europa». En cuanto la delincuencia subió un escalón, se quedaron sin respuesta.

La Europa de después de la caída del muro fue ejemplo de orden por emplear la única solución conocida ante el caos: la aplicación de la ley sin distinción de raza, sexo, origen, orientación sexual o religión. Entrado el siglo XXI, todo eso se ha ido por el sumidero. Ideología de género, cambio climático y pasaporte covid mediante, nos asomamos a un mundo en el que toda opinión contraria a la establecida es considerada delito de odio y las cadenas de mando de los cuerpos policiales, al servicio de la élite dominante, se dedican a perseguir fantasmas. Solo nos queda esperar sentados, bebiendo Coca-Cola y enganchados a Netflix a que llegue el momento en el que Roma arda.

Batalla a batalla, estamos perdiendo la guerra. Guerra que nunca debió iniciarse. Solo venimos a advertirte de que, si duro es ser derrotado, deshonroso es ser aplastado por no comparecer en el campo para pelear. La seguridad ciudadana es la primera línea del frente contra la delincuencia; si apartamos a los guerreros y nos abandonamos a la gestión de burócratas con uniformes llenos de medallas, acabaremos perdiendo la poca ventaja táctica que aún nos queda. La razón también nos la robarán.

2
CORTIJOS Y CACIQUES

Sí, es un hijo de puta, pero es nuestro hijo de puta.
FRANKLIN DELANO ROOSEVELT

En el año 2018, el juez instructor del caso Tándem, Diego de Egea, que investigaba al comisario Villarejo y la supuesta creación de una policía política durante la presidencia de Mariano Rajoy, tenía sobre su mesa cartas de tres de los cinco mandos que habían sido máximos responsables de la Policía Nacional desde 1986. Los otros dos estaban muertos. En esas cartas los uniformados de mayor rango —por encima ya solo tenían políticos— narraban las bondades del comisario y su trabajo abnegado y desinteresado a favor del cuerpo y de nuestra democracia. También manifestaban en sus escritos que todos los mandos policiales sabían quién era Villarejo y a qué se dedicaba.

No era la excepción. Villarejo era la punta de lanza de un modelo de cortijos y caciques que se mantiene hasta la actualidad; circunscribirlo a una época o a un gobierno concretos es sencillamente no saber de qué va esto. El policía José Manuel Villarejo ingresó en el cuerpo en 1972, y el último de los directores adjuntos operativos que escribió una de esas cartas fue el comisario Eugenio Pino, que ocupó el más alto cargo en el cuerpo entre 2012 y 2016. El primero fue Agustín Linares, que ocupó el despacho de dirección entre 1986 y 1994. Varios familiares de esos máximos representantes policiales acabaron trabajando en empresas de Villarejo, y este fue condecorado con medallas pensionadas tanto por gobiernos del PSOE como del PP.

El juez Diego de Egea renunciaría a finales de ese mismo año a seguir como magistrado en la Audiencia Nacional. Alegó motivos personales.

El modelo policial español tiene su origen en los años ochenta. Después de cuarenta años de dictadura, había que transformar a unos cuerpos policiales autoritarios, sospechosos de conservar las viejas costumbres del franquismo, en unos cercanos y confiables para toda la ciudadanía; del gris al azul pasando por el marrón. Un proceso que culminó en el año 1986 con la promulgación de la Ley de Fuerzas y Cuerpos de Seguridad, que todavía sigue vigente a pesar del cambio radical en el escenario político, social y criminal.

La delincuencia en aquella época no era especializada ni estaba interconectada por el proceso de globalización inherente al siglo XXI. Era una delincuencia local muy relacionada con la explosión del tráfico y consumo de heroína y el fenómeno de expansión casi chabolista de extrarradio provocado por la emigración masiva del campo a la ciudad. Los delincuentes más famosos, que protagonizaban incluso películas, eran jóvenes como el Torete o el Vaquilla, sin educación, sin cultura y enganchados a la droga; peligrosos para el público en general, pero sin media torta para un policía bregado. Contra estos yonquis, el sistema mandaba a agentes mal pagados y con poca formación a librar un cuerpo a cuerpo diario, y con eso bastaba y sobraba. Las tareas eran sencillas: atajar la delincuencia de proximidad, que era un coñazo, violenta y peligrosa, pero muy poco sofisticada; resolver los delitos complejos, que eran pocos, con más voluntad que medios, y sobre todo desarrollar estructuras de información para combatir la amenaza de ETA. Ya existían los delitos de guante blanco y algunos miembros del PSOE, entonces en el gobierno, desvalijaban cuentas públicas y metían mano a los fondos de la Cruz Roja o de los huérfanos de la Guardia Civil, pero las fuerzas de seguridad aún no tenían la excelente formación académica de hoy y no podían perseguir delitos cuya existencia ni sospechaban. También esto, la poca formación en las bases de las fuerzas de seguridad, era una estrategia para disponer de agentes al servicio de las directrices políticas; el «no te pagan para pensar» es una de las expresiones más socorridas en las cadenas de mando policiales. De hecho, fue a raíz de los desmanes de las primeras dos décadas de la democracia cuando aparecieron los grupos policiales especializados que, en los últimos años, han puesto coto al latrocinio de políticos de toda afiliación.

Menos crímenes, más muertes

La delincuencia aún no se había democratizado, lo que implicaba que unos pocos autores cometían la mayoría de hechos delictivos en pocos escenarios; así que, para disponer de seguridad o evitar casi por completo el riesgo, bastaba con no ir a ciertos sitios a determinadas horas. De esa forma, en los años noventa se alcanzaron bajas tasas de criminalidad cuantitativa y cualitativa. Es verdad que moría más gente por homicidios que ahora, pero esto tiene mucho que ver con la tecnificación de la sanidad y sobre todo con los avances en la respuesta de los primeros intervinientes. En aquellos tiempos, si te apuñalaban un sábado por la noche en una zona de copas, te morías. Hoy, la mayoría de los apuñalados reciben en pocos minutos la asistencia de una UVI móvil que les hace llegar estables al hospital. De hecho, si tienes suerte, es bastante probable que el policía que te atiende mientras llega la ambulancia tenga un IFAK[1] y sepa utilizarlo. Solo tienes que acudir a la pren-

---

[1] Individual First Aid Kit (kit individual de primeros auxilios), que entre otras cosas lleva el material médico esencial para el control de sangrado y el tratamiento de heridas mayores.

sa para comprobar que así se salvan vidas a diario, vidas que hace años no se salvaban. Por supuesto, tanto el IFAK como el coste de la formación en materias sanitarias como el Stop Bleeding (control de hemorragias) salen del bolsillo del agente. Al *establishment* le importa muy poco que tú te desangres. Hay noches de sábado en grandes ciudades españolas que se saldan con cinco o seis apuñalados, algo impensable en las décadas de los ochenta y noventa; sin embargo, y a pesar de la violencia, probablemente no haya fallecidos gracias a los avances médicos de respuesta a incidentes violentos. Es lo mismo que pasa con los accidentes de tráfico; no descienden, más bien al contrario, pero la gente muere menos gracias a los avances en ingeniería y a la rápida respuesta de los servicios de emergencias. De todas formas, llega el señor Pere Navarro, director general de la DGT, y se atribuye el mérito porque ha prohibido superar los 120 km/h para adelantar o lo ha plagado todo de radares. Todo es una enorme mentira basada en el manejo de la estadística y la propaganda. Todo.

En España ni siquiera la pandemia y sus confinamientos han parado una escalada criminal nunca vista en democracia. Muchos apelan al mayor número de homicidios por año en los ochenta y noventa para convencerte de que la seguridad es hoy mayor. ¡Falso! Un estudio de las universidades de Harvard y Massachusetts concluyó que, desde la década de los setenta, la tecnología médica ha podido salvar un 75 por ciento de los heridos en intentos de asesinato,[2] es decir, que la media de los homicidios anuales actual habría que multiplicarla por tres para hacer una comparación con las últimas décadas del siglo XX. En el último año sin restricciones por el covid, el 2019, hubo 333 homicidios en España, lo que multiplicado por tres serían 999. Pero no hagamos cábalas y acudamos a las cifras oficiales: en el año 2020, mientras todos estábamos encerra-

---

[2] Jeff Wolf, *Blue Lies. The War on Justice and The Conspiracy to Weaken America's Cops*, Resurgence Publishing, 2021, pág. 190.

dos ilegalmente en casa, hubo 298 homicidios y en 2021 se produjeron 290.[3] El truco está en que, además del hecho consumado, ha habido casi 1.100 homicidios en grado de tentativa, o sea, casi 1.100 personas que no han muerto gracias a la suerte o a los servicios de asistencia de emergencias. Ni en el peor año de los ochenta y noventa tendríamos siquiera una cifra aproximada. Las UVI móviles hacen descender el número de muertos, pero no la criminalidad. Si te apuñalan, pues te apuñalan. Puede que una ambulancia medicalizada te salve la vida, pero el crimen está ahí, no desparece porque tú sobrevivas, sigue siendo homicidio; tentativa de homicidio, sí, pero la tentativa es solo un grado del delito, el delito sigue siendo el mismo; han intentado matarte y tú estás vivo en contra de la voluntad de tu agresor. Quizá ahora entiendas por qué en las estadísticas desglosadas que da el Ministerio del Interior los homicidios son la única tipología delictiva en la que se dan por separado las cifras de hechos consumados y tentativas.

En los ochenta los barrios aún eran espacios abiertos y no átomos contiguos de urbanizaciones amuralladas como ahora. La arquitectura no construía edificios con perspectiva de seguridad, porque aún no era necesario. Los niños caminaban grandes extensiones de terreno de ida y vuelta al colegio y por las tardes para jugar con sus amigos, sin que los padres tuvieran la sensación de desasosiego actual. Solo algunos truculentos crímenes alteraban esa paz social, cambiaban por completo el sentir de un país entero y no se olvidaban jamás.

Un modelo obsoleto

Ante ese escenario favorable, la preocupación del aparato político se centró en proteger las estructuras de poder, cuyos cimien-

---

[3] Balance de criminalidad 2021. Ministerio del Interior.

tos acababan de construirse en la recién nacida democracia. El peligro no era el *macarra de ceñido pantalón* del que hablaba Joaquín Sabina en su canción homenaje al Jaro;[4] el peligro era el alto riesgo de involución, constatado con el golpe de Estado del 23-F de 1981. Casi todos los esfuerzos, recursos humanos, infraestructuras y estrategias se dirigieron a sostener el tambaleante edificio democrático.

La consigna era clara: que no se altere la paz social, que se sepa poco y de pocas cosas y, sobre todo —y esto es terrible decirlo—, que la sociedad esté más o menos tranquila porque ETA solo mataba a militares, policías y guardias civiles. El que se atrevió a avisar de que toda la sociedad estaba en riesgo y no solo los uniformados también fue tachado de alarmista. Más aún, a pesar de que ya se habían producido muertes de civiles, existía la creencia de que se trataba de errores o daños colaterales indeseados. Cuando en septiembre de 1974 ETA voló por los aires la cafetería Rolando, en pleno centro de Madrid, toda la sociedad se inclinó a creer a la banda terrorista, que negó su participación,[5] antes que a las Fuerzas y Cuerpos de Seguridad que, desde el primer momento, tuvieron clara la autoría. En 1987, el atentado de Hipercor dejaría patente, a los que aún tuvieran alguna duda, que los alarmistas funcionarios policiales, heraldos de la catástrofe, no se habían equivocado.

---

[4] José Joaquín Sánchez Frutos, delincuente juvenil español de los años setenta, que inspiró la canción *Qué demasiao* del cantautor español Joaquín Sabina.

[5] De entre los fallecidos no hubo ningún miembro de las Fuerzas y Cuerpos de Seguridad, lo que reforzó la idea de que ETA no fue la autora de la masacre. Ciertos sectores aprovecharon para atribuirlo a grupos profranquistas. Entre los heridos sí había policías. La víctima número 13, el inspector Félix Ayuso Pinel, no contabilizó al inicio. Falleció dos años más tarde debido a las heridas. Hasta 2018 la banda criminal no reconocería su responsabilidad.

La apuesta por priorizar la protección del sistema sobre la protección de las personas dio lugar a un modelo policial de gestión, el opuesto a un modelo operativo —el que pone en el centro a los ciudadanos—. Aquel modelo tenía sentido en aquella época, pero ya no lo tiene hoy, con una delincuencia global especializada y un régimen de libertades consolidado. Hoy, proteger estructuras de poder ya no significa proteger la democracia, sino permitir que una delincuente internacional se pasee por uno de nuestros aeropuertos acompañada de un ministro, con 40 maletas y sin ningún control,[6] o que se rodee y asalte la casa de un extesorero para intentar robarle un *pendrive* que podría ser comprometedor para el partido.[7]

Ese modelo de gestión es el que provoca que, en una dependencia policial media de unos 400 agentes para vigilar y defender una ciudad de 200.000 habitantes, un sábado de noche, horario de mayor impacto delincuencial, haya 15 policías trabajando, ninguno de la escala de mando; mientras que un lunes por la mañana haya 150, el 90 por ciento de ellos operando dentro del edificio, *protegiendo la estructura* y desarrollando tareas de pura inercia burocrática.

Así las cosas, sucesos de la magnitud social del asesinato de las niñas de Alcácer en 1992 —entonces a una menor de quince años de edad aún se la consideraba una niña—, probablemente el crimen más popular de la historia patria, no acapararía hoy ni la mitad de la atención que recibió entonces; tal es la avalancha de atrocidades que vemos a diario en los medios. La desaparición de Marta del Castillo en Sevilla, el secuestro y asesinato de la joven Diana Quer en Puebla del Caramiñal (Coruña), la violación de Laura Luelmo en Huelva, el asesinato de Paula y Marc en el pantano de Susqueda (Gerona); la desaparición y muerte de

---

6 Caso Delcy.

7 Operación Kitchen.

Manuel Chavero en Monesterio (Badajoz); la muerte del pequeño Gabriel en Níjar (Almería); la de Álex en Lardero (La Rioja),
o la escandalosa violación e intento de asesinato de la chica de
Igualada (Barcelona) son solo la punta del iceberg, los casos más
mediáticos de la crónica negra española. Por debajo de ellos, sin
tanta cobertura mediática, existen docenas de crímenes con autor conocido o no, que hacen que hoy ningún padre duerma
tranquilo. No importa que después se resuelvan, que es lo mínimo exigible; esas mujeres, esos niños ya no volverán a su casa
con sus familias.

Monstruos han existido siempre, y no te engañes, seguirán
existiendo. Pero si antaño las madres y los padres de este país se
acostaban intranquilos —un hijo es fuente continua de preocupación—, en la actualidad permanecen despiertos, con el corazón en un puño toda la noche. Robos de móviles, atracos con
arma blanca, palizas indiscriminadas... el nivel de la delincuencia de baja intensidad recupera parámetros de los ochenta. El de
delitos, llamémosles «escabrosos», supera con mucho al registrado en aquella época, en cualquier época en realidad, y los índices
de violencia gratuita están en despegue vertical, alcanzando cotas nunca vistas en la historia democrática. El cibercrimen también campa a sus anchas por nuestro país, produciendo pérdidas
multimillonarias y arruinando a familias sin que la Administración parezca ser capaz de dar una respuesta eficaz.

Así que tienes todo el derecho del mundo a saber que un
sábado de noche, cuando tú despides a tu hija con un beso en la
mejilla y un «ten cuidado», para luego irte a la cama y no pegar
ojo, apenas 15 guerreros vigilan para que nadie la toque. El resto
de la policía duerme, ya no despertará hasta el lunes por la mañana. Esos policías sufrirán un auténtico calvario judicial, laboral, emocional y psicológico en el caso de tener que utilizar la
fuerza para defenderla, pero jamás tendrán recompensa. Las recompensas no se ganan en la calle, se ganan en los despachos, en

los pasillos de poder, donde a nadie le importa gran cosa tu hija. Unos niveles de frustración inasumibles, por el alto coste de hacer su trabajo, les arrastra a la *motivación evitativa* —la mejor intervención es la que no se hace—, y asesinan su *motivación apetitiva* —la que empuja a docenas de mujeres y hombres de uniforme a batirse el cobre—. Es ese el estadio en el que se empiezan a perder las ciudades y los barrios comienzan a arder en llamas. Pierre y sus compañeros lo vivieron en París, hoy son miles de policías en España los que ven cada una de sus actuaciones cuestionadas por un rodillo mediático y político que incluye a miembros del gobierno socialcomunista actual, políticos en general, tertulianos que de todo opinan y de nada saben, y activistas que han convertido luchas sociales en lucrativos negocios.

En muchas comisarías de policía local se ha relegado a los agentes a la mera gestión y trámite de multas. La voracidad de la Administración no conoce límites y algunos ayuntamientos utilizan a sus policías —agentes bien formados para cometidos complejos en materia de seguridad ciudadana— como simples recaudadores, contribuyendo así a su descrédito profesional a ojos de un ciudadano poco conocedor de las implicaciones de esta profesión.

Las entidades locales que disponen de más recursos inventan otro tipo de vigilantes con capacidad de proponer sanciones. Controladores ORA, OTA, etc., o agentes de movilidad, multiplican en varios puntos porcentuales las infracciones que puede denunciar cualquier policía en España, y eso a pesar de que las marcas viales que señalan ese tipo de estacionamiento vulneran la legalidad vigente. A los que ya el siglo pasado avisamos de que esto ocurriría nos soltaron toda una perorata basada en la Ley Orgánica 2/1986 (de Fuerzas y Cuerpos de Seguridad). Nos dijeron que éramos unos ignorantes y que solo decíamos tonterías, y también que «era imposible que alguien que no fuera funcionario tuviera capacidad para denunciar administrativamente». Nada importa y todo vale para adoptar formas de vigilancia sistemáticas que no redundan en mayor seguridad, pero sí en una mayor y más perfeccionada recaudación del dinero del peón básico de la sociedad: el ciudadano.

La Ertzaintza y los Mossos, sobre todo estos últimos, son manejados como bumerán político. Una policía profesional, bien entrenada y dispuesta sigue, tantos años después, cuestionada por amplios sectores de la población por culpa de quienes más debieran protegerla y cuidarla. Agentes que son más reprobados precisamente cuanto mejor hacen su trabajo, que es defender las leyes y la Constitución.

En los subsectores de tráfico de la Guardia Civil, de todos los agentes con potencial para dar servicio a toda una provincia, no habrá patrullando en carretera más del 20 por ciento de los efectivos, y eso en el mejor de los casos. Mientras, un número similar, y a veces mayor, de oficiales, suboficiales, cabos y guardias son utilizados para elaborar documentación o estadísticas, y para hacer tareas burocráticas que no tienen ningún efecto en la seguridad vial. ¿No te das cuenta de que cada vez ves menos a la Guardia Civil en carretera cuando sales de viaje?

Un gran trampantojo

Cientos de cuarteles de la Benemérita, distribuidos por todo el territorio nacional, permanecen vacíos casi todo el año. Otros están custodiados por un único agente que, además, solo atiende al ciudadano en un horario muy reducido y no todos los días de la semana. Estos compañeros son destinados a confeccionar absurda burocracia. Esto no solo supone un gasto ingente en mantenimiento de inmuebles y material que no reciben ningún uso, sino que, es más que sabido, si se reunieran a todos esos funcionarios —que sumados son muchísimos— en una única dependencia, se podría disponer de mucho más personal para patrullar o atender al ciudadano con eficacia y eficiencia. Hay propuestas para cerrar cuarteles, pero en el momento en que existe queja política al respecto, el alcalde es capaz de movilizar a algún compañero de partido con responsabilidad autonómica, algún subdelegado del Gobierno atiende su petición y el cuartel se queda donde está. No importa si no hay personal suficiente o a todas luces su permanencia allí es ilógica. La fachada es lo importante, aunque por dentro el edificio esté vacío. Es un modelo que no está dirigido a darte seguridad, sino a convencerte de que estás seguro. Los guardias que deberían proporcionarte esa seguridad no están, pero el edificio que te da la sensación de estar protegido, sí. Es un trampantojo, un juego de sombras; como el decorado de un teatro. Te están engañando como a un niño. Lo entiendes, ¿verdad?

Qué decir de los vigilantes privados en centros comerciales, polígonos o estaciones de tren y metro. *Punching ball* de las iras de cualquier delincuente de medio pelo que tenga a bien entrar a robar, birlar carteras o, sencillamente, colarse sin pagar. Son contratados para realizar una tarea que, en realidad, les prohíben llevar a cabo con dignidad y apoyo legal. Abandonados a su suerte y despedidos o separados del servicio, se buscan la ruina y son acusados de racismo o de violentos cada vez que exigen a un sujeto que ha saltado el torno sin billete que pase por taquilla.

No hay páginas suficientes para contener los múltiples ejemplos del despropósito. Estamos ante un modelo dedicado a aparentar que existe presencia policial y no ante un modelo que garantice esa presencia. Esta situación, además de ser absolutamente ineficaz para proporcionar un adecuado servicio, es una estafa a la ciudadanía porque comporta un elevado coste con una muy baja eficiencia. Recuerda: pagas tú.

La franja denominada *impact hour*,[8] delincuencialmente hablando, suele establecerse entre las 20.00 y las 05.00 horas, espe-

---

[8] Horario de mayor impacto criminal en nuestras calles.

cialmente los fines de semana. Esa es justo la franja horaria en la que menos policías hay desplegados en España. Haznos caso, no les importas.

Sí, lo has leído bien, pero te lo repetimos. Cuando más probable es que violen a tu hija o a tu mujer, que la asalten en grupo y le destrocen la cara, o que te pongan a ti o a tu hijo un cuchillo en el cuello para quitarte todo el dinero, es cuando los políticos a los que votas tienen trabajando a un menor número de policías —guerreros que aún logran mantener esto con vida, pero que cada vez están más cansados de soportar la presión—. Por supuesto, dentro de ese mínimo de agentes, no hay nadie de la escala superior de mando, nunca. En los pasillos de la denominada zona noble de cualquier dependencia policial en España, las luces están apagadas justo cuando más delincuentes hay operando sobre el terreno. Interesa mucho más dejarles que delincan para luego ir a buscarles a casa y apuntarse un tanto que pueda venderse como un éxito y llenar la portada de un periódico. En el siguiente capítulo te explicaremos por qué interesa que esto sea así, pero ya te adelantamos que han convertido la seguridad en un crudo negocio.

La democratización de la delincuencia ha modificado radicalmente el escenario criminal. Así, mientras tú lees estas líneas, un grupo organizado especializado en estafas y con sede en Ámsterdam puede estar robándote el dinero de tu cuenta bancaria. Los quinquis de barrio que robaban a punta de navaja son hoy una banda organizada que utiliza coches de alta gama y lanzas térmicas para perpetrar sus fechorías; podrían estar sentados a tu lado en uno de los mejores restaurantes de la ciudad, vistiendo ropa de marca y con 200.000 euros enterrados en el jardín de sus casas, y tú jamás dirías que son delincuentes. Ya no son macarras de ceñido pantalón, reconocibles a simple vista. Ya no basta con evitar ciertos callejones oscuros a ciertas horas de la madrugada, todo ha cambiado. La policía ha perdido la iniciativa y cuando esto ocurre la iniciativa cambia de bando, también se democratiza, y pasan a ejercer el poder las bandas criminales, ya sean latinas, de menas, autóctonas, etc.

Pero ¿todo ha cambiado? Bueno, todo no ha cambiado, nuestro modelo policial sigue anclado en los años ochenta, gobernado por caciques de uniforme que, eso sí, cada vez tienen más difícil gestionar a miles de policías con una formación muy superior a la suya, pagada generalmente de sus bolsillos, y que quieren servir a ciudadanos y no a políticos. Del espíritu de muchos de esos policías nació y creció la asociación Una Policía Para el Siglo XXI, de la que los autores de este libro son miembros, y que está integrada por agentes operativos de todos los cuerpos con la voluntad de revertir por completo nuestro modelo policial para ponerlo al servicio de las personas y no de las estructuras de poder.

En nuestros días, la sociedad exige y valora al policía decisor, pero el modelo premia al policía ejecutor —que cumple órdenes sin cuestionarlas—, y castiga al primero, que tiene iniciativa y actúa bajo el único criterio de la ley, los valores fundamentales, el servicio al prójimo y el sentido común. Para salvar la bipolaridad del sistema, ha aparecido un nuevo tipo de agente: el policía pensador —con alta motivación evitativa—. Es el que, fruto de su experiencia, profundas reflexiones y observación del ecosistema, ha llegado a la sabia conclusión de que el modelo castiga y premia, pero también olvida. Sí, el sistema deja absolutamente tranquilo al que pasa desapercibido y no hace nada. Medita y piensa tanto en cómo debe actuar o en si debe actuar que, al final, ya no hay nada por lo que actuar. Regresa a su unidad sin mancharse las manos, sin problemas con el delincuente, el ciudadano o los jefes, y cobra a final de mes exactamente lo mismo que el guerrero decisor que no deja un charco sin pisar.

El ejecutor suele medrar en el escalafón, y si se queda en la base, suele ser recompensado con productividades, condecoraciones o un mejor puesto como pago a su trabajo sin recelos ni quejas. El pensador suele ser feliz y llega a su jubilación sin gloria, pero también sin pena. —«Gracias por sus servicios, pero ¿dónde coño se ha metido usted durante estos más de treinta años?»—. El decisor probablemente no tendrá una gran carrera; sin duda le esperan pocos ascensos, menos reconocimientos y más de un paseo por régimen disciplinario. Este último es el único que va a dar su vida por proteger la de tu hija, llegado el momento. Queremos que lo sepas antes de juzgarle si un día le ves por la calle, mal afeitado y con las botas sucias tras un turno imposible de servicio, y después de recibir mil insultos y hasta algún escupitajo, en mitad de una discusión, se le escapa una bofetada. Ojalá nuestra sociedad fuese justa, casta y pura, pero no lo es. La violencia tiene sus propios códigos y a ella hay que enfrentarse sin freno o arriesgarse a perder. Ojalá nunca hubiera que emplear la violencia, pero reza para que en tu ciudad, si alguien da esa bofetada, sea el policía. Si es el delincuente, reza por tus hijos, por ti y por tus bienes.

Muchos jefes y pocos responsables

Todas las decisiones que pueden acabar con la carrera profesional de un policía o dar con sus huesos en la cárcel —privar de libertad a una persona a través de la detención, usar el arma de fuego en una intervención, hacer un uso racional de la fuerza, tomar decisiones vitales en segundos...— son tomadas casi sin excepción por policías operativos de la escala básica; sin embargo, las recompensas fluyen por toda la escala de mando que solo toma decisiones de gestión, cumpliéndose así una máxima policial: «En España hay muchos jefes pero muy pocos responsables».

Lo anteriormente descrito no implica que dentro de la escala de mando no haya líderes. Los hay, magníficos, y prueba de ello es que son recordados por generaciones enteras de agentes que los añoran, pero son una minoría porque no son producto del modelo. El modelo fabrica autómatas, lectores acríticos de legislación, prospectores de hojas de Excel y ávidos consumidores de estadísticas. Comprueban que se han realizado cien detenciones, pero nunca han practicado ninguna. Verifican las actas o denuncias formuladas, pero jamás han notificado una. Deciden cómo se hace una intervención y escriben manuales operativos, pero nunca han tenido que entrar con ariete a un domicilio, usar el arma de fuego o abrazar a una mujer herida. El mando que decide apartarse de la pura gestión y pisar el terreno para algo más que para acudir a pedir explicaciones y reprochar lo que cree que está mal —pero solo cuando todo ha acabado— es seguido con absoluta lealtad por sus subordinados y con absoluto recelo por sus iguales.

¿Quién dejaría a su hijo entrar en quirófano, ante una intervención complicada, en un hospital donde el jefe de cirugía no hubiese operado nunca? Pues en España dejamos a nuestros hijos bajo la protección de mandos policiales que no se han montado jamás en un coche patrulla ni han realizado una detención. Un jefe de cirugía de cualquier hospital lo es porque ha estudiado mucho, sin duda, pero también porque ha operado cientos de veces. Las profesiones especializadas y empíricas como la policial o la médica exigen profesionales que sean líderes, no solo jefes, y para eso la experiencia operativa es fundamental. Gestión u operaciones; estructuras de poder o ciudadanos. Si un mando no tiene experiencia sobre el terreno, entonces nunca ha servido a los ciudadanos, siempre ha servido a las estructuras de poder. Es bueno para el *establishment*, pero muy malo para tu vida y tu hacienda. En palabras de Alejandro Farnesio, capitán de los Tercios de Flandes: «No puede llenar el cargo de capitán quien valerosamente no hubiera hecho primero el oficio de soldado».

El mayor Trapero, de los Mossos d'Escuadra, que llegó a estar procesado en el Tribunal Supremo por un delito de rebelión, es un ejemplo de mando policial que no sirve a la gente y no protege la ley, sencillamente protege la estructura de poder que lo nombró y que, luego, lo dejó tirado en cuanto la catarsis que supuso la sombra de un posible ingreso en prisión le hizo cambiar la perspectiva. Cometeríamos un error al creer que ese perfil solo se da en la policía autonómica de Cataluña o en algunas policías locales: la Policía Nacional y la Guardia Civil están llenas de Traperos.

Un ejemplo básico, sencillo y entendible —uno de tantos— de cómo se protege un discurso y un sistema por encima de todo, lo encontramos en la crisis del covid. Entre la multitud de normas que obligaban a usar mascarilla a todo el mundo, nunca existió dispensa para que en los programas de televisión y tertulias se dejara de utilizar, pero se hizo. Ni una prueba PCR antes de entrar a un plató, argumento y excusa que utilizaban para no emplearla. Nada había en la legislación que permitiera que políticos y tertulianos mostraran sus sonrientes caras en un espacio cubierto mientras a nosotros nos obligaban a cubrir la nuestra al aire libre. Sin embargo, mientras a ti te entregaban un acta de denuncia por incumplimiento, ellos pontificaban acerca de la necesidad de emplearlas y llamaban irresponsable al que no se sometía. Aunque se dieron órdenes generalizadas de sancionar al que incumpliera las medidas covid y se formularon decenas de miles de denuncias, ningún mando ordenó jamás que se denunciara a todo aquel que no portara mascarilla en televisión, incumpliendo las disposiciones de uso, a pesar de que, aquí sí, no era necesaria siquiera la presunción de veracidad de los agentes en el ámbito sancionador administrativo, ya que la prueba de que las infracciones eran continuas estaba disponible y registrada para la posteridad en las grabaciones y a ojos vista de todos los telespectadores. Los medios estaban reproduciendo el discurso político y difundiendo las instrucciones del comportamiento deseado al que los ciudadanos debían someterse. Nada interrumpe esa tarea. Nadie interrumpe esa tarea. Pobre del que interrumpa esa tarea.

Otro ejemplo, más mundano, pero absolutamente gráfico: en 2009 el director general de Tráfico, Pere Navarro, sufrió un accidente de moto en Madrid. Ciertamente era un día de condiciones climatológicas adversas, sí, pero el señor director —para el que todo accidente es a causa de la velocidad, el alcohol o el teléfono móvil— tuvo un siniestro y, en su caso, fue a causa del hielo. Todos los motoristas que se caen en la calzada lo hacen por velocidad inadecuada. Si hay hielo, *vaya usted más despacio*, pues debe prever la posibilidad de alguna placa. Si se cae, se lleva su correspondiente denuncia por exceso de velocidad. Pero el señor Navarro no. El señor Navarro se cayó, pero para él no hubo denuncia por velocidad inadecuada, solo hubo hielo. Él no era responsable de nada. Nada discute el mensaje. Nadie discute el mensaje. Pobre del que discuta el mensaje.

En espíritu, la ley es igual para todos, en la práctica, no. Esta discriminación fáctica es parte del problema. Es parte de aquello contra lo que aquí luchamos.

Tú pagas

Por otro lado, comoquiera que el modelo policial era un reflejo de la estructura política, cuando esta se atomizó en alcaldías, diputaciones provinciales y comunidades autónomas, cada vez con más competencias, las policías siguieron el mismo camino atomizándose también, perdiendo la perspectiva amplia que no era necesaria en aquella época de la incipiente democracia ante una delincuencia local, de barrio, pero que es imprescindible hoy en un mundo globalizado; y relacionándose no por jerarquía entre cuerpos sino por coordinación, lo que supone supeditar la eficacia en las operaciones al talante de las personas. Sabiendo como sabemos hoy la cantidad de vidas que costó la descoordinación en los atentados del 11-M o de las Ramblas de Barcelona, podemos concluir que esta es una estrategia criminal.

Todo cacique quiere tener seguridad personal en su cortijo —no solo física, sino también política—, así que todos quieren su propia policía, ya sea local, foral, autonómica o nacional; y por supuesto cada vez con más competencias, aunque esto suponga que se dupliquen y tripliquen en un gasto cuasi delictivo que nadie audita. Como siempre, tú pagas; y no solo pagas con dinero, también puedes pagar con tu vida. Si esta noche sufres un asalto violento, no basta con que tengas la suerte de que un vecino desde una ventana lo vea y llame a la policía. Los políticos han conseguido que tengas que volver a jugártela a la lotería de los números de emergencias, con el número al que decida llamar ese vecino. Si marca el 091 y la patrulla más cercana es la de policía local, te van a dar una paliza de muerte, porque ese es el número de la Policía Nacional que, en ese momento, no tenía ninguna patrulla próxima. La local estaba a cien metros charlando con una pareja de la Guardia Civil que pasaba por allí, pero como no se comparte información, nadie se ha enterado de nada, y tú tienes la cara reventada y cien euros menos en el bolsillo. Tampoco tienes ya el móvil para avisar a nadie.

Nuestra ordenación territorial obedece solo a intereses políticos y a la ambición de cada pequeño caudillo de tener un cuerpo armado a su servicio. En pleno siglo XXI, la desatomización de los cuerpos policiales y la recentralización de esfuerzos operativos debe ser ya un objetivo prioritario para servir a los ciudadanos de la mejor y menos costosa manera posible. Esta deriva ha propiciado un sistema paralelo dentro del Estado, donde algunos comisarios, generales e intendentes han visto una oportunidad para medrar negociando la ética a diario, protegiendo cada uno su cortijo y olvidándose de la ciudadanía. No se puede servir a Dios y al diablo.

La gestión de las salas de operaciones —el lugar donde se reciben tus llamadas de emergencia— es un atentado a la operatividad policial y un esperpento cuasi delictivo que te deja a ti, ciudadano, a los pies de los caballos. Desde hace años, y para que el político tuviera un discurso triunfal de eficacia en los tiempos de respuesta policial que vender, se ha configurado un sistema de doble gestión en la atención de una llamada —operador de telefonía-operador de radio—, de tal manera que el policía receptor de tu llamada coge rápidamente todos los datos del aviso y luego te cuelga, para poder atender así más llamadas y reducir los tiempos de espera. Si hay una norma básica en la atención de las llamadas de emergencia en todo el mundo es que jamás se cuelga al comunicante, por la pérdida de información en tiempo real que esto supone. Así que, si tú has llamado, presa de los nervios, y le has dicho que, en tal barrio, al lado del Mercadona, están robando, el policía que te atiende, que probablemente no sea de allí ni conozca el barrio, pasa el aviso tal cual después de colgarte, pero el patrullero que lo recibe y que conoce cada palmo del lugar responde que hay tres Mercadonas y que además quiere saber la dirección de huida, si es que los ladrones ya se han dado a la fuga. Los datos de un acto dinámico, como es la comisión de un delito, varían segundo a segundo. El operador le dirá al patrullero que espere, que te va a volver a llamar. ¿Sabéis lo que supone ese tiempo perdido en la respuesta policial? Sí, la diferencia entre llegar o no llegar. A ti te han robado, pero el mando de turno le ha dicho al político de turno que han reducido los tiempos de espera en la atención policial; y este te lo venderá como un éxito en una rueda de prensa. Un éxito para él, para el cacique y para el cortijo. Un drama para ti y para tu familia.

Cualquier patrullero en España te puede informar de la cantidad desproporcionada de veces que esa segunda llamada de vuelta, para pedir más información, no es respondida. Esto se debe a factores psicológicos que nadie analiza. Un ciudadano que observa un delito tiende a actuar de manera instintiva, ayudando si puede, y si no puede, llamando a la policía. Pero una vez que el funcionario te cuelga, el ciudadano comienza a desescalar la tensión, y empiezan a escalar los miedos. ¿Me he metido en un lío? ¿Me van a llamar para un juicio? ¿Me van a reconocer allí los delincuentes? Total, que cuando le vuelves a llamar ya no lo coge, y el operador de sala informa con una frase ya clásica: «No puedo decirle más, el comunicante ha apagado el teléfono». ¿A quién le importa esto en toda la cadena de mando y la política? A nadie. Pues detrás de esa llamada mal radiada a la que el patrullero no llega a tiempo está tu hijo, tu negocio, tu casa…

Un ciudadano llama porque está viendo la discusión violenta de una pareja desde su balcón. El guardia civil del COS[9] que responde le pide la ubicación y cuelga; la sala operativa ni siquiera está en el mismo pueblo donde se está produciendo el hecho. La pareja sigue la discusión cada vez más acalorada en movimiento y para cuando llega la patrulla de verde a ayudar, no hay nadie en el lugar indicado. El operador del COS llama al comunicante para decirle que allí no hay nadie; este, estupefacto por la atención recibida, le dice que se están moviendo, y que ya están tres calles más allá, en el parque, pero siguen discutiendo. Para cuando la patrulla llegue al parque la pareja ya estará otras tres calles más allá. El ciudadano, harto, acaba bajando él a la calle y evitando que el varón le parta la cara a su novia. Ella podría ser tu hija. No olvides en las próximas elecciones volver a votar al cacique que ha reducido los tiempos de espera de las llamadas de emergencia. Es un caso real, no una película.

En la Comunidad de Madrid, en la actualidad, los policías nacionales operativos de los diversos pueblos y ciudades tienen que llevar cada uno su equipo de radiotransmisiones en un canal

---

[9] Centro Operativo de Servicio de la Guardia Civil. El lugar donde se gestionan las llamadas de emergencia.

diferente, al estar centralizado el servicio de avisos. Uno de los integrantes de la patrulla se conecta al canal central de Madrid desde donde se pasan los servicios; el otro se conecta al canal de su zona correspondiente, donde el operador de su comisaría pasa otro tipo de avisos. Esto provoca que, en situaciones de tensión donde la pareja de policías se separa, dejen de estar comunicados el uno con el otro, con el correspondiente peligro para sus vidas.

Atomizados y descoordinados

Las vidas de los policías no importan, las vidas de los ciudadanos no importan, lo que importa es que el político de turno pueda vender que nuestros tiempos de respuesta policial son los mejores de Europa. Todo un sistema diseñado para proteger la estructura de poder, para dar cobertura al discurso político. Tú y yo, ciudadano y policía, somos prescindibles para ellos.

A nuestra asociación han llegado numerosos mensajes de policías que se negaban a colgar el teléfono al comunicante y pasar los datos al operador de radio hasta que la patrulla policial no se encontrara en el lugar, y fueron reprendidos por sus superiores por retrasar el tiempo de espera de la siguiente llamada. No olviden que Madrid es uno de los territorios con más policías por habitante de Europa, pero no están donde se necesitan. En los puestos operativos, los que te sirven directamente, siempre se está bajo mínimos. En los de gestión, los que les sirven a ellos, siempre están repletos.

¿Cuántos mandos han pasado por la sala de la Policía Nacional en Madrid en todos estos años? ¿Cuántos han realizado una queja oficial interna o pública denunciando esta situación dantesca o informando o aportando procesos de mejora? No quieren líderes con experiencia operativa porque estos jamás habrían aceptado ese sistema de gestión de emergencias tan inoperante; quieren jefes sin espíritu crítico, que no den guerra, que no cuestionen, que se limiten a hacer su trabajo de manera eficaz, y su trabajo es que el cacique de turno esté contento. Pero los tiempos han cambiado, se rompió el silencio. Nosotros, que no somos mandos sino policías operativos, levantamos la voz para denunciarlo.

La atomización en los años ochenta no tenía una gran influencia en las operaciones, pues aún vivíamos en un mundo delincuencial muy poco especializado y no voluble. Esta dispersión supone un auténtico lastre operativo en un mundo como el del siglo XXI, con una delincuencia especializada, de alta movilidad, transnacional y plagada de grupos criminales internacionales con especial mutabilidad. También implica un impacto millonario en la eficiencia cuyo coste nadie evalúa, porque no interesa. Esto, a menor escala, también impacta en el día a día de la seguridad en los pueblos y barrios, donde la información que se comparte y que puede salvar vidas y bienes depende en gran medida de las relaciones y los recelos entre los mandos de los diferentes cuerpos.

Tú no lo sabes, pero ese nuevo vecino que no te cuadra y que se comporta de manera rara con los niños del portal podría estar en *busca y captura* por agresión sexual, y si llamas a la policía local por un incidente con él y no hay delito, sino solo una discusión, lo dejarán en su casa, porque en sus bases de datos no figura la reclamación judicial que debería llevar a los agentes a detenerlo. Esa anotación está en las bases de datos de otro cuerpo. ¿Sabes quién asumirá la responsabilidad si tu hija mañana aparece violada? Nadie. Solo los agentes que acudieron y que legalmente no pudieron hacer otra cosa que identificarlo y dejarlo tranquilo tendrán que dar un millón de explicaciones por algo de lo que no son culpables. Nadie irá a pedir cuentas al comisario o al general y, mucho menos, al secretario de Estado o al ministro. Desatomizar el modelo policial debería ser una prioridad, si al político de turno le importara más tu vida que su ambición de poder.

El caso Nieto

Para entender la diferencia entre un modelo de gestión y un modelo operativo basta con analizar el comportamiento del Ministerio del Interior desde el inicio de la pandemia más letal de las últimas décadas: la covid-19. La historia fue más o menos así: José Antonio Nieto era el mayor experto en riesgos laborales de la Policía Nacional cuando estalló todo. Treinta y seis años dedicados al cuerpo en el que diseñó el vigente Servicio de Prevención de Riesgos Laborales. Contar con una persona así al principio de una pandemia es como tener una enorme hogaza de pan en las manos en mitad de una hambruna.

En un modelo operativo válido, a Nieto se le habría encargado ocupar la dirección de su área, aunque fuera temporalmente, durante el transcurso de la crisis, por razones de mérito, capacidad y antigüedad, y emitir las directrices a seguir. En un modelo de gestión orientado a servir a las estructuras políticas, tenía por encima a comisarios que sabían una décima parte de lo que sabía él sobre prevención, pero que estaban allí para controlar, al estilo *banana republic*, que nadie se saliera del guion marcado desde el poder.

En enero de 2020 Nieto había investigado lo que estaba ocurriendo en algunos países asiáticos, donde ya se realizaban controles de temperatura en los aeropuertos, y tenía información en tiempo real de lo que pasaba en Italia, primer país europeo azotado por el virus, por lo que decidió emitir un informe en el que calificaba la amenaza de *potencialmente mortal* y recomendaba el uso de mascarillas para los policías en ciertas zonas.

Lo normal hubiera sido hacer caso a quien más sabía, pero ya hemos explicado que todos los esfuerzos se dirigen a proteger discursos políticos, no a los ciudadanos, a estructuras, no a personas. En esos días el mensaje del gobierno iba dirigido a permitir la manifestación feminista del día 8 de marzo, convertida ya en un acto de naturaleza política de primera magnitud, donde se utiliza a la mujer para imponer una ideología y señalar a aquellas otras mujeres que se atreven a ser libres y salirse de los dogmas impuestos. No basta con ser del sexo femenino. Para ser de su particular *raza aria* debes ser de izquierdas. Si eres mujer, pero votas a Ciudadanos, Vox o el PP, te insultan, te escupen y te agreden, y además te culpan de todos los asesinatos.

Así que todo el empeño estaba puesto en inocular en la ciudadanía la convicción de que el virus era menos letal que una gripe, y así poder llenar las calles el 8 de marzo, con todo el gobierno sujetando la pancarta, en ese cementerio de mujeres que luego supimos que fue aquella enorme concentración de personas. Muchos avisamos de que, después del fin de semana reivindicativo para loor y gloria del gobierno, la pandemia comenzaría el lunes. Como en tantas cosas, no nos equivocamos. No es meritorio no equivocarse, sencillamente nos dejamos guiar por el puro sentido común. Lo verdaderamente complicado es no acertar jamás en nada; demuestra una enorme maldad o una altísima incapacidad.

Al experto le ordenaron quitar la frase «potencialmente mortal» del informe y, más tarde, en un aviso a navegantes para el resto de policías que se atrevieran a cuestionar el mensaje oficial, José Antonio Nieto fue cesado de manera fulminante. En su carta de despido el epígrafe donde se debe especificar el motivo estaba en blanco. Nada discute el mensaje. Nadie discute el mensaje. Pobre del que discuta el mensaje. Nos quedamos sin el mayor experto en riesgos laborales de la policía en mitad de una pandemia, cuyas advertencias en los inicios pudieron salvar miles de vidas, y todavía no hay nadie en la cárcel que responda por ello.

Durante cuarenta años se ha estado tejiendo una red de perfiles mediocres cuyo único mérito es tener *carné del partido* o intención de medrar en el escalafón por encima de cualquier otra premisa, pero que no saben nada de ciencia policial o criminología. Concejales, consejeros, delegados y subdelegados del Gobierno, directores generales, etc. forman el sanedrín que se encarga de diseñar las estrategias de seguridad, apoyados en mandos que ellos mismos han escogido con el firme propósito de que siempre les den la razón. Si decides decirles lo que no quieren oír, te pasará lo mismo que a José Antonio Nieto.

Queremos que sepas, amigo, que nuestro sistema impide llegar arriba a los mejores, y deja el paso expedito para que sean los mediocres los que alcancen la cúspide de la pirámide jerárquica. Mediocre no viene de malo, viene de medio. Un mediocre no es un buen servidor público, pero sí es un buen siervo de quien lo ha designado. No es que haga mal las cosas, es que las hace al dictado del poder sin cuestionárselas, sin espíritu crítico. El sistema de provisión de mandos actual en los cuerpos policiales, del que hablaremos más adelante, está diseñado para que afloren jefes mediocres, no líderes. Aunque hay líderes, estos nunca son los escogidos para los órganos superiores donde se toman las grandes decisiones y se marcan las estrategias, porque en el pensamiento de quienes los escogen no está el ciudadano, no estás tú; solo están ellos y sus ansias de poder. Quieren siervos, no servidores.

El caso de la masacre de Barcelona

La masacre terrorista de 2017 en Cataluña, los atentados de Barcelona y Cambrils, que dejaron 16 muertos y más de 150 heridos, después de un atropello masivo en La Rambla, una de las calles más concurridas de la Ciudad Condal, nos deja una foto fija de las reglas en este macabro juego donde lo que se apuesta es tu vida.

La distribución de competencias del escenario criminal estaba compartimentada entre cuatro cuerpos policiales distintos, con las barreras a la información que eso supone. En Barcelona, dos cuerpos compartían despliegue operativo sobre el terreno: Mossos y Guardia Urbana; y tres compartían información: Mossos, Guardia Civil y Policía Nacional. Cualquier grupo terrorista está encantado de operar en una zona así. En una zona tan concurrida y céntrica como La Rambla la vigilancia no sirve de mucho, porque nadie comparte información con nadie, y nadie sabe quién vigila qué. Es decir, la información se tiene, pero al no ser compartida, no se convierte en inteligencia.

Las autoridades catalanas no permitieron a los Tedax (Técnicos Especialistas en Desactivación de Artefactos Explosivos) de la Guardia Civil entrar el día anterior a la masacre en una casa que había explotado en la localidad de Alcanar, con más de cien bombonas de butano en su interior y explosivos de fabricación casera. Luego nos enteramos de que era el nido de los terroristas que, al ver fracasar el plan A, habían decidido improvisar un plan B en forma de atropello mortal antes de ser detenidos.

La alcaldesa de Barcelona, Ada Colau, y la cúpula de los Mossos desoyeron la recomendación de la Comisaría General de Seguridad Ciudadana de la Policía Nacional —seguramente solo porque era de la Policía Nacional, a la que no consideran su policía— de poner obstáculos, en forma de grandes maceteros o bolardos, en las entradas de las vías urbanas más concurridas de cada ciudad, después de los atropellos masivos ocurridos en las ciudades de Niza y Berlín, que segaron la vida de casi un centenar de seres humanos. El consejero de Interior de la Generalidad y jefe de los Mossos, Joaquim Forn, llegó a decir textualmente: «Es imposible colocar bolardos en cada punto de la ciudad. Colocar este tipo de barrera física en lugares que puedan considerarse objetivo terrorista, como la plaza de Cataluña o la propia Rambla, por donde circulan vehículos, implicaría dificultar el tráfico en la ciudad y no impediría que los terroristas actuaran en otros puntos». Y puede ser que tuviera razón, o no. Pero no se entiende entonces que, solo cuatro meses después de la matanza, justo antes de la campaña de Navidad, se colocaran grandes bolardos en los accesos a La Rambla. Sabían que un segundo atropello tendría coste no solo humano, sino también político. Una vez más no importaron las personas, importaron las estructuras de poder.

En la Barcelona de Colau se pueden cerrar calles para celebrar cualquier orgía independentista, se pueden crear *supermanzanas* absurdas en las que no pueden entrar vehículos o implantar ilógicas restricciones al coche particular de un pobre obrero que no puede permitirse comprar uno nuevo, haciendo que se expulse a vecinos y comercios fuera de la ciudad, o montar actuaciones artísticas consistentes en plantar bloques de hormigón o piedras gigantes en mitad de una vía de alta capacidad, pero instalar por recomendación técnica obstáculos para el posible acceso de vehículos con finalidad de atentado yihadista «implicaría dificultar el tráfico en la ciudad».

¿Cuál fue el castigo para los dos máximos responsables de esa decisión? Ninguno. Colau sigue siendo alcaldesa de Barcelona y Forn continuó en su cargo hasta que fue condenado a diez años de prisión por delito de sedición. En junio de 2021 fue indultado por el gobierno socialista de Pedro Sánchez.

El caso del 11-M

En España hemos tenido momentos de sobra para detenernos a pensar y decir basta, pero los españoles aún seguíamos creyendo a los políticos del *todo va bien* y ninguneando a los policías operativos que predecían la debacle. El 11-M, sin ir más lejos, fue uno de esos momentos históricos en los que una sociedad debe darse cuenta de que está en peligro y obligar a sus gobernantes a cambiar las cosas. Un acontecimiento que debió producir una catarsis nacional no supuso ningún cambio, simple y llanamente porque los partidos que habían gobernado el país hasta ese momento no querían dejar al descubierto sus vergüenzas.

Durante la vista oral por la masacre que dejó a la sociedad española sin aire y con el corazón encogido durante mucho tiempo, pudimos comprobar de primera mano cuánta información que podría haber evitado la tragedia no era manejada de manera conjunta, sino reservada por los recelos entre cuerpos e incluso entre mandos y brigadas de un mismo cuerpo; cada uno intentando alcanzar la gloria por libre. La gloria personal, claro, o la de su cortijo. Cortijos y caciques.

Un imán confidente de la policía, Abdelkader el Farssaoui, alias *Cartagena*, asistió a una reunión con los terroristas donde ya se hablaba de ir «un paso más allá» y de «martirio», pero se le ocurrió llamar a sus controladores un viernes de noche y, según manifestó, estos le afearon la conducta porque empezaba el fin de semana y le citaron para el lunes por la mañana. No se sabe muy bien por qué aquella información no se explotó.

Otro confidente policial, Francisco Javier Villazón Lavandera, supo que se estaba preparando una operación de intercambio —droga por dinamita—, y se fue corriendo a la comisaría de la Policía Nacional de Gijón para contarlo, pero era domingo y no había nadie de la escala de mando trabajando. De hecho, no había nadie de ninguna escala en toda la brigada de información que se ocupa de la lucha antiterrorista. El policía de la oficina de denuncias que lo atendió no solía molestar a ningún superior por casi ningún motivo. No obstante, lo de los explosivos y la droga le pareció lo suficientemente importante como para telefonear a dos: a su jefe directo y al comisario, pero este último había quedado para comer, así que acudió a la dependencia, escuchó un rato la historia del confidente y se marchó diciendo: «Bah, eso de los explosivos son cosas de mineros y pescadores. Y yo tengo prisa. Os dejo».[10] Tiempo después, el policía que aquel día fue el único que intentó hacer bien su trabajo, Francisco Javier Gascón, acabó acusando a los dos mandos de tapar esa información, y también acabó, como tantos otros policías operativos, en tratamiento psicológico. Los dos mandos negaron haber visto nunca al tal Lavandera y haber estado aquel día en comisaría.

El jefe de estupefacientes de la Policía Nacional en Avilés era el controlador de Trashorras, el exminero asturiano que vendió la dinamita de los atentados. Su trabajo era el típico en nuestro modelo: iba de mañanas a echar el rato a comisaría sin prestar demasiada atención a algunas cuestiones importantes en su territorio. A cambio, algunos peces gordos le daban cada cinco o seis meses a algún pardillo que caía en una operación antidroga que luego se vendía a la prensa a través de los gabinetes de comunicación. Todos ganaban, como en los negocios de Little Italy. Los camellos tenían dinero a espuertas para gastar en el Club Horóscopo de Gijón, donde conocieron al tal Lavandera, que hacía de portero; ese que fue a chivarse de todo a la policía y se encontró que no había casi nadie porque era domingo. Al único que había, no le hicieron caso. Los mandos tenían sus medallas, los políticos tenían sus discursos, ¿y los ciudadanos? Los ciudadanos de a pie tenían a dos locos incontrolados que vendían droga con conocimiento de la policía, y dinamita sin él, sin que nadie hiciera nada.

El confidente Lavandera, harto de los mandos de la Policía Nacional, se fue a ver a la Guardia Civil. Allí se entrevistó con el guardia civil Campillo, que grabó la conversación e hizo un in-

---

[10] José María de Pablo, *La cuarta trama*, Ciudadela Libros, Madrid, 2009, pág. 27.

forme, pero el jefe de la comandancia decidió que el tema lo llevara la Unidad Orgánica de Policía Judicial (drogas y delincuencia) y no el grupo o la sección de Información (terrorismo).
Además, como no se llevaban muy allá, no compartían la información, así que todo culminó en una operación antidroga mucho
más sencilla de llevar a cabo (operación Pipol). Otro éxito de
propaganda y otro problema sin resolver. El guardia civil operativo acabó denunciando que sus mandos trataban de ocultar su
incompetencia y su inacción, y también que querían obligarle a
firmar un nuevo informe, a lo que se negó. ¿Sabéis dónde acabó
el guardia civil Campillo? Correcto; en tratamiento psicológico.

El coronel Pedro Laguna, al frente de la Guardia Civil en
Asturias, acabó su declaración en la comisión de investigación
del 11-M entre sollozos,[11] en una aceptación clara de que se disponía de la información necesaria para evitar los atentados desde
dos años antes de que se perpetraran, pero que las guerras de
celos entre mandos, entre las comandancias de Gijón y Oviedo
y entre estas con la UCO de Madrid, además de la descoordinación con la Policía Nacional, hicieron imposible abortar la operación. No se puede dejar la eficacia de las operaciones en manos
del talante de las personas, la eficacia debe quedar garantizada
por el modelo. El juicio por el atentado y la comisión de investigación en el Congreso también mostraron por primera vez a
los españoles en manos de quién estábamos.

El uniformado de mayor rango en la Policía en aquel momento, el comisario Pedro Díaz Pintado, y el comisario general
de Seguridad Ciudadana, Santiago Cuadro, de quien dependían
los Tedax, se desmintieron el uno al otro ante el tribunal. El
primero dijo que el segundo le informó en la mañana del 11-M
de que el explosivo era Titadyn. El segundo aseguró que él nun-

---

[11] Manuel Marlaska y Luis Rendueles, *Una historia del 11-M que no va a
gustar a nadie*, Martínez Roca, Madrid, 2007, pág. 274.

ca dijo eso, sino simplemente *dinamita*. Por otro lado, el policía Manuel Escribano, principal experto en explosivos de la Policía Científica, denunció que tuvo que finalizar el peritaje de los restos encontrados en la furgoneta Renault Kangoo —que serían fundamentales para invalidar la primera tesis sobre la autoría de ETA y dirigir la investigación hacia el terrorismo islamista—, antes de la comparecencia en la que se acusó de mentir al entonces ministro de Interior, Ángel Acebes, pero que el comisario general, Carlos Corrales, le pidió que no se diera prisa: «Guárdatelo y cuando yo te diga lo sacas».[12]

Los dos máximos responsables de la Comisaría General de Policía Científica, los comisarios Santano y Mélida, fueron imputados por modificar un informe de tres peritos policiales para eliminar una referencia a ETA, y no salieron condenados, a pesar del hecho probado, porque la falsedad documental solo es punible cuando lo que se falsea está en el apartado «resultados» del informe. El nuevo ministro del Interior, el socialista Rubalcaba, se congratuló de la absolución de estos «policías honrados», según sus propias palabras. A pesar de todo, la sentencia dice del comisario general de Policía Científica, Miguel Ángel Santano: «Tal actitud es incompatible con la responsabilidad derivada de su cargo, cuando se trataba del asunto más importante de este país, a nivel policial y judicial. Semejante frivolidad no podía permitírsela el titular de la Comisaría General de Policía Científica».[13]

Una declaración para la historia

El jefe de los Tedax de la Policía Nacional, Sánchez Manzano, cometió errores de principiante en la descripción de los materia-

---

[12] José María de Pablo, op. cit., pág. 268.
[13] *Ibid.*, pág. 382.

les encontrados en los trenes; tantos que cualquier persona llega a la conclusión de que el más alto mando en desactivación de explosivos no sabía la composición de un petardo.

> Fiscal: Ha dicho usted que se mandan esos primeros restos que se van recuperando de los trenes a la unidad central, ¿ustedes qué tipo de análisis pueden realizar dentro de la unidad central de explosivos?
>
> Comisario jefe de los Tedax: Ehhh... yo creo que... eso es una cuestión que la explicará mucho mejor la perito química que hay en la unidad.
>
> (...)
>
> Fiscal: ¿Usted es diplomado en Tedax?
>
> Comisario jefe de los Tedax: No.
>
> Fiscal: ¿Es licenciado en Químicas?
>
> Comisario jefe de los Tedax: No.
>
> (...)
>
> Abogado: ¿No es cierto que mantuvieron una conversación telefónica en la que el señor comisario general de la Policía Científica le reclamó el envío de esos restos?[14]
>
> Comisario jefe de los Tedax: Yo no lo recuerdo.
>
> (...)
>
> Juez: En cualquier caso, si encuentra componentes, es imposible afirmar que no se sabe cualitativamente qué es lo que se ha encontrado... o sea, ¿cómo me puede decir que no saben cualitativamente qué se ha encontrado si hay componentes? No acabo de entenderlo... si es que usted lo sabe, si

---

[14] El abogado intenta esclarecer por qué los restos que se analizaron en la unidad Tedax no se mandaron luego a la unidad de Policía Científica, con más y mejores recursos para conocer la marca comercial del explosivo, lo que había sido imposible en el laboratorio de la central de desactivación de explosivos.

me dice que usted no entiende de eso, dígalo así, que usted no entiende de eso...

Comisario jefe de los Tedax: No, yo no entiendo.

(...)

Abogado: ¿En la estación del Pozo se utilizaron perros para la detección de explosivos?

Comisario jefe de los Tedax: Lo ignoro.

(...)

Juez: ¿Usted sabe cómo se desactiva un artefacto de esas características?

Comisario jefe de los Tedax: No, no... no, eso lo explicará el operador n.º 1, yo no soy Tedax.

Su declaración en sede judicial durante el juicio por los atentados terroristas del 11 de marzo define todo nuestro modelo policial. Una persona mediocre que no sabe, no contesta, no se acuerda o no entiende nada; que se remite constantemente a protocolos y superiores y que es incapaz de responder ninguna pregunta técnica relacionada con su área. Solo hemos recogido unos breves fragmentos de una testifical que es, en conjunto, un esperpento, protagonizado por el máximo responsable de la recogida y el primer análisis de todos los vestigios de la bomba que, a la postre, se convertirían en el núcleo de todas las teorías de la conspiración y en una losa para la credibilidad del trabajo policial, de la sentencia y del propio sistema democrático.

Todos los modelos de seguridad europeos han sido derrotados debido al continuismo acrítico que ha permitido que mandos y políticos permanezcan fiados a una serie de parámetros de gestión policial obsoletos que se repiten constantemente en todos los países sin que nadie haga nada por cambiarlos. Todos esos errores se están cometiendo en España, y tampoco nadie hace nada.

Tenemos a un comisario jefe de los grupos de desactivación de explosivos que no sabe nada de explosivos. Tenemos a un comisario que corrige informes al mayor experto de las Fuerzas y Cuerpos de Seguridad en riesgos laborales de nuestro país en plena pandemia. Tenemos a cientos de profesionales excelentes anulados por un puñado de mandos policiales escogidos a dedo desde el poder político y sin ninguna formación ni experiencia operativa en las materias de las que son máximos responsables. ¿Por qué?

No existe un sistema de información distribuida. Tenemos centenares de cuerpos policiales sin interconexión, para mayor gloria de cada cacique local, regional o nacional, al que le interesa controlar lo que sucede y tener una *garde de corps* que proteja sus discursos y chanchullos, a pesar de las enormes grietas de seguridad que genera o el gran impacto que suponen todas las barreras a la información que implica esta atomización, impidiendo convertir esa información en inteligencia. ¿Por qué?

Las frases más repetidas por los mandos policiales en el juicio del 11-M fueron: «No lo sé, no me acuerdo». Podríamos escribir otro libro si narramos todo lo que se hizo mal antes de aquel atentado, pero casi siempre llegaríamos a la misma conclusión: policías operativos que trabajan para intentar solucionar los problemas de los ciudadanos y ven cercenadas sus aspiraciones u objetivos por mandos policiales ansiosos de hacer números para políticos que desprecian a los mismos ciudadanos a los que abrazan cuando están en campaña. Estos policías operativos suelen acabar con depresiones en la consulta del psicólogo, mientras los políticos llenan el pecho de los mandos de medallas.

Y sí, después de las bombas se produjeron detenciones en tiempo récord, y también se localizó y rodeó a los autores materiales, que acabaron inmolándose en un piso en Leganés. Pero eso fue después, como siempre; cuando el daño ya estaba hecho. Fue ahí, cuando ya habían pasado las elecciones generales y se dejó trabajar a los policías operativos, cuando se pudo ver el verdadero trabajo policial. Cuando los políticos se apartaron y los mandos volvieron a sus despachos, de donde nunca debieron haber salido. Cuando dejaron trabajar a los policías de verdad, los que patean la calle, los de investigación, los de científica, los de información, los de extranjería; los que no responden ni llaman a ningún político para darle novedades, los que tenían que haber tomado las decisiones desde el minuto uno, y no lo hicieron porque nuestro modelo está diseñado para proteger al *establishment*.

Incompetencia recompensada

¿Quieres saber cuál fue el coste profesional para la cúpula de Interior que manejaba los hilos durante la masacre terrorista? Tienes derecho:

Agustín Díaz de Mera, máximo responsable político de la Policía Nacional, pasó a ser eurodiputado.

El comisario Pedro Díaz Pintado Moraleda, subdirector general operativo en aquel momento, el de mayor rango entre los uniformados, pasó a trabajar en la empresa privada para el grupo Dico, un conglomerado empresarial que está en el centro del caso Gürtel, al frente del cual se encontraba, entre otros, el empresario David Marjaliza, que llegó a declarar en sede judicial que se habían pagado mordidas a cambio de contratos a políticos del PP, PSOE e IU.

El comisario Gabriel Fuentes González, subdirector general del Gabinete Técnico en aquellos días, fue nombrado vicepresidente de Interligare, empresa implicada en la supuesta trama de corrupción en torno a la concesión de contratos públicos por parte de altos cargos del Ministerio del Interior durante el periodo en que estuvo al frente Alfredo Pérez Rubalcaba.

El comisario Jesús de la Morena, comisario general de Información en el momento del atentado, fue nombrado director de seguridad de Iberia.

Santiago Cuadro Jaén, comisario general de Seguridad Ciudadana, fue nombrado vocal del Consejo Asesor de la Policía, un lugar conocido entre los agentes del cuerpo como «cementerio de elefantes», destinado a pagar favores a determinados mandos una vez amortizados sus servicios.

El comisario Miguel Ángel Fernández Rancaño, jefe superior de Policía de Madrid, pasó a ser director de seguridad de La Caixa, y más tarde también consejero de la empresa Interligare.

¿Y el coronel Pedro Laguna, el que estaba al frente de la Guardia Civil en Asturias? Pues responsable por acción u omisión, de lo que no existe duda es de que era responsable por mando y bajo él sucedieron hechos graves y trascendentes. Sin embargo, en 2004, y tres meses antes de que compareciese en la comisión de investigación en el Congreso con motivo del 11-M, ascendió a general, y fue condecorado poco después durante el mandato de Rodríguez Zapatero por su «intachable conducta». De sobra era conocida la grabación en la que Francisco Javier Villazón Lavandera habló a la Guardia Civil del tráfico de explosivos, y que ponía en solfa el despropósito en la gestión de la información, pero no importó. Sí rodó la cabeza del jefe de la Comandancia de Gijón, el teniente coronel Rodríguez Bolinaga, por guardar la grabación en lugar de darle el trámite correspondiente. Solo por prudencia y decoro militar, el coronel Laguna nunca debió ascender a general. Desde luego, nunca habría ascendido a sargento un cabo primero que hubiera estado incurso en una investigación de semejante calado. Como siempre, mucho jefe, pero muy poco responsable: el coronel tenía a quien culpar.

El ya general, retirado con honores, declaró en la comisión de investigación, más o menos, que él no sabía nada, que los responsables operativos eran los mandos de las comandancias de Gijón y Oviedo. Si uno lee el diario de sesiones, casi pareciera que solo pasaba por allí. Toda su declaración es otra foto fija del

sistema de mediocridad jerárquica implantado por nuestros políticos: para dar órdenes somos cuerpos jerarquizados, para repartir las recompensas estamos todos en el mismo barco —unos
en galeras y otros en el puente—, pero para asumir la responsabilidad, no saben, no contestan, los subordinados se ocupaban de
eso. Si la operación hubiera sido un éxito, la primera medalla
hubiera sido la suya.

Teoría de la cuerda

Debes entender, estimado lector, que en caso de flagrante error,
las huidas son siempre hacia delante, en forma de grandes premios o ascensos, y que las relaciones entre la empresa privada
—regada con dinero público— y el poder son al más alto nivel.
Para un mando policial amortizado, el hecho de pasar a la empresa privada en puestos directivos supone como mínimo dupli-
car su sueldo, cuando no triplicarlo. Ese es el castigo. Prueba tú
a hacerlo mal en tu trabajo y verás dónde acabas. El listado anterior no es más que el resultado de algo que te cuenta cualquier
mando en *petit comité* si tienes con él la suficiente confianza, pero
que nunca dirá en público: en nuestro modelo policial se accede
a lo más alto de la pirámide por la llamada *teoría de la cuerda*.

Hasta hace no mucho y durante toda la democracia, en España solo había habido dos cuerdas, la roja y la azul. El 80 por
ciento de los mandos se agarraban a una u otra con la esperanza
de medrar en la función pública cuando gobernaran los de su
color, y poder salir a la empresa privada cuando gobernaran los
del otro color, gracias a las relaciones establecidas durante su
estancia en puestos de responsabilidad. El 20 por ciento restante,
que se negaba a servir a ninguna ideología, rarísimamente llegaba a un puesto excesivamente relevante. Sí, pueden llegar a comisario principal o general, pero ocuparán un cargo casi simbó-

lico en el que su capacidad de mando ejecutivo será limitada. Son esos, los mandos operativos que dedican su tiempo a proteger a los ciudadanos y no a deambular entre intrigas de alcoba y pasillos de poder, los que hay que rescatar para ponerlos al frente de la toma de decisiones.

Dentro de ese 80 por ciento también había un número considerable de adaptativos, gente que se transforma en azul o rojo con pasmosa habilidad, como Villarejo, gente que sirve bien al poder, esté quien esté en la poltrona. Son detectables desde su empleo como tenientes o inspectores. Durante toda su vida profesional saben con quién ir a comer, a quién deben invitar a los actos y a quién darle la medalla al mérito. Llegan a lo más alto tejiendo complejas relaciones sociales que les deban o a las que deber favores; favores que pagarán cuanto toque y que no dudarán en cobrar llegado el momento.

Las *guerras de comisarios* también implican traiciones para posicionarse con el gobierno entrante en caso de intuir que el actual está dando los últimos coletazos. Que le pregunten al exministro Ángel Acebes. ¿Se acuerdan? «Guárdatelo y cuando yo te diga lo sacas». Le metieron un buen gol por la escuadra. Y le está bien empleado, porque con una mayoría absoluta pudo cambiarlo todo y decidió no cambiar nada. Estas relaciones siniestras entre las cúpulas policiales y el *establishment* se han mantenido durante toda la democracia y siguen hoy vigentes.

En la visita de Samuel al Congreso en 2018, a las diputadas del Partido Popular —entonces en el gobierno— presentes en la comisión, Hernández Bento, Palmer Tous y Ana Vázquez, no les gustó que Samuel mencionara esas relaciones de políticos y mandos para denunciar que los primeros se rodeaban siempre de gente que les decía lo que querían oír, y eso a la larga solía traerles problemas. En el rifirrafe que se produjo, el presidente de la comisión llegó a quitarle la palabra a Samuel para pedirle que cambiara de tema. Hoy, toda la cúpula policial del gobierno de Mariano Rajoy está imputada por la operación Kitchen, desde el entonces ministro del Interior Jorge Fernández Díaz, hasta el secretario de Estado, Francisco Martínez, pasando por el director adjunto operativo, el policía de mayor rango en el cuerpo, Eugenio Pino, y varios comisarios más. También inspectores jefe como José Ángel Fuentes Gago, mano derecha de Pino.

Da igual la época y el gobierno, aproximadamente cincuenta mandos policiales han manejado todo el cotarro en los últimos cuarenta años desde los puestos de máxima responsabilidad. Controlando a esos cincuenta, el poder político siempre ha tenido bajo control a todo el aparato al tratarse de cuerpos jerarquizados. Sus nombres aparecen, escándalo tras escándalo, en casi todos los casos turbios de nuestra democracia. Obviamente, entre tanto trajín, no tuvieron tiempo para detener a ladrones ni perseguir a delincuentes —esas cosas solo tienen coste, nunca recompensa—. Jamás trabajaron para los ciudadanos, todo el tiempo lo invirtieron en servir al poder para servirse a sí mismos. Serviles, no serviciales ni servidores.

Más historias ejemplares

No te dejes engañar, esto no es un hecho puntual de unas personas en particular, es un sistema de trabajo, un modelo diseñado para protegerles a ellos donde tú no cuentas, no existes, eres solo un palito en el apartado «víctimas» de los estadillos de estadística que los mandos reciben cada mañana. Ha sido siempre así.

¿No nos crees?

Agustín Linares, el que fuera el primer mandamás de la Policía Nacional una vez promulgada la Ley de Fuerzas y Cuerpos de Seguridad en 1986, y que acabó trabajando para el Banco Central Hispano, hoy Banco Santander, estuvo imputado en el caso Fondos Reservados y reconoció en sede judicial haber cobrado seis millones de pesetas de esas partidas, entregados por el exsecretario de Estado del PSOE, Rafael Vera.

El comisario Florencio San Agapito, jefe de gabinete de Vera, que acabó trabajando en Tabacalera primero y Telefónica después, fue condenado en el caso Malaya por blanqueo de capitales.

El comisario Julio Corrochano, jefe superior de Policía de Madrid en el 98 y máximo responsable de la Policía Judicial a nivel nacional en 2002, acabó trabajando como jefe de seguridad del BBVA; está imputado en el caso Villarejo.

El comisario Enrique García Castaño, alias *el Gordo*, durante años al mando de la UCAO (Unidad Central de Apoyo Operativo), donde acudían todos los comisarios que se veían envueltos en algún tejemaneje, aparece en casi todos los escándalos policiales de la democracia, desde el caso Faisán hasta el caso Villarejo, pasando por el caso Kitchen, donde está imputado. En sede parlamentaria reconoció haber entrado de manera ilegal, engañando a una limpiadora, en una galería de arte propiedad de la mujer del tesorero del Partido Popular, Luis Bárcenas.

¿Crees que este comisario hubiera entrado de manera ilegal en algún sitio para impedir un hecho en el que tú fueras la víctima? Nunca. Son cosas que solo está dispuesto a hacer para proteger al sistema, por eso tiene el pecho lleno de medallas y lleva toda su carrera en los puestos de más alta responsabilidad en la toma de decisiones. Tú no eres el centro del modelo. Ellos son el centro del modelo, de su modelo.

No solo hablamos de corruptelas y tráfico de influencias. El coronel García Santaella, también con un uniforme plagado de medallas, una de ellas pensionada, y cuando estaba a puntito de ser ascendido a general de la Guardia Civil, fue condenado en 2022 por delito contra la salud pública y cohecho a siete años de prisión y a una multa de más de seis millones de euros. A pesar de que, durante años, muchos de sus subordinados intentaron que el oficial no se saliera con la suya, el coronel casi consigue retirarse con todos los honores. Nada se hizo desde la propia institución que tanto valora su buen nombre. Tuvo que ser la asociación AUGC[15] la que sostuviera los recursos contra las sucesivas sentencias que lo absolvían de tan flagrante y delictiva conducta. No es el único escándalo de este tipo. El teniente coronel Rafael Masa y el teniente coronel Máximo Blanco López también fueron condenados hace años por delitos contra la salud pública por traficar con estupefacientes.

Lo llamativo del asunto no es que un funcionario de alto rango se *pringue* cometiendo delitos, digamos que, como humanos imperfectos que son, se vieron tentados a pasarse al lado oscuro. Lo preocupante es que hayan superado todos los filtros de la auditoría interna, algo que difícilmente podría hacer un miembro de la escala básica o de subinspección o de suboficiales, y hayan ido ascendiendo sin que sus subordinados hayan podido poner coto a sus desmanes y solo la casualidad de una investigación policial por otro motivo haya permitido que esta gentuza que enfanga el nombre de nuestras instituciones acabe donde tiene que estar: a la sombra.

No queremos aburrirte, la lista es amplia y abarca cualquier época bajo cualquier gobierno, en cualquier ente, ya sea nacional, autonómico o local. *De facto*, cuanto más pequeño el cortijo, más grande suele ser el cacique. Sentimos reiterar esto, pero en la mayoría de los casos, si los agentes bajo su mando no les importan, imagina lo que podéis importarles tú y los tuyos.

Los autores de este libro no tienen la capacidad de referir los pormenores de las investigaciones citadas, como no la tienen tampoco de valorar todas las teorías de la conspiración que sucedieron a los atentados del 11-M, pero sí tienen la de afirmar que muchas de esas supuestas conspiraciones no fueron más que incompetencia, desdén y soberbia, falta de capacidad y desco-

---

[15] Asociación Unificada de Guardias Civiles.

nocimiento de una cadena de mando sin ninguna experiencia operativa ni formación en ciencia policial aplicada. Esos mandos no fueron políticamente ascendidos a los puestos más altos de la jerarquía, vía libre designación, para resolver tus problemas, sino para proteger sus discursos. Siempre estuvieron ahí, siempre fue así. Lo único que hizo el 11-M fue hacerlo visible, mostrar a la sociedad cómo se trabaja en realidad en este modelo del *todo va bien*.

Un ejemplo esclarecedor

¿Quieres tener un ejemplo que resuma cómo todo lo anterior afecta a tu vida? Ok, ahí va.

En una ciudad mediana, de 200.000 habitantes, una noche de fin de semana, 16 guerreros subidos en ocho coches patrulla salen a dar la cara por ti, para que nadie perturbe tu descanso, para que no entren en tu hogar cuando duermes, para que tu hija vuelva sana y salva a casa. Salen a trabajar de policías. No hay nadie de la escala de mando, todos son de escala básica: 15 policías y una oficial. El inspector de noche ha pedido el día y no se ha designado a nadie entre los otros 25 miembros de las escalas de subinspección, ejecutiva y superior para sustituirle.

A las doce de la noche, una patrulla localiza dos coches robados. Como no hay nadie de la brigada de Policía Científica, tienen que quedarse allí custodiando los vehículos hasta que por la mañana alguien venga a hacer la inspección ocular antes de devolver los coches a sus dueños.

A la una y media, una comunicación de riesgo extremo para una víctima de violencia de género llega a la comisaría. A pesar de que se sabe que el implicado ha sido detenido, el riesgo extremo no se levanta porque la comunicación viene de otro cuerpo, y como en su dependencia tampoco hay nadie más que policías operativos de Seguridad Ciudadana, el que coge el teléfono dice que eso hasta el lunes no se modifica. El grupo encargado de los asuntos de violencia de género en la dependencia receptora tampoco vuelve hasta el lunes, y además no va levantar un riesgo extremo que no es suyo. Ni siquiera es del mismo cuerpo. Otro coche queda ocupado en un punto fijo toda la noche frente al portal de la víctima, a pesar de que no hay victimario.

A las tres, dos patrullas de la Policía local llegan con cuatro detenidos después de intervenir en un vuelco de droga[16] con armas de fuego y varios kilos de marihuana. Al ir a atender una aparentemente sencilla llamada por ruidos, encuentran la puerta abierta y a una mujer maniatada en el pasillo, y a partir de ahí se desarrolla el servicio. No hay nadie de Policía Judicial, así que la oficial de Seguridad Ciudadana se apaña para sacar todo el trabajo adelante, guiada vía telefónica por un inspector que no está de servicio, ni siquiera de incidencias, pero que por pertenecer a ese 10 por ciento de agentes que siempre están dispuestos se ofrece incluso a acudir de madrugada a la dependencia si hace falta. Dos de los detenidos deben permanecer ingresados en el hospital. Como tampoco hay protocolo de módulos hospitalarios para detenidos ni acuerdos con seguridad privada, otros dos coches permanecerán allí estáticos toda la noche. La oficial se multiplica y después de salir del hospital acude a comisaría a supervisar la comparecencia de lo que se supone debería ser algo lo suficientemente grave para que fuera atendido por especialistas de investigación: un vuelco de droga con implicados que portaban armas de fuego. Otro zeta anulado. Los policías locales solo custodian a sus detenidos de alcoholemia, porque al recaer la instrucción del atestado en Policía Nacional, aunque la detención la haya hecho Policía local, desde el mismo momento en el que firman la comparecencia, pasan a ser responsabilidad del

---

[16] Una banda criminal que roba a otra.

cuerpo estatal. Como la comisaría está en obras, los detenidos que no están en el hospital tienen que ir a los calabozos del juzgado, y hay que mandar a otro patrulla para permanecer allí toda la noche. Seguimos.

Al empezar el servicio se dio orden a la oficial para que dos policías permanecieran toda la noche de paisano frente a un banco porque la brigada de investigación tenía información *muy fiable* de que esa noche pueden dar el palo. A pesar de que los policías saben que no pasará nada, porque si la información fuera fiable estarían allí los miembros de la brigada para apuntarse el tanto, deben quedarse estáticos toda la noche frente a la sucursal, cubriendo la espalda al jefe de Judicial que ha recibido una información que sabe que no tiene color,[17] pero, por si acaso, no se quiere arriesgar a que le pongan a él la cara colorada. En los casi cincuenta años de servicio operativo que hay entre los dos autores de este libro, nunca una vigilancia ordenada por un grupo de investigación a policías que no fueran de ese grupo ha tenido color.

De los 16 guerreros y ocho coches que empezaron el turno, a mitad de la noche ya solo quedan dos guerreros y un vehículo policial para dar la cara por ti, para que nada perturbe tu descanso, para que tu hija vuelva a casa sana y salva. El resto está protegiendo la estructura de un sistema insostenible que duerme cuando la actividad criminal es más elevada. ¿Por qué? Porque tú, tu descanso y tu hija no le preocupáis lo más mínimo a ese sistema, y los mandos y los políticos que diseñan las estrategias son parte de él.

Esto si hablamos de la Policía Nacional. Si nos referimos a la Policía local es más de lo mismo, y si buscamos ejemplos en la Guardia Civil, la presencia de mandos que superen al empleo de sargento es absolutamente testimonial. De teniente para arriba

---

[17] «Tener color»: en el argot policial, que una información tenga altas posibilidades de ser fiable.

no están ni se esperan, salvo para vigilar servicios o, muy de vez en cuando, para cumplir el expediente. No hay nadie a quien recurrir de madrugada o en festivo para notificar hechos delicados, discrepancias en operativas de servicio o tomar decisiones comprometidas. Solo estás tú con tus decisiones. Decisiones que serán cuestionadas en cuanto el mando de turno se levante al día siguiente y, después de desayunar tranquilamente su café y su cruasán, se ponga a repasar las novedades y aprecie, desde su confortable despacho, que el pobre cabo o guardia han hecho algo mal. Ahora sí tomará él la decisión: régimen disciplinario y si hay que quitarle el empleo y el sueldo al desdichado patrullero, ¡que le den! Entonces no habrá problema en detraer decenas de horas de servicio para que los agentes presten declaración ni en ocupar cientos de folios en expedientes que carecen del más mínimo sentido. Y todo porque el jefe no estaba cuando tenía que estar ni donde tenía que estar para hacerse responsable de una actuación que ya se advertía comprometida.

Hace unos años, un puñado de policías operativos de todos los cuerpos iniciamos esta aventura llamada Una Policía Para el Siglo XXI, con el propósito de acabar con este modelo de cortijos y caciques. Nuestro objetivo es trabajar para ti, no para ellos; y a ellos no les gusta nuestro objetivo. Cada vez más valientes dentro de todos los cuerpos policiales, la vigilancia privada, los funcionarios de prisiones, las empresas e instituciones civiles y algunas organizaciones como la que nos da la oportunidad de traer este relato inédito han decidido dar el paso adelante, abandonar complejos y temores y lanzarse a la aventura de procurar lo que es justo: una sociedad más libre y segura para nosotros y nuestros hijos. Decidimos atacar este sistema desde fuera, creando una asociación civil, y siguiendo la máxima de uno de sus fundadores, Raúl Moreno: «Si solo pisas donde te dejan, al final nunca sales de la habitación». Nosotros hemos salido de la habitación —*thinking out of the box*—.

3
EL NEGOCIO DE LA MAFIA

Miente, miente; miente que algo queda.
Cuanto más grande sea una mentira, más gente la creerá.
JOSEPH GOEBBELS

El primo eres tú

La seguridad se ha convertido en un negocio rentable para las élites políticas. Es una industria que mueve millones de euros en presupuestos con el objetivo de prorrogarlos año tras año, a poder ser aumentados. En ese negocio, como ya te hemos explicado, ganan todos los que participan menos tú. Siempre tiene que haber alguien que pague. Ganan los políticos que controlan el mensaje, ganan los mandos escogidos por aquellos que se llenan el uniforme de condecoraciones, ganan las empresas de seguridad que gracias al miedo ciudadano llenan de alarmas los hogares y empresas de este país; ganan los delincuentes que cada vez se sienten más poderosos e impunes, y pierdes tú, siempre pierdes tú.

En una escena de *Rounders*, película sobre el mundo del póker, Mike McDermott, personaje interpretado por Matt Damon, dice: «Escuchad, así es el juego. Si no distingues al primo en la primera media hora de partida, es que el primo eres tú».

En nuestro modelo policial el primo eres tú, estimado contribuyente, que pagas impuestos para que otros pongan en riesgo tu vida y tu hacienda con el único objetivo de que no se derrumbe su discurso político del *todo va bien*. También nosotros, los policías operativos o los vigilantes privados, hacemos de primos en esta historia, frustrados al descubrir que jugársela para protegerte a ti, que en definitiva es protegernos a todos, tiene un alto coste y ninguna recompensa. Nosotros somos incluso mucho más primos que tú, porque en ese empeño arriesgamos demasiadas veces la vida.

En la Nochevieja de 2021, mientras sonaban las campanadas, se hizo viral el vídeo de un alunizaje en una tienda de Louis Vuitton en pleno centro de Valencia. Solo una vieja furgoneta de la Policía local llegó para responder al aviso. Además, el humo de un extintor que los delincuentes vaciaron en su huida confundió a los agentes, que no pudieron hacer nada para bloquear la escapatoria del vehículo, al creer que no eran los autores del robo, sino un vehículo que se había quedado atrapado en la escena. Apenas a 50 metros de allí, en la plaza del Ayuntamiento, más de cincuenta policías locales vigilaban a pie el cumplimiento de la normativa sanitaria en materia covid, en un lugar casi desierto. Algunos charlaban en grupos, otros miraban sus móviles. Nadie quería estar allí, pero los planes y las estrategias de seguridad los firman sus mandos políticos al dictado del cacique de turno, no ellos.

El periódico valenciano *Las Provincias* tituló al día siguiente: «La resaca de la Nochevieja en Valencia: la Policía local denuncia a 8 *pubs* en una noche "tranquila"». Ampliando en el subtítulo: «Se produjo un robo en una tienda de lujo, los agentes impidieron el botellón en Honduras o el Cedro y multaron a varios conductores».

Se produjo un solo robo, pero se denunciaron ocho *pubs*, se multó a varios conductores y se impidieron dos botellones. El resultado para el discurso político es todo un éxito, los números lo avalan. El problema para ti y para tu familia es que los seis o siete jóvenes que perpetraron el alunizaje a la tienda de lujo vuelven a su barrio con los bolsillos llenos y sin coste. Un barrio en el que hay otros seiscientos o setecientos jóvenes también en paro y sin estudios, que, visto lo visto, estarán poco dispuestos a trabajar doce horas al día por 1.000 euros al mes al darse cuenta de que pueden ganar ese dinero, multiplicado por diez y en media hora, al dar un sencillo palo. Esta es una de tantas formas de crear delincuentes. A la semana siguiente ya tendrás al menos 60 o 70 nuevos aspirantes a aluniceros. Así es como se degradan los barrios y se pierden las ciudades, mientras a ti te dicen que «todo va bien, aquí no hay nada que ver». Así es como la seguridad vuela por los aires, y con ella tu libertad.

El truco cuantitativo

Para mantener el negocio se necesitan dos pilares básicos: estadísticas y propaganda. Casi todas las estrategias, los recursos humanos y materiales se dirigen a servir a esos dos grandes leviatanes que se lo tragan todo. En España se trabaja con un sistema estadístico binario 1/0 – 1/1: hechos denunciados/hechos sin esclarecer – hechos denunciados/hechos esclarecidos. El índice de criminalidad del que siempre presumen los ministros resulta del número total de hechos denunciados después de dar el mismo valor a todos ellos: siempre 1, ya sea un hurto o una agresión sexual.

De esta manera todos los esfuerzos se dedican a la criminalidad cuantitativa, la de los fríos números, la de los bonitos gráficos —la que favorece al discurso político—, dejando de lado la cualitativa —la que más afecta al ciudadano—. Esto es, se prioriza una serie de delitos más fáciles de resolver sobre otros mucho más graves, pero también más difíciles de prevenir y esclarecer.

Así, en una ciudad en la que el año pasado se hubieran cometido 2.000 hurtos y este año 1.700, el resultado en el índice sería -300; mientras que, si en la misma ciudad el año pasado se hubieran cometido además un homicidio y 10 agresiones sexuales, y este año 21 homicidios y 70 agresiones sexuales, el resultado sería +80. Ya está, ¿es que no lo ves? el índice de criminalidad ha descendido:

-300 + 80= -222.

La delincuencia ha bajado. No te olvides de dar las gracias al ministro, tu ciudad es hoy mucho más segura que antes de que él llegara. ¿O no?... No seas alarmista, los datos contradicen claramente tu discurso de que la delincuencia aumenta exponencialmente. De hecho, estoy empezando a pensar que eres un poco fascista... y racista también... y homófobo. Como sus mensajes no admiten disidencia, necesitan identificarte como adversario. Son tan torpes que la única forma que conocen de rebatir un argumentario opuesto es mediante la catalogación de un inventario ideológico. Para hacerlo necesitan etiquetarte. Así pueden identificarte como enemigo del discurso, para que nadie que no sea de los suyos pueda pasar desapercibido.

Este es el nivel del engaño masivo en el que colabora también gran parte del cuarto poder, convertido en periodismo de corte previamente subvencionado a través de la publicidad institucional. No vale solo con la mentira, el *establishment* necesita cómplices para propagarla.

Para apuntalar la manida mentira del *país más seguro de Europa* se suelen utilizar dos parámetros que se repiten en casi todas las noticias sobre balances de criminalidad en nuestro continente: los homicidios y las agresiones sexuales.

En realidad, ninguno sirve para analizar con un mínimo rigor nuestro grado de seguridad en relación con los países de nuestro entorno. El primero porque, si bien es cierto que España ocupa uno de los últimos lugares en la tasa de homicidios, no lo es menos que en casi todos los países de Europa esa tasa es muy baja. Por lo tanto, este indicador serviría para confrontar la criminalidad, por ejemplo, entre países europeos y sudamericanos, pero no para hacerlo entre países del Viejo Continente, ya que casi todos están en ratios de entre 0,5 y 1,8. En 2019, último año antes de los encierros por el covid, se cometieron 333 homicidios en España, la cifra más alta desde 2012. En ese mismo año en Italia se cometieron 314. En Alemania, 623 —casi el doble de población, casi el doble de homicidios—. No sirve como eje comparativo. Ya te adelantamos que 2022 será el peor año en términos de criminalidad de nuestra historia reciente. También te adelantamos que harán todo lo posible por ocultártelo.

El segundo dato es el de las agresiones sexuales, pero hete aquí que en España han aumentado exponencialmente en los últimos años, y han aparecido nuevas modalidades delictivas como *las manadas*, que generan auténtica sensación de terror entre las mujeres jóvenes; o sea, que es un valor del que ya no podemos presumir. En 2013 se denunciaron 8.923 delitos contra la libertad sexual según datos del Ministerio del Interior. En 2019, antes de los confinamientos, fueron 15.319. Daba igual, éramos el país más seguro de Europa y punto. Nada discute el mensaje. En 2021, incluso todavía sin el ocio nocturno recuperado, fueron 17.016. En ocho años se han duplicado los delitos sexuales, pero tranquilos, todo va bien. Nadie discute el mensaje. No hay informes criminológicos para estudiar el perfil de los nuevos agresores. ¿Por qué? Pobre del que discuta el mensaje.

¿Sabéis cuál fue la explicación del gobierno, en este caso de Grande-Marlaska, al aumento exponencial de estos delitos de naturaleza tan execrable? Que «las políticas de concienciación social han predispuesto a más víctimas a denunciar, lo que habría ayudado mucho a contrarrestar los niveles de infradenuncia de esta tipología delictiva». Es decir, que encima tienes que estar agradecido al gobierno socialcomunista de que, al gastar millones de euros en un Ministerio de Igualdad, en España tu hija tenga hoy más del doble de posibilidades de ser violada que hace ocho años. Se ríen de los ciudadanos a la cara. Desde que la ministra de Igualdad, Irene Montero, accedió al cargo, el número de mujeres agredidas sexualmente ha aumentado en un 34 por ciento. Nunca una mujer tuvo tanto miedo de volver a casa sola después de una noche de fiesta como en la actualidad, y hemos descendido nada menos que diez puestos en el *ranking* de mejores países para nacer mujer.[1] Puede que el eslogan «sola y borracha quiero volver a casa» sea bueno para hacer política, pero pone a tu hija en una diana. Tú verás si quieres anteponer tu ideología a su bienestar.

En la Europa de hoy, solo los países que han promovido políticas fuertes contra la inmigración ilegal desbordada, Polonia, Hungría, Chequia y Eslovaquia (Visegrado), han logrado controlar la delincuencia hasta convertirse en los más seguros de Europa. Una mujer o un homosexual pueden hoy pasear libres y sin miedo por cualquier barrio de Budapest, mientras que en infinidad de zonas de París, Bruselas o Londres una chica debe caminar siempre acompañada de un varón, y un homosexual no puede caminar si no quiere acabar sin dientes. Curiosamente, todo el *establishment* de poder de la Unión Europea señala a esos países del Visegrado como los más peligrosos para el feminismo y el movimiento LGTBI, convertidos ambos movimientos ya en enormes franquicias de la izquierda.

En Europa, los parámetros más ajustados para valorar nuestro grado delincuencial son otras tipologías delictivas, que tienen más que ver con la posibilidad de pasear libremente por las calles sin sufrir un asalto violento o una violación, o de estar tranquilo en el último reducto de seguridad para un ciudadano, que es su hogar. Los datos de Eurostat dejan bien a las claras que la sensación de seguridad en España solo está avalada por la propaganda y por

---

[1] Informe Women, Peace and Security Index (WPS) elaborado por la Universidad de Georgetown, donde hasta la fecha España ocupaba el quinto lugar, casi empatada con Suiza y Eslovenia, en tercero y cuarto lugar

el absoluto control político de los órganos de comunicación de los diferentes cuerpos policiales. En sus gráficas, se observa que en los delitos que sí son medidores objetivos para países de nuestro entorno, estamos los segundos en robos con violencia e intimidación y undécimos en asaltos a domicilios. Es mentira que seamos el país más seguro de Europa, pero se gasta mucho dinero en convencerte de que lo es: propaganda. Somos el segundo país donde más posibilidades hay de que tu hijo, esta noche, sea rodeado por una banda de delincuentes que lo inflen a patadas y puñetazos hasta que caiga inconsciente para así poder robarle el móvil. En el estadillo que recibe por la mañana el mando policial de la zona en la que vives, tu hijo será un palito en el apartado

Robos con violencia registrados por la Policía

Por cada cien mil habitantes, 2020

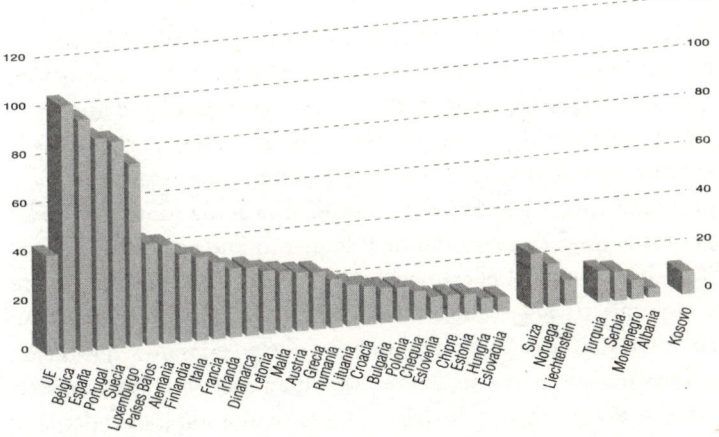

Letonia: datos de 2019.

Kosovo: Sin perjuicio de las posiciones sobre el estatus de Kosovo, y en consonancia con la Resolución del Consejo de Seguridad de las Naciones Unidas 1244/1999 y la opinión de la Corte Internacional de Justicia sobre la declaración de independencia de Kosovo.

Fuente: Eurostat.

RVI (robos con violencia e intimidación). En el terreno de la investigación puede ser complicado localizar a los autores, pero en la estadística el problema es tan fácil de resolver como prevenir el hurto de un champú en el Carrefour para que la balanza criminal se equilibre y así poder presumir de que la delincuencia no aumenta. Si prevenimos otro hurto en el Mercadona, la paliza a tu retoño habrá desaparecido estadísticamente. No solo la delincuencia no aumentará, sino que habrá descendido. Podrás leer la noticia en el periódico que hay tirado en la sala de urgencias del hospital mientras esperas, rezando, a que el médico te informe de cómo ha salido el escáner que le han hecho a tu hijo, después de que la UVI móvil lo haya trasladado con pronóstico reservado.

Ignorando a Robert Peel

En este siniestro sistema de *delitos denunciados/delitos esclarecidos* se prioriza, además, la respuesta en detrimento de la prevención, que debería ser la base de todo modelo de seguridad democrático, atendiendo al primer principio de sir Robert Peel, padre de la policía moderna: *La misión principal por la que existe la policía es prevenir el crimen y el desorden.* Tampoco se actúa sobre una de las peores formas de criminalidad: la criminalidad oculta, pues al no haber denuncia, el crimen queda fuera del sistema. Así ocurre en los barrios *no-go*, que estadísticamente y sobre el papel, serían las zonas más seguras de una urbe, ya que en ellas no se producen delitos porque nadie se atreve a denunciarlos. Un ejemplo más clarificador y cercano de delincuencia oculta son las bandas latinas. Aunque de plena actualidad en los tiempos que vivimos, son negadas por la clase política, incluso después de que los medios se hicieran eco de que en una sola noche se produjeron ocho apuñalamientos en Madrid, dos de ellos con fallecidos. Muchos de los robos con violencia de las bandas no se denuncian por temor a represalias. Así, van expandiendo su territorio y su miedo con impunidad.

Las bandas latinas, como lo van a ser muy pronto y de forma generalizada las bandas de jóvenes procedentes de África, no son otra cosa que el resultado de la mala gestión de una primera generación de inmigrantes, que da lugar a la conflictividad de las segundas y terceras generaciones, que han provocado un aumento exponencial de la criminalidad violenta en todos los países de Europa donde ya se ha dado este tipo de sucesos. A pesar de ser un fenómeno estudiado y del que teníamos modelos comparativos para el análisis, ninguna administración quiso implicarse por el miedo y el complejo atroz a ser tildados de racistas. Ahora ya está destrozando nuestros barrios y nuestras vidas.

Ante esta nueva realidad, que ya es imposible de ocultar, los políticos van maniobrando según sopla el viento. Al igual que lo han hecho Macron y Valls en Francia, la primera ministra sueca, la socialdemócrata Magdalena Andersson, ya ha comenzado a *recular* y a virar en lo que ha sido la base de toda su política. Recientemente, tras los disturbios islamistas[2] que ha sufrido su país y que se saldaron con cientos de vehículos quemados y docenas de policías heridos, Andersson también se ha visto obligada a admitir públicamente que la integración de los inmigrantes ha fracasado y que, actualmente, Suecia está dividida en sociedades paralelas. «La integración ha sido demasiado pobre al mismo tiempo que hemos tenido una gran inmigración. La sociedad ha sido demasiado débil, los recursos para la policía y los servicios sociales han sido demasiado débiles».[3] Una de cal y otra de arena. Mientras los violentos pegan fuego a edificios y coches o agreden a personas casi hasta la muerte, todos los medios de comu-

---

[2] Disturbios en contra del candidato antiislamista Rasmus Paludan, del Hard Line Party, con motivo de la quema de un Corán.

[3] Declaraciones hechas tras los disturbios de Malmoe, en abril de 2022.

nicación nacionales y extranjeros atribuyen la responsabilidad de los hechos al partido Hard Line, que denuncia la insostenible situación, y al que, como en el resto de países donde existen políticos en contra de esta situación suicida, llaman de extrema derecha. En próximos capítulos verás por qué les interesa que los disturbios se reproduzcan casi sin control.

Hace dos décadas, los policías locales y nacionales que patrullaban las calles en el sur de Madrid comenzaron a alertar en sus informes sobre grupos de jóvenes que se habían adueñado de las canchas de fútbol, y cobraban a los chicos del barrio por jugar. Cualquiera con conocimientos en ciencia policial y criminal sabía que se estaba gestando un problema de gran magnitud, pero a muchos de los cuadros de mando que no tienen esa formación y a los políticos les interesaba poco que a tu hijo le cobrara una banda de Latin Kings por jugar en el barrio. La mayoría de esos delitos pertenecen a la criminalidad oculta que nuestro sistema no detecta porque muy pocos padres acuden con sus hijos a una comisaría a denunciar estos hechos, por miedo. Al no haber denuncia, a nadie le importó, apenas un par de noticias breves en algún medio local. Esa criminalidad oculta no atendida es la que deteriora primero y destroza después barrios y ciudades enteras, y con ellas las vidas de miles de personas que no pueden escapar de los entornos degradados en los que se convierten las calles que les vieron crecer.

De tal manera que un sistema que no soluciona problemas, que solo hace números, comenzó a desarrollar la enésima estrategia policial cuantitativa, la que sirve al poder. Durante esos años, sobre todo con la llegada de Alfredo Pérez Rubalcaba al Ministerio del Interior, la ingeniería numérica alcanzó niveles de excelencia. Se comenzaron a crear unidades detraídas a la seguridad ciudadana que se iban a las seis de la mañana a las estaciones de metro a detener inmigrantes ilegales para engordar la estadística. En un momento en el que la inmigración todavía no se había desbordado, la mayor parte de los afectados eran sudamericanos de primera generación que habían venido a España para matarse a trabajar y buscar un futuro mejor, pero que acababan en una celda oscura llorando. Personas que llevaban un bocadillo o una tartera debajo del brazo y que sentían pánico cada vez que veían a un policía en la estación. Personas que no tenían ni contrato y que, si no trabajaban ese día, perdían el dinero. Si no trabajaban tres días seguidos, perdían el trabajo.

Esas detenciones solo generaban burocracia administrativa que mantenía todavía a más policías alejados de los problemas reales de la gente, encerrados en despachos haciendo papeleo en horario de oficina. El problema real estaba en la cancha de fútbol, pero si el director general no sabe nada de ciencia policial, el delegado del Gobierno tampoco y los mandos policiales son escogidos por estos, ¿quién cuida de ti? Pues los policías operativos que hacían los informes avisando del problema y a los que nadie hizo caso. Ya sabes, modelo de gestión o modelo operativo, trabajar para el poder o trabajar para la gente.

Ese colombiano que se mataba a currar, ese al que detuvimos porque somos fuertes con los débiles y débiles con los fuertes, tenía hijos, y sus hijos entendieron el mensaje. Mi papá cumple con las normas, mi papá se parte la espalda trabajando, mi papá se va a las seis de la mañana y no vuelve hasta las ocho de la tarde, mi papá acaba en la celda de una comisaría. Yo me junto con nueve o diez gamberros, voy a una cancha de fútbol, cobro dinero por jugar, y a mí no me pasa nada. Ese fue el mensaje que le dimos a la segunda generación.

Y entonces, ese joven colombiano, al comprobar que no había coste para lo que hacía, decidió que debía subir un peldaño, porque como todos los jóvenes, quería unas Nike Jordan, ¿quién no quiere unas Nike Jordan con 15 años? Y nosotros, como sociedad, le mostramos que trabajando como su papá no las conseguiría, pero juntándose en una cancha con su nueva familia, la banda, las podía comprar en apenas tres meses o en cinco minutos, sin necesidad de soltar un euro si se las *levantaba* al primer pardillo que pasara por el parque con unas en los pies.

Y el avestruz acabó muerto

Así que como no solo no había coste, sino que había recompensa, esa banda comenzó a organizarse para recibir los pagos de los chavales, empezó a tener pequeñas cantidades de droga para distribuir y ganar cantidades más importantes de dinero y a juntarse a la salida de las discotecas para cometer robos con violencia. Cuando la violencia escaló, la banda empezó a usar machetes como demostración de fuerza y sostén de sus primeras formas de terror. De ahí vienen las bandas latinas de hoy. Ponte tú a explicarle esto al intendente García, íntimo amigo del concejal, o al delegado Gutiérrez, fiel al partido desde su época en las juventudes.

Nuestro modelo no detecta la criminalidad real, ni la demanda de servicios en cuestiones de seguridad de la ciudadanía. No está diseñado para eso, sino para hacer números que le sirvan al poder político para su discurso. Ese joven y sus amigos, que entendieron el mensaje, son el gran problema que hoy ya ha implosionado. Incluso con muertos encima de la mesa y heridos semana tras semana, el poder no ha hecho otra cosa que intentar engañarte por enésima vez. Así, y tras un comienzo de año 2022 con decenas de apuñalados y varios muertos, al jefe superior de Policía de Madrid (Policía Nacional), Manuel Soto Seoane, siguiendo la estrategia marcada por el ministro del Interior Marlaska, no se le ocurrió mejor idea que ordenar por escrito a las dependencias bajo su mando que en los atestados policiales se omitiera la expresión *bandas latinas* y se sustituyera por *bandas de jóvenes violentos.* La táctica del avestruz: voy a enterrar la cabeza bajo tierra y si no veo al león, quizá el león no me vea a mí. El avestruz acabó muerto.

Por supuesto, los gabinetes de comunicación, bajo absoluto control político, utilizan la expresión *bandas juveniles* en todos sus comunicados de prensa. Fieles y obedientes, el camino más corto a la medalla.

Las palabras importan. Si omitimos las palabras *latinas* o *hispanas*, eliminamos de un plumazo cualquier alusión a la procedencia de los delincuentes y, así, el problema deja de ser responsabilidad de la Administración. Al hablar de *jóvenes violentos* pasa a ser un mero problema de educación y, por tanto, asunto social general que nos atañe y responsabiliza a todos como parte de esta sociedad. Las palabras pueden hacer que desaparezca el problema. Si cambiáramos la expresión *bandas juveniles* por *grupos de jóvenes con intereses comunes*, podríamos llegar a pensar que estamos tratando con un grupo *scout* o un grupo parroquial, y así legalizarlos y sentarnos a negociar con ellos. ¿No te lo crees? A pesar de que desde hace décadas existían informes del FBI y de otras agencias policiales en los que se describen las actividades criminales de la banda, en el año 2006 los Latin King fueron legalizados en Cataluña como asociación cultural, y pudieron desde ese momento pasar a recibir subvenciones. En el año 2015 los Mossos realizaron una operación policial donde cayó parte de su cúpula: hubo 29 detenidos por organización criminal y, entre ellos, el líder nacional con el que se negoció la legalización de la banda y que llegó a comparecer en el Parlamento de Cataluña con el favor de la plana mayor del Ayuntamiento de Barcelona y la Consejería de Interior catalana. A sus víctimas jamás se les abrió la casa de todos los catalanes. ¿Asumió alguien responsabilidades por esto? Nadie. Bueno, alguien sí, todas las víctimas de esta organización criminal entre 2006 y 2015, esto es, ciudadanos como tú.

El ítem *origen* o *procedencia* es, en criminología, mucho más importante para entender el aumento exponencial en toda Europa de ciertos delitos violentos que la capacidad socioeconómica. En determinadas conductas criminales, en las que se utiliza violencia extrema y que en Occidente consideramos como hechos abominables, el criminal actúa con instintos primarios, su comportamiento es atávico, es decir, no sujeto a civilización. Esos instintos primarios están grabados en el ADN, y el origen de una persona tiene mucho que ver en su conformación. Recalcamos el origen y no la nacionalidad, porque esta última es un papel. Tú puedes haber nacido en España como perteneciente a la segunda o tercera generación de inmigrantes, pero sigues teniendo un origen familiar. Todos los usos sociales están condicionados por el origen, y el crimen no deja de ser un uso social, aunque negativo. Si mañana tú, estimado lector, te fueras a vivir a China, las generaciones que te sucedieran seguirían teniendo usos sociales occidentales.

Como occidentales, tendemos a juzgar el mundo desde nuestros ojos, sin entender que somos minoría en el planeta Tierra. Personas de distinto origen no tienen, por ejemplo, el respeto por la mujer que tenemos aquí. Existen sociedades donde el hombre está jerárquicamente por encima de la mujer y la somete, y aunque la ministra de Igualdad, Irene Montero, intente convencernos de que ese sistema de valores es el nuestro, no lo es. En Occidente no, en otros rincones del mundo sí. Este papel secundario de la mujer, unido a los instintos primarios de dominación, impactan en el incremento exponencial de las *violaciones en manadas* —grupales—.

La otra gran estrategia, además del cambio de nombre, planteada por el jefe superior mano a mano con la delegada del Gobierno socialista en Madrid, Mercedes González, analfabeta en ciencia policial pero con el carné del partido desde su juventud, fue realizar una macrooperación mediática de corto recorrido, donde cientos de policías se pasaron un fin de semana haciendo enormes controles que, desaforado gasto público mediante, culminaron con miles de identificados, unas cuantas actas de droga por pequeñas cantidades de consumo propio y unas pocas actas de arma, la mayor parte de las veces pequeñas navajas requisadas a personas sin antecedentes para engordar la estadística.

Todos los que formamos parte de las Fuerzas y Cuerpos de Seguridad sabemos que, como siempre en estos casos, lo que se vendió como un éxito no fue otra cosa que un fracaso sin paliativos, ya que la operación fue anunciada días antes a bombo y platillo en todos los medios de comunicación. ¿Qué pandillero va a salir con su machete a ajustar cuentas el día que le han dicho en la tele que toda la policía de Madrid está en la calle buscándole? Estadísticas y propaganda. Nunca falla. Es la receta perfecta para aliñar la mediocridad y la incompetencia. Después de la macrooperación, se reanudaron los apuñalamientos relacionados con las bandas latinas en Madrid. Es lo que sucede cuando no solucionas problemas y te dedicas solo a hacer números.

Eso sí, en tiempo récord y en el habitual método de trabajo por competencia —a ver quién la tiene más grande—, en los días siguientes a los apuñalamientos, tanto la Guardia Civil como la Policía Nacional desarticularon varios grupos pertenecientes a bandas latinas y detuvieron a sus integrantes. Una vez más se evidenciaba, igual que en el 11-M, igual que pasa siempre, que estaban identificados y controlados. Sucede que esta basura de sistema otorga más mérito a detenerlos después de cometer sus fechorías que a prevenir que se cometan.

Todo está diseñado como un negocio político en el que siempre gana el discurso triunfal que vender en la comparecencia de final de año. La prioridad no es evitar que te roben, es detener a quien te robó. Lo primero pasa desapercibido, sin recompensa; lo segundo se vende como un éxito y te hace subir peldaños.

Cada dos por tres las noticias se llenan de éxitos policiales vendidos a través de notas de prensa por los gabinetes de comunicación, con titulares del tipo: «Cae la banda X, a la que se le imputan 68 robos con fuerza en domicilios». Que se le imputen 68 robos con fuerza implica que los malos han ganado a los buenos 67 a 1, también implica que la mayor parte de lo robado jamás aparecerá debido a excesiva la duración de la investigación; y sí, mucho nos tememos que ese dinero era el tuyo. Al abandonarlo todo a un sistema estadístico donde se le da el mismo valor a los miles de delitos menores diarios que a los grandes problemas criminales —menos numerosos—, no tiene sentido focalizar la estrategia en los delitos más graves, pues no condicionan el valor final del índice, y sí lo tiene dejar que se produzcan para luego intentar resolverlos, por el valor añadido que tiene el *hecho esclarecido,* además de su impacto mediático. ¿Qué implica esto? En términos de criminología y ciencia policial, que siempre vamos por detrás del crimen. En términos humanos, que tú, ciudadano de a pie, eres la moneda de cambio, el señuelo, el cebo.

El crimen que no se denuncia no existe

La consecuencia de todo lo anterior es que los grupos de investigación de todas las dependencias policiales en España, da igual el cuerpo, trabajan en horario de oficina, sin apenas presencia durante las noches, festivos y fines de semana; es decir, son recolectores de denuncias e informes a la espera de que algún coche patrulla de seguridad ciudadana realice una detención in fraganti o salga alguna huella dactilar que permita situar al autor en el mayor número de escenarios posibles para poder rellenar cuantas más casillas de *esclarecido* mejor, y colgarse luego una medalla. Y no es porque los policías operativos no quieran trabajar, no son ellos, sino la escala de dirección la que fija los horarios y estrategias. Obviamente, un policía judicial no va a trabajar de lunes a viernes y luego ir *motu proprio* y gratis a comisaría el sábado y el domingo.

Otra derivada, que ya hemos avanzado, es que el crimen no denunciado no existe para los mandos, y por tanto no se opera contra él, al menos hasta que algún medio de comunicación se entera de algo y le da por hacer algún reportaje, o hasta que algún vídeo se hace viral en redes sociales. Entonces sí, entonces se hacen planes operativos para intentar solucionar un problema que podría haberse prevenido, porque el problema ya no solo afecta a los ciudadanos. Al ser ahora de conocimiento público, sobre todo si la prensa muerde el hueso y no lo suelta, afecta a la estructura de poder, y esta solo se pone en marcha cuando le perjudica directamente, nunca antes.

En los últimos dos años diversos escándalos de niñas menores tuteladas por diferentes gobiernos en Baleares, Valencia y Madrid han acaparado portadas y horas de telediario. Se plantean acusaciones por delitos de coacciones, agresiones sexuales, prostitución de menores y otros de no menor gravedad, que se han sostenido en el tiempo sin que nadie hiciera nada hasta que la prensa puso interés en publicar las noticias y obligó a toda la maquinaria a ponerse en marcha. Los pocos valientes que en algún momento del proceso se atrevieron a levantar la voz sobre lo que ocurría fueron silenciados.

En el caso más sangrante, el de la menor abusada sexualmente y de manera reiterada por un educador del centro en el que estaba tutelada y que, curiosamente, resultó ser el hoy exmarido de Mónica Oltra, ya exvicepresidenta de la Comunidad Valenciana, casi todos los medios e instituciones pusieron el máximo empeño y celo en proteger al poderoso abusador, criminalizando a la víctima. Han hecho falta meses de empecinamiento de algunos valientes miembros de la sociedad civil, como los dirigentes de la asociación GOBIERNA-TE, vilipendiada por esos mismos sectores de poder, para que el titular del Juzgado de Instrucción número 15 de Valencia haya pedido al Tribunal Superior de Justicia la imputación de Mónica Oltra, basándose en la existencia de «indicios racionales, serios y fundados de participación en los hechos que se investigan».

Mientras escribimos estas líneas ya son 13 los cargos de la Consejería de Igualdad de la Comunidad Valenciana imputados por encubrimiento de abusos sexuales a una menor. La izquierda que se gasta millones en organismos de igualdad que acaban convirtiéndose en la guarida perfecta del depredador. A nadie se le cae la cara de vergüenza. Ahí siguen dando lecciones de integridad y acusando de machistas a todos los que se enfrentan a su miseria moral.

La prensa tampoco es libre. Como las fuerzas de seguridad, los periodistas obedecen a intereses bien diferentes a los principios que, con tanta ilusión, estudiaron en las primeras asignaturas sobre ética y deontología al iniciar sus carreras. Es noticia solo si interesa que lo sea y los profesionales que se atreven a rebasar la línea que sus editoriales les marcan acaban escribiendo solo sus memorias.

¿Cuántos delitos y de qué horrible naturaleza se cometieron en esos escenarios dantescos de degradación moral en Valencia? Pero, sobre todo, ¿cuántos tuvieron reflejo en el índice de criminalidad que el ministro del Interior de turno vendió como un éxito al final de año? Casi ninguno.

Cada vez más vemos noticias de menores abusados, de mujeres agredidas, de barrios atemorizados por clanes o grupos de menas, que hacen a los buenos vivir con miedo y también perder la confianza en su policía, porque ni está, ni se la espera. Casi nadie, como hemos dicho, se atreve a denunciar, y al no haber denuncias, *todo va bien*. La denuncia implica una visita a comisaría, donde es probable ocupar un mínimo de dos horas para interponerla; otra a los juzgados, donde casi con toda probabilidad te cruzarás con los delincuentes y sus miradas en los pasillos, porque toda nuestra estructura penal está diseñada para proteger a los delincuentes, no a los ciudadanos. Ni siquiera tenemos contemplado en nuestra política criminal un estatuto de la víctima o del testigo que aproveche las nuevas tecnologías y les permita testificar desde la seguridad de sus casas, garantizando su anonimato sin que eso anule el principio de contradicción en el procedimiento.

Toda la estrategia procesal penal en España está diseñada alrededor de la figura del delincuente. Todos sus derechos son, como no podía ser de otra manera, protegidos por todo tipo de leyes y protocolos, pero eso sí, en mitad del pasillo puede cruzarse contigo y pasarse el dedo índice a modo de filo por el cuello mientras te mira y se ríe. En los juzgados de menores, policías presentes por acudir a juicio han tenido que separar en las salas de espera a una víctima de catorce años que, junto a su padre, estaba siendo increpada por los padres y los jóvenes que en días anteriores le habían robado. Después de esa escena, y para estupor de las víctimas, una vez dentro de la sala, al menor se le coloca detrás de una mampara para proteger su identidad ante sus agresores; los mismos que le increpaban en la salita de espera. No es un capítulo de *Benny Hill*, es un hecho real.

Hay gente que se lleva las manos a la cabeza cuando aparece algún vídeo de algún juzgado norteamericano, donde un criminal peligroso entra en la sala con un mono naranja, atado de pies, manos y cuello. En realidad, la situación no obedece a un concepto vengativo de la justicia, a veces ni siquiera se concibe como sistema de protección de los presentes, sino como estrategia para garantizar unos parámetros de dignidad en el proceso, donde quede claro quién representa al orden y quién al caos, quiénes son los buenos y quiénes son los malos. A los padres que están en la sala y cuya hija ha sido violada y asesinada, no les podrán jamás devolver a su pequeña, pero sí pueden al menos mandarles un mensaje:

mientras estén en esta sala de justicia, ustedes representan la dignidad, y él agachará la cabeza, sometido a ella.

En España hubo que poner una mampara para evitar que los terroristas sanguinarios escupieran a los miembros del tribunal y a las víctimas. Una vez puesta, todavía se levantan y le dan patadas mientras señalan con el dedo amenazantes a todos los que participan en el proceso. En la misma sala de vistas, los padres de la víctima se sientan en una esquina con la cabeza agachada, muertos de miedo, de dolor… y de asco y frustración. El asesino no piensa ni por un segundo en someterse porque sabe que el sistema está programado para no someterlo. Llegará el día en el que saldrá de la cárcel y será homenajeado en su pueblo como un héroe. El sistema también está diseñado para garantizar que ese homenaje no sea interrumpido por las víctimas, solo faltaba.

No en mi turno

Pero volvamos a Valencia y al robo en la tienda de Louis Vuitton. Meses antes había ocurrido otro alunizaje parecido en la misma tienda, pero en aquella ocasión era un día normal, no Nochevieja, y los mandos no habían diseñado ningún dispositivo especial de seguridad, por lo que había mucha más y mejor seguridad. Varios zetas de la Policía Nacional pusieron en riesgo su vida con una sola idea, una actitud: *no en mi turno*.

Se produjo una persecución de película que se prolongó decenas de kilómetros, un coche de la policía destrozado, un tiroteo y, al final, todos detenidos. Pero sobre todo quedó un mensaje nítido para los criminales y para todos los demás chavales de ese barrio: habéis tenido que huir, espantados, porque un grupo de valientes vestidos de azul han salido detrás de vosotros y no han descansado hasta daros caza. Y ha sido así porque esos guerreros sí tienen claro que no hay escenarios intermedios entre el orden y el caos. No debería existir proporcionalidad entre el bien y el mal. Entre uno y otro —lo hemos dicho y lo repetiremos—, hay que estar con el bien de manera desproporcionada. Adoptar cualquier otra actitud es condicionar el futuro de nuestras familias, aunque tú no lo entiendas en ese momento.

Valor, coraje, determinación, asunción de riesgo, capacidad, mérito... ¿para qué sirve todo eso en las Fuerzas y Cuerpos de Seguridad? ¿Sirve para promocionar, ascender? No. ¿Sirve a efectos de traslados? No, no sirve para nada. Solo para que los mandos te echen miradas de desaprobación por haber destrozado un coche y porque en el tiroteo, de haber habido un delincuente herido o muerto, habrían tenido que dar muchas explicaciones. Y al final, ¿para qué? Para ellos, en su hoja de Excel, solo es otro palito en el apartado RF (robos con fuerza), no tiene ningún interés y se recupera estadísticamente simplemente resolviendo un hurto.

No merece la pena asumir ningún riesgo en un país en el que se prohíbe a los agentes de la ley intentar echar de la carretera a un delincuente que ha robado y que conduce de forma temeraria, y cuyo comportamiento tiene una alta probabilidad de producir víctimas. Un país donde es preferible que mueran varias personas atropelladas, si es preciso, y que el delincuente sea detenido una vez se quede sin gasolina o se accidente, a que un patrullero valiente le embista lateralmente y elimine el peligro de forma inmediata o abra fuego contra él cuando intente atropellarlo en el control que han montado para detenerlo. Lo primero, que es un fracaso, se puede vender como un éxito: «Detenido autor de tales delitos o muertes». Lo segundo, que sería un éxito: «Policía evita que mueran otros», es la ruina profesional y civil para el agente si llega a lesionar de gravedad o matar al criminal.

Gracias a este sistema, los únicos policías que se jugarían la vida por ti sin dudar son los que menos recompensas reciben y los que se enfrentarán a un calvario disciplinario y judicial si la cosa se tuerce y algo sale mal. Entonces los mandos se reunirán con los políticos y les dirán: «Vamos a investigar y llegaremos hasta las últimas consecuencias». Y, adelantándose a que el subdelegado llame por teléfono para preguntar, ya le habrán *cortado la cabeza* al guardia, *por si acaso*.

¿Y cuáles son las consecuencias reales de este sistema que castiga a los guerreros y premia a los burócratas? Que cada vez hay menos policías dispuestos a jugársela, que cada vez hay más funcionarios que solo cambian tiempo por dinero y que cada día tu barrio será un lugar un poco más salvaje y peligroso. No olvides esto cuando juzgues el uso de la fuerza por parte de las Fuerzas y Cuerpos de Seguridad en ese vídeo cortado que te ha mandado por WhatsApp tu vecino diciendo: «Qué vergüenza de policías, cómo abusan». No se puede juzgar la guerra desde la paz, no se puede valorar la violencia desde el sosiego.

Hay una canción del grupo musical español *Estopa* que dice: «Tu mente es un poblado y la mía un imperio». Casi todos los mandos policiales tienen mentes poblado, solo un puñado de policías tiene mentes imperio y entiende que no se trata solo de un palito en el apartado RF, que lo que está en juego es tu propia vida, tu seguridad, la de tus hijos. Que todo eso no se puede medir en palitos y hojas de Excel. Que es una lucha entre el orden y el caos, entre el bien y el mal, y que cada batalla perdida cuenta. Las ovejas andan sueltas, los perros pastores atados, ¿y los lobos?... Los lobos hambrientos harán lo que necesitan hacer, lo que saben hacer.

En España el funcionamiento de las cadenas de mando de todos los cuerpos policiales está diseñado para trabajar en escenarios de hechos consumados. Es en ellos donde el modelo prevalece. Un escenario en el que no se hace nada hasta que no salta por los aires el escaparate de la tienda de Louis Vuitton, o hasta que aparece en todos los medios la violación de una menor tutelada, o que matan a machetazos a dos críos. Forma parte del negocio, como en el Nueva York de los años cincuenta o como en Las Vegas de Stone y De Niro. Ya lo sabes, todos ganan menos tú: el seguro paga los daños de la tienda, los malos viven mejor que cualquier obrero y alguien compra un bolso de 1.000 euros robado por menos de la mitad de su precio; los mandos reciben sus medallas porque los números les avalan y los políticos venden sus discursos triunfales a sus votantes porque el índice de criminalidad va bien. Siempre pierdes tú. Tú eres el ciudadano, eres el obrero, eres el policía, eres el vigilante y reza por no ser la menor abusada o el niño cosido a machetazos. Y, mientras, tu barrio se degrada y tu hijo ya no se atreve a salir de casa. Tú te preguntas: ¿todo va bien? ¿Para quién?

Otra cara de la moneda, tan perversa o más que los índices, es la DPO[4] (dirección por objetivos), que ha convertido la seguridad pública en un mercadillo donde se evalúan unas pocas variables fáciles de manipular, indicadores que no describen la realidad criminal, insuficientes para atender a la demanda real de seguridad y que solo sirven para la autocomplacencia. De entrada, aplicar a un servicio público una filosofía de gestión puramente empresarial supone un error de bulto. Una fórmula que solo parecen desear aquellos que aceptan cualquier imposición del poder sin cuestionarla o aquellos a los que esta metodología les ayuda en su única función como eslabón en la gran maquinaria de la Administración: servirse a sí mismos y medrar.

---

[4] Filosofía de gestión por la que se mide el éxito solo a través de indicadores objetivos, no se valora ningún otro ítem que no esté contenido en la pauta. «Los objetivos son necesarios en toda área donde el desempeño y los resultados afecten directamente a la supervivencia y la prosperidad de la empresa» (Peter F. Drucker). Todo componente del sistema empresarial, de la base a los cuadros de mando, debe conocer los objetivos e implicarse en su consecución.

Cuestión de prioridades

Todos estamos de acuerdo en que todo delito es reprochable y que todos deben perseguirse, pero también convendremos, seguramente, en que hay delitos de mayor gravedad que otros. Como en el triaje de urgencias de un hospital, todo el mundo entiende que la rotura de un dedo es una urgencia, pero si en ese momento aparece un herido grave por accidente de tráfico y su vida corre peligro, nadie discutirá que tiene prioridad.

Si te damos a elegir entre que te roben la cartera en el metro o que te peguen una paliza en un callejón, sin duda elegirás la cartera. Si la elección está entre paliza o machetazo en el cuello, elegirás paliza. En un sistema policial ideal, existirían recursos para todo, pero la realidad nos demuestra que los recursos son limitados y hay que priorizar. Aunque nadie quiere que le roben la cartera, todo el mundo comprende que, si hay que escoger entre localizar y detener a un carterista o a una banda que asalta a personas con machete, los esfuerzos deben dedicarse fundamentalmente a esto último, aunque sea más fácil y rápido lo primero. De la misma forma que si un clan atemoriza a todo un barrio, se deben poner todos los recursos y estrategias necesarios para revertir la situación, aunque nadie lo haya denunciado por miedo y el índice de criminalidad no se haya visto afectado.

El examen de la seguridad nacional se complementa con otras variables que cambian cada año en función de lo que mejor venga al mensaje político de turno o al requerimiento de moda en la sociedad. Por ejemplo, si la sensibilidad social está centrada en el consumo de drogas juvenil, se añaden parámetros como la consecución de un número determinado de actas de droga —pequeñas incautaciones para consumo propio—, que desvían la labor de miles de policías hacia una política de identificaciones masiva e ilegal que mantiene durante todo un servicio a muchas patrullas policiales en actitud estática en determinados puntos fijos, con el tremendo impacto negativo que eso tiene para el verdadero control de la criminalidad. Si estamos en campaña navideña, aumentan los controles de alcoholemia de forma tan masiva que las calles y carreteras llegan a quedar desprovistas de vigilancia, tras concentrar a todos los efectivos en muy pocos puntos.

Un servicio público debe ser sostenible, pero su dirección nunca debe ir dirigida a la rentabilidad, puesto que el espíritu de servicio del que nace quedaría irreparablemente corrompido, haciendo que una profesión eminentemente humana se haya convertido en una cadena de montaje al servicio del gobierno de turno en la que solo cuentan los números. Prueba irrefutable es que las administraciones pautan en sus presupuestos las cuantías que deben recaudarse en concepto de sanciones administrativas. Si los meses pasan y no se alcanza la cifra estipulada, los gestores presionan, los jefes aprietan y los agentes denuncian; pero la eficacia, la criminalidad real, el servicio al ciudadano y el prestigio de las Fuerzas y Cuerpos de Seguridad se resienten.

«Sostenibilidad» y otros palabros

Podemos ver cómo la burda estadística, las palabras vacías y la fijación de objetivos han pervertido la función policial en una noticia aparecida en los medios en marzo de 2022, en la que se informaba de la construcción de una nueva comandancia de la Guardia Civil en Zaragoza. De entrada, era un proyecto que acumula infinidad de retrasos, dilaciones de las que ninguna administración se hará responsable jamás. No ha sido la actual directora general la primera en hacerse fotos con maquetas del proyecto, pero esa es otra historia.

En la noticia no se expresa nada de las características del plan que pudieran ser de interés para los agentes y los ciudadanos, pero sí se hace hincapié en la sostenibilidad, eso que nadie

termina de saber qué es. Después de mucho hablar de placas fo-
tovoltaicas, de consumo nulo y bla, bla, bla…, la noticia refleja
lo verdaderamente interesante, lo que tiene impacto en la seguridad ciudadana: la carta de servicios.

La carta de servicios, como la DPO y tantas otras zaranda-
jas, es uno de esos documentos de gestión de calidad y responsabilidad corporativa que tan de moda se han puesto en el nuevo
siglo, pero que en realidad no sirven para nada. Su fin teórico es
el de «recoger una serie de compromisos de calidad, formulados
con estándares numéricos, que deben ser evaluados anualmente
a través de unos indicadores y que pueden ser invocados y sus-
ceptibles de verificación por parte del ciudadano».

En este compromiso, el coronel jefe de la comandancia in-
dicó que la Benemérita se comprometía a hacer «1.500 servicios
anuales de protección del medio ambiente, 750 inspecciones de
control de armas, 3.500 dispositivos de tráfico, 300 servicios
preventivos contra el narcotráfico y consumo de drogas, 110 patrullas diarias de protección a la ciudadanía y difundir, al menos,
100 notas de prensa».

Llegados a este punto del libro sabrás por qué creemos que
todo está mal. Ya ves, la calidad se mide por el número de servicios hechos y no por sus resultados. Indicar objetivos de mínimos implica que el éxito se basa en su consecución, haciendo del
objetivo un fin en sí mismo y no un medio para la mejora de la
seguridad colectiva. Se harán 1.500 servicios de protección del
medio ambiente; no importa si son necesarios o no. 3.500 dispositivos de tráfico, llueva o nieve, sin valorar su pertinencia. Serán
pautados, divididos entre los meses del año y, ¡vive Dios!, se
llevarán a cabo hagan falta o no. No importa si la necesidad está
en otra parte, contra viento y marea habrá que ir sumando palotes hasta llegar al objetivo, mientras en la otra punta de la demarcación los problemas siguen creciendo. Mientras, si las carreteras
están sin vigilar, no importa. Al finalizar el año se revisará el

cumplimiento de un objetivo numérico, pero no si este ha tenido impacto en la seguridad real. Dicho de forma clara: en este
modelo, son las necesidades ciudadanas las que se adaptan a la
carta de servicios y no al revés.

Cualquiera podría pensar que somos excesivamente críticos, pero aun así es poco. Si accedes a las cartas de servicios a
través la web de la institución o pudieras leer el libreto que las
contiene, verás que es un panfleto sacado de un manual cualquiera de una asignatura de *gestión de proyectos* de cualquier carrera de sociales. O sea, no es otra cosa que ir definiendo objetivos,
redactados en infinitivo, para luego afirmar que se cumplirán en
base al número de hechos logrados. En el apartado «indicadores
de seguimiento», un ciudadano interesado esperaría encontrar
alguna referencia a la reducción de la criminalidad, a encuestas
ciudadanas que reflejen una percepción subjetiva de mayor seguridad o, incluso, algún pequeño apartado que implique evaluar
el trabajo. Pues no. No solo no hay control de la calidad, sino
que tampoco hay evaluación. O sea, te dicen a las claras que el
objetivo es hacer números y que la comprobación de que se hacen es ir contando que se están haciendo. Como si a un albañil
le pagaras por el número de ladrillos que pone, independientemente de si el muro queda recto o se cae en dos días.

Es un chiste, pero no es gracioso. Esto no se la ha ocurrido
al jefe de la comandancia ni a un teniente con estudios que está
en la oficina de mando; esto viene pautado de arriba; de las direcciones generales y, más allá, del ministerio. No podemos
imaginar la de horas que se han empleado en redactar un documento tan baladí.

Tal vez lo entiendas mejor con las notas de prensa. Deben
emitirse 110, haya o no noticias relevantes. Esto implica que, si
no hay una macrooperación contra la esclavitud sexual o el tráfico de drogas, se informará de la sustracción de una cartera y, si
no, la nota de prensa contendrá el rescate de un gatito que se

había metido en una tubería, la localización de un enano de jardín sustraído o que, por primera vez en la historia de la Guardia Civil, una mujer ha sido destinada a un puesto coincidiendo con martes 13, bisiesto y con luna llena. Serán como mínimo 110, pero el mando de turno se asegurará de poner su granito de arena para que sean 111 y así poder decir que no solo ha cumplido, sino que ha superado el objetivo. La estadística y los objetivos han matado el trabajo policial y, cuando no lo han hecho, sencillamente lo han ridiculizado. A veces la cosa es incluso peor.

Edu, el héroe que no debió morir

El modo, las formas, las apariencias son más importantes que el fin puro del trabajo policial. Así, y para entender la gravedad del asunto, te ofrecemos la historia de Eduard Colmena Cebriá, asesinado a tiros en el barrio de Sant Andreu en Barcelona en 2018, suceso en el que nuestro actual modelo de gestión policial queda retratado.

El barrio llevaba años siendo atemorizado por un clan que destrozaba bares, traficaba con drogas, daba palizas y exhibía con impunidad armas de fuego. En muchas de esas agresiones las víctimas eran mujeres. Nadie se atrevía a denunciar, así que para nuestro sistema de detección de la criminalidad no existía ningún problema, todo iba bien, era un barrio seguro. Imagina vivir con miedo a salir de casa cada día. Imagina tener hijos y asumir que ellos también tienen que salir a diario.

Abandonados por el actual modelo policial y por unos mandos que no salen de sus despachos y por lo tanto no conocen las verdaderas demandas de seguridad de sus zonas —demandas que no suelen tener reflejo en los estadillos de números que les entregan en su despacho por la mañana—, una figura se erigió en hacedor de justicia poética, la única con la que podían contar ya los vecinos.

Edu era un gigante campeón de lucha grecorromana y, en varias ocasiones, después de ataques a mujeres, decidió enfrentarse físicamente a miembros del clan. Llegó a poner una denuncia cuando ya tenía el ultimátum de la muerte grabado en su espalda. Una denuncia que no fue más que un palito en el apartado *amenazas* para nuestros burócratas llenos de medallas y galones.

Edu acabó asesinado cuatro años después de su primer enfrentamiento con el clan, cuatro años en los que nadie hizo nada; ni intendentes, ni comisarios, ni concejales de Seguridad, ni consejeros de Interior... Nadie, salvo los patrulleros que acudían a las reyertas y que, por supuesto, escribían sus minutas y novedades. Cuatro años que constatan el absoluto fracaso de un sistema que ya solo sirve a los políticos, a sus discursos miserables y a la protección de sus estructuras de poder.

Por supuesto, la policía detuvo un mes después a los autores, otro palote en el apartado de delitos esclarecidos para el sistema, otro éxito. El problema es que Edu ya estaba muerto. Su muerte pudo haberse evitado solo con incorporar en los medidores de seguridad las encuestas ciudadanas anónimas u obligando a los mandos a asistir a reuniones periódicas abiertas con los vecinos de sus respectivas zonas. Son medidas propuestas por la asociación Una Policía Para el Siglo XXI, pero que encuentran la oposición del sistema porque comprometen el mensaje político de que *todo va bien*, así que mejor circulen, aquí no hay nada que ver.

Seguro que alrededor del barrio, todos los días y durante la jornada completa, había puntos de presencia policial estática. Controles para hacer números. Estarían contenidos en alguna estúpida carta de servicios y se estarían cumpliendo. Ningún delincuente va a ponerse a hacer fechorías delante de la patrulla, así que las hace donde nadie le ve. Se asegura de que así sea, ya que sabe perfectamente dónde están situados los agentes, porque siempre están en los mismos lugares y a las mismas horas. Con esos miles de controles estáticos también estamos empezando a perder el respeto y el cariño del ciudadano, que ve cómo asesinan a su vecino Edu sin que nadie haga nada mientras a sus hijos los paran todos los días en el parque para registrarlos y ver si llevan porros. La policía local no le sirve cuando el vecino le hace la vida imposible con la música a todo volumen, pero deja el coche un minuto en doble fila y ya tiene una multa. Recorre miles de kilómetros por las carreteras españolas y no ve un solo guardia civil de tráfico, pero le llega una denuncia de un radar móvil porque se ha pasado siete kilómetros del límite en un tramo de 100 en plena recta de autovía y, por supuesto, nadie le ha parado para notificarle nada. Ha visto maniobras temerarias, algún accidente y cero vigilancia, pero cada mañana, cuando va a currar al polígono, pierde sus cinco minutos de rigor en el habitual control de alcoholemia para los curritos que madrugan.

Identificaciones en parques, multas de estacionamiento, de radar y controles de alcoholemia son necesarios, pero no a costa de sacrificar todo lo demás. Perdemos miles de horas y recursos humanos con esta estrategia. La frase «no estamos cuando nos necesitan» no es verdad, pero tampoco es del todo mentira.

La supuesta auditoría que el pobre ciudadano puede ejercer con la carta de servicios se limita a que el jefe o político de turno le digan «se hicieron los servicios previstos y, a mayores, alguno más: hemos cumplido». Pero eso al ciudadano le importa un carajo. El muerto no va a resucitar, la violación no se va a revertir, el extranjero al que casi le arrancan la mano para robarle el Rolex ya no volverá nunca a visitar nuestro país de chorizos y Martínez, de Ferretería Martínez, sopla cada mañana en la glorieta y arroja su tasa de 0,00 en alcohol y saluda a los guardias; esos mismos guardias que no estaban en el polígono las tres veces que le han reventado la puerta de la nave para robarle la herramienta.

El otro gran pilar de nuestro modelo policial —ya lo hemos apuntado— es la propaganda, lo que implica un control político absoluto de los gabinetes de comunicación de todos los cuerpos policiales que hay en España. El primer pilar —estadísticas— mantiene una sensación engañosa en la ciudadanía, apabullándola con datos incompletos, poco y mal explicados o sacados de contexto. El segundo se ocupa de grabar en tu subconsciente que *estás seguro*, de repetirlo hasta la saciedad, pero no emplea tanto esfuerzo en proporcionarte esa seguridad.

A veces, la manipulación es tan burda que, si no fuera dramática, daría risa. En 2021, por primera vez en la historia, el Ministerio del Interior no cotejó los datos de criminalidad con el año anterior —no interesaba—, alegando que 2020 se vivió bajo medidas restrictivas por el covid. ¿Y 2021 no?

En 2021 el escenario covid siguió casi intacto. El ocio nocturno, cuando se producen la mayoría de los delitos violentos, como robos con violencia u homicidios, se empezó a recuperar poco a poco en 2022. Obviamente, estos dos años tienen el índice de criminalidad más bajo de la serie histórica. Pero a estas alturas, estimado lector, ya sabes lo que determina en realidad ese índice, ¿verdad?

Aun sin recuperar el ocio nocturno los delitos sexuales han ascendido, como ya explicamos, con especial aumento de las violaciones —agresiones sexuales con penetración—; los intentos de homicidio también. No solo con respecto al 2020, sino con respecto al 2019, último año antes del virus, con el ocio nocturno en plena normalidad. En años donde hemos estado tanto tiempo encerrados en casa, el número de robos con fuerza ha descendido mucho, y al ser miles, impactan de manera profunda en el índice y lo hacen descender a pesar de que aumenten las agresiones sexuales, las violaciones en manada, los intentos de homicidio, el tráfico de drogas, los secuestros o los delitos de riña tumultuaria con resultado de lesiones graves. Porque sí, todos estos parámetros han aumentado en 2021. Un índice de criminalidad que da el mismo valor al robo de una bicicleta que a una agresión sexual es una basura de diseño político para el engaño masivo de los ciudadanos.

Para hacer que la mentira cale, es fundamental que a la sociedad no le llegue nunca el mensaje de los policías operativos —los que pisan a diario la calle—, que son los que realmente tienen un discurso profesional y no político. Por eso todos los órganos de comunicación están fiscalizados desde el poder. Cualquiera que visite los departamentos de policía más avanzados del mundo, desde Canadá hasta Nueva Zelanda, pasando por Estados Unidos, observará como algo habitual que los mandos intermedios de comisarías locales o de distrito tengan su perfil en redes sociales, tipo Twitter, donde hablan de lo que ocurre en su demarcación y opinan de ciencia policial con total libertad. Intenten localizar un perfil de Twitter profesional donde el comisario o general de alguna ciudad o zona de España salgan con su uniforme a dar opiniones personales y profesionales. No puede. El más mínimo desliz en contra del discurso oficial significaría una purga inmediata. Así, el ciudadano no se entera de lo que pasa, sino de lo que le dicen que pasa. Ni que decir tiene que ningún inspector, suboficial o responsable con mando intermedio se atreverá a hacerlo.

A diario, aparecen en las redes sociales perfiles policiales críticos con el sistema, algunos desde el espíritu constructivo y otros desde la más hiriente sátira, pero todos ellos anónimos. Solo unos pocos, identificados con nombre y apellidos, nos hemos atrevido a salir públicamente en redes sociales a dar la cara, por supuesto a título personal y sin uniforme. Lo contrario hubiera supuesto perder el empleo. Recibimos el apoyo masivo de compañeros de todos los cuerpos de seguridad y, desde luego, también decenas de réplicas y críticas.

Todo lo que hemos explicado tiene un efecto perverso en la búsqueda real de soluciones para temas candentes cuyo impacto mediático supone influencia directa en el voto de los ciudadanos. En materias como la violencia contra la mujer o la inmigración ilegal, la perspectiva política se ha impuesto a la profesional para su utilización mediática, perjudicando siempre a las verdaderas víctimas.

El fracaso de una ley ideológica

A nadie le resulta complicado entender que pueden existir decenas de razones por las que un ser humano mate a otro. Es absolutamente incomprensible y, además, contrario a toda práctica de la psicología o la criminología que nos obliguen a aceptar que cuando ese ser humano es *pareja o expareja de,* la razón única por la que se pueda llegar a la agresión física o al homicidio sea siempre el machismo. La mayoría de muertes violentas tienen causa multifactorial.

Establecer una causa *a priori* desde la política implica que el relato sea innegable, que no pueda rebatirse, cercenando un análisis profesional riguroso y por consiguiente dificultando el hallazgo de las soluciones adecuadas. Por eso la Ley de Violencia de Género de 2004 ha constituido un estrepitoso fracaso a la hora de reducir el número de muertes violentas, pero un éxito aplastante a la hora de crear estructuras de poder político donde se colocan centenares de personas con salarios desorbitados, y cuya función principal es señalar al discrepante. Si no se permite un diagnóstico correcto porque se prioriza el mensaje ideológico, nunca se podrá aplicar un tratamiento y la cura será inalcanzable.

Con la violencia de género se ha aplicado la misma estrategia que se utiliza en las dictaduras para imponer los criterios de una élite a todo un pueblo. Lo normal es que, en una democracia, las leyes se acoplen al sentir mayoritario de la sociedad. Sin embargo, en esta ocasión, primero se creó una ideología, «ideología de género», luego se utilizaron millones de euros de dinero público en imponer esa ideología a la sociedad y, una vez impuesta, se redactó la ley con el mismo nombre: Ley de Violencia de Género. Primero inocular la ideología y luego acompasar las leyes a ella, justo el método de regímenes autoritarios. Hasta la denominación está pensada con detalle. Las personas no tenemos género, tenemos sexo. El género es el conjunto de hombres (género masculino) o de mujeres (género femenino) y, si nos apuras, una traducción interesadamente dirigida del término inglés *gender*. Desde el principio estaba claro que se quería señalar a todos los hombres, por eso se habla de género y no de sexo. A un problema individual no le puedes sacar rédito político y económico. A un problema colectivo, sí.

La ley en sí no hay por dónde cogerla desde una perspectiva profesional, entre otras cosas, porque no está hecha por profesionales, sino por políticos, incluido algún político con uniforme, encantado de decirle al poder todo aquello que este quiere oír con la esperanza de medrar cada vez más en la pirámide jerárquica. No da soluciones a las mujeres verdaderamente maltratadas, porque no estudia de forma individual las causas, sino que las colectiviza, metiéndolas a todas en un rebaño, y les aplica una estrategia genérica que nada tiene que ver con su problema real, sino con el que han inventado los políticos para seguir aumentando el negocio.

El esperpento se agiganta cuando se acepta que toda violencia contra la mujer cometida por una pareja masculina es ejercida *por el mero hecho de ser mujer*, lo que ya de por sí es un insulto a la inteligencia; pero es que, de ser así, sería peor, porque, ¿con qué base se legisla entonces solo para las personas que mantienen o han mantenido una relación? ¿Es que no hay hombres que pueden ejercer violencia contra una mujer solo por el hecho de ser mujer fuera de una relación? Escapa a la lógica y al sentido común.

Si nos atenemos a los supuestos de la ley: *machismo, heteropatriarcado* y violencia por el *mero hecho de ser mujer*; entonces lo lógico sería que estos dos años de pandemia, con encierros severos, que obligaban a las parejas a compartir las veinticuatro horas del día, con el desgaste que eso siempre produce y los roces que genera, deberían haberse incrementado exponencialmente los homicidios. Pues bien, 2020 y 2021 son los dos años con menos muertes por esta causa de toda la serie histórica desde que hay datos oficiales. A ver si el hecho de que los bares estuvieran cerrados ha sido un condicionante mucho mayor que el machismo a la hora de evitar agresiones... Puede ser o no, como puede ser, o no, que sea debido a muchas otras causas, pero no creemos que sea tan descabellado sugerir que se estudien cuestiones como el impacto del alcohol y la droga que operan como aceleradores en la exteriorización de conductas violentas. Y como esta, tantas otras cuestiones que se deberían tener en cuenta, y no se tienen, porque las víctimas importan menos que la necesidad de imponer la ideología.

Otro de los grandes logros de esta ley es haber colapsado los juzgados y a los equipos psicosociales cuyos profesionales están también abandonados, sin recursos ni presupuesto, y atienden muchas veces causas menores al haber convertido ya casi todo en maltrato para que las cifras justificaran mantener el negocio abierto. Al hacer esto, se desincentiva a los tribunales, desbordados, para estudiar los casos más graves. En palabras de la profesora de Derecho Penal, Criminología y Política Criminal de la Universidad de Salamanca, además de exfiscal y profesora de la Escuela Nacional de Policía Nieves Sanz Mulas:

> Sea como fuere, la urgencia por criminalizar actos leves de maltrato (generalmente a través del artículo 153) desincentiva muchas veces a los tribunales a investigar las situaciones graves de violencia que pueden quedar escondidas detrás de la primera denuncia de malos tratos. Esto es, se consolida una inercia judicial perversa y peligrosa, pues canaliza la inmensa mayoría de denuncias a través de los delitos que requieren menor prueba, de modo que la violencia habitual acaba quedando oculta detrás de muchas condenas por delitos leves

(solo un 6,22 por ciento de las sentencias condenatorias corresponden al delito de violencia habitual del art. 173.2). La obcecación de encauzarlo todo a través del derecho penal ha dado lugar, por tanto, a una gran contradicción, pues mientras los juzgados están colapsados con casos de mínima entidad, se arrinconan y ocultan las situaciones auténticamente graves de violencia instrumental. El recurso desmedido al Derecho Penal ha producido un efecto contrario al deseado: las mujeres más expuestas a sufrir serias agresiones quedan cada vez más invisibilizadas, mientras se desvían grandes recursos materiales y humanos hacia conflictos domésticos que poco tienen que ver con la auténtica violencia de género (LAU-RENZO). Un grave problema para la tutela y seguridad de las auténticas víctimas, pues sus agresores probablemente quedarán libres, obligados como mucho a acudir a algún curso de formación y con una orden de alejamiento que seguramente incumplirán.[5]

El problema de convertir un drama en un negocio es que los negocios tienden a perpetuarse y expandirse. Cuando alguien abre un bar, no lo hace con la intención de cerrar al cabo de un año, sino de perdurar por generaciones. Asimismo, en nuestra naturaleza está el deseo de vivir cada vez mejor, así que, si la cosa va bien, ese pequeño empresario tratará de abrir un segundo local en otra zona.

Si conviertes un drama en un negocio que mueve ya miles de millones a nivel europeo, como lo hacen el feminismo o la inmigración ilegal, habrá muchas personas interesadas en que el drama no acabe para que el negocio no cierre. A miles de cargos les va el sueldo en ello. La mujer, a la que se le presume desde el

---

[5] Nieves Sanz Mulas, *Política criminal*, Ratio Legis, Salamanca, 2021, págs. 145-146.

inicio el papel de víctima, ha dejado de estar controlada por el hombre para estarlo ahora por el gobierno.

Pongamos un ejemplo real: un ciudadano da el alto a un coche patrulla y les señala que a la vuelta de la esquina un hombre está agrediendo a una mujer. Los policías actúan y separan a la pareja e intentan reducir al hombre para detenerle. En ese momento la mujer se lanza sobre ellos arañándoles y dándoles patadas al grito de «soltad a mi marido». Una vez controlada la situación, la mujer expone que su marido es bueno y no se quiere separar de él, que solo tiene un problema con el alcohol y la cocaína los fines de semana. Durante la semana trabaja a diario, es cariñoso y la trata bien. Es su deseo seguir apostando por la relación. Los agentes le informan de que han presenciado la agresión y que están obligados por ley a detenerlo, así como que, probablemente, se le interpondrá una orden de alejamiento. ¿Para qué? Nadie lo sabe. La propia mujer manifiesta que en cuanto su marido vaya a casa, le abrirá la puerta. Es evidente que el caso no tiene nada que ver con el machismo. El hombre es violento cuando bebe y se droga, y lo es con todo el mundo; con su mujer, con el camarero y con el vecino que se encuentra en la escalera, pero, obviamente, la que mayores consecuencias sufre y posibilidades de salir mal parada tiene es su mujer, porque convive con ella. La solución debería pasar, tal vez, por un arresto de fin de semana en un centro de tratamiento con análisis periódicos al inicio de la semana para comprobar si ha existido ingesta de alcohol o drogas, bajo amenaza de ingreso en prisión si eso se produce. Nadie podrá argumentar ante esto que ese sistema sería costoso, ya sabemos que dinero hay de sobra, pero el sistema dice que es un caso de violencia machista y punto, y que hay que poner una orden de alejamiento; y también dice que la opinión de la mujer no cuenta una mierda, qué sabrá ella, habiendo comités de activistas expertas en el Ministerio de Igualdad que la asesoren.

¿Está esa mujer en peligro? Sí, real. ¿Qué hemos hecho por ella? Nada. Los políticos por seguir con su negocio, que ya es industria, y los policías porque no podemos, no tenemos herramientas por culpa de esos políticos. No nos corresponde dar con la fórmula mágica que solvente el problema, pero sí sabemos que con la ley actual el problema no solo no se soluciona, sino que se agrava; por no hablar de que crea otros problemas para hombres inocentes de los que nadie quiere hablar, y que lamentablemente acaban demasiadas veces en el suicidio. ¿A qué genio se le ocurrió la brillante idea de que para acabar con una injusticia se podía crear otra injusticia mayor? Pues esa es la base del «yo sí te creo».

Todos los partidos de la Cámara aprobaron y aceptan este negocio, a izquierda y derecha, excepto el Grupo Parlamentario Vox, muy crítico con esta ley y la ideología que la sustenta. Famoso es el grito desde la tribuna de oradores del Congreso de su diputada Macarena Olona: «La violencia no tiene género».

Volvamos a la propaganda. Al no contar con verdaderos expertos en ciencia policial en los cuadros de mando y gabinetes de comunicación, nadie es capaz de explicar y defender nuestras actuaciones, sobre todo si implican violencia, y tampoco nadie es capaz de enfrentarse al discurso de muchos políticos y tertulianos que, a través de la mentira, menoscaban nuestra autoridad y minusvaloran nuestro compromiso. No lo hacen porque no saben y porque tampoco les interesa.

La «mordaza» cambia de bando

En estos días asistimos al debate sobre la reforma de la Ley de Seguridad Ciudadana (Ley 4/15 de 30 de marzo), a la que los políticos de izquierdas denominaron «ley mordaza», ley que trataron de derogar mediante recursos ante el Constitucional y que, una vez llegaron al poder, utilizaron de forma desaforada y obscenamente masiva, como ningún otro gobierno se había atrevido a hacerlo antes. Al mismo tiempo, ante la prensa y sus acólitos afirmaban que era una «ley fascista».

Una de las excusas para esa reforma era que la ley coartaba el derecho de manifestación, a pesar de que tal derecho no se regula en ella, sino que tiene una base legal propia en forma de ley orgánica (Ley Orgánica 9/83 de 15 de julio). Es ahí donde se legislaba que las manifestaciones deben ser informadas como método de previsión para que su desarrollo sea posible sin que se vulneren derechos de terceros y se garantice la seguridad de los manifestantes. Lo único que hace la Ley de Seguridad Ciudadana es multar a los que se salten ese precepto, como no podría ser de otra manera.

El motivo de tener que informar de una manifestación no es un deseo fascista de violentar libertades y derechos fundamentales; al revés, no es otro que procurar la seguridad de los propios manifestantes y del resto de ciudadanos, para que no se vean de repente atrapados por una contramanifestación o, sencillamente, por un problema de tráfico. Por eso se cortan calles, se ponen vallas o se ofrecen itinerarios alternativos a los vecinos de la zona, para evitar el caos. Un precepto que molesta a aquellos que, precisamente, sacan rédito del caos.

España es, junto a Grecia, el país de Europa con más manifestaciones. Nunca hubo un problema para manifestarse. En España te puedes manifestar por la muerte de una cría de tortuga en Malasia sin problemas. Solo en Madrid hay más de 3.000 manifestaciones al año. Los antidisturbios están en todas, pero apenas se llegan a producir cargas en el 1 por ciento de ellas, siempre con los mismos. Si la violencia naciera de verdad de la policía, habría cargas en todas o al menos en la mayoría.

Es una táctica tan antigua en la historia como el hilo negro: provocar la violencia, cuanta más mejor, para que así la fuerza para reprimir esa violencia sea grande y se pueda encontrar algún mártir que sirva para convertir ese día en una causa épica donde la culpa de la violencia ya no la tiene quien la inició, sino quien pretendió acabar con ella. Cuanta más violencia haya, más fácil será encontrar heridos, un muerto, un mártir... por supuesto, y en los tiempos de los *mass media* y las redes sociales, más posibilidades de tomar espectaculares fotos del preciso instante en que el policía levanta la defensa y un pobre manifestante, con gesto compungido, se protege del malvado fascista. La foto del minuto anterior, cuando arrojó al agente la tapa de una alcantarilla y le tiró un cóctel molotov, no suele aparecer.

Por descontado, quienes promueven la violencia lo hacen desde despachos de lujo y no participan en ella. Invitan a peones sacrificables, la parte más manipulable de cada generación, a que les hagan el trabajo sucio. Serán esos peones quienes asuman el coste de una detención, una condena o una herida, mientras que sus líderes solo obtendrán beneficios.

Así que, como decimos, no hubo jamás un problema, pero dominan la propaganda y controlan la comunicación hasta el punto de hacerte creer que gente como el rapero Hassel o el diputado Alberto Rodríguez fueron detenidos por la ley mordaza, a pesar de que esta ley es administrativa y no origina detenciones, solo multas. Si eres condenado en un juzgado, es porque has cometido un delito de los tipificados en el Código Penal, no en la Ley de Seguridad Ciudadana. Mienten, siempre mienten.

Las cámaras de pecho

El exvicepresidente del Gobierno Pablo Iglesias, a raíz de una manifestación de policías contra la reforma de esa ley, dijo que estos pretendían «que no se grabaran las cargas de los antidisturbios y tener presunción de veracidad en un juicio». Es difícil aceptar que una persona tan ignorante y cargada de odio haya podido llegar nada menos que a la vicepresidencia de un país. Los policías llevamos años solicitando cámaras de pecho para que nuestras intervenciones queden grabadas en un disco duro al que solo tendrían acceso la autoridad judicial y la Fiscalía, ni siquiera el propio policía, como pasa ya en las policías más avanzadas del mundo. Sabemos de sobra que es el mejor método para acabar con las denuncias falsas contra nosotros. Ellos también lo saben, y no les gusta la idea. Fueron los policías operativos, los que sufrían las denuncias, los que presionaron en el País Vasco de los años ochenta para que todas las comisarías tuvieran cámaras de seguridad en pasillos y calabozos.

Entre nuestras peticiones ni siquiera está la de que no se nos pueda grabar, solo se pretende acabar con una asimetría legal: el manifestante que genera la violencia te puede grabar a ti y cortar el vídeo justo en el punto en el que solo se ve la parte donde es reprimido, para luego subirlo a redes y hacer escarnio del policía, fácilmente reconocible, comprometiendo su seguridad y la de su familia; pero tú no le puedes grabar a él. Nosotros queremos grabar la escena entera y ponerla a disposición de un juez, y queremos evitar que quien nos graba —está en su derecho— pueda manipular las imágenes y subirlas a redes. Si de verdad quieres evitar un abuso policial, donde debes llevar esas imágenes es a un juzgado, no a Twitter. Si las llevas a una red social lo que buscas no es justicia, es otra cosa mucho más mezquina.

Lo que de verdad quieren los que pretenden que nos graben, pero no nos dejan grabar, es hacer que sus miserables historias pasen a ser epopeyas, relatos épicos de raperos a quienes se quiere silenciar o de políticos perseguidos. El último diputado que ha tenido que dejar su escaño por orden judicial, Alberto Rodríguez, de Podemos, ha pretendido hacer pasar una agresión a un agente de policía por un ejercicio de persecución por parte de las «fuerzas represoras del Estado». Para sostener esta película, es fundamental que los policías no lleven cámaras de pecho, porque, de llevarlas, la grabación haría imposible que calara el vil mensaje. En realidad, era la tercera vez que resultaba detenido por lo mismo, delito de atentado a agente de la autoridad, aunque fue la primera que tuvo para él un coste real. ¿Quién se cree hoy en España que, de repente, y sin hacer nada, aparece un malvado policía, te pone los grilletes y te lleva a un calabozo? Pero, sobre todo, ¿qué mentalidad infantil hay que tener para tragarse que eso te puede pasar nada menos que tres veces? Pues hay millones de personas con esa mentalidad dispuestas a tragar lo que les echen. Ellos lo saben, por eso no les interesa que los policías llevemos cámaras, y por eso Pablo Iglesias va a un programa de máxima audiencia a decir que «la policía no quiere que se graben las cargas de los antidisturbios». Ningún coronel ni comisario, que están precisamente para velar por sus subordinados, tampoco nadie desde un gabinete de comunicación, se atreve a contestarle, se juegan sus medallas. Mienten, siempre mienten.

La segunda parte es peor. El exvicepresidente del Gobierno manifiesta que «queremos presunción de veracidad en los juicios». La frase implica tal desconocimiento sobre la materia tratada que supone casi un atentado a la decencia. Primero, porque como ya dijimos, esta ley es administrativa, pone multas, no se hacen detenidos ni se va a juicio. A juicio solo se puede ir si violentas algunos de los artículos del Código Penal, no de la Ley de Seguridad Ciudadana. Pero lo más revelador es que los policías jamás hemos tenido presunción de veracidad en un juicio, nuestra palabra es una testifical más en todo proceso penal.[6] Solo en el ámbito administrativo se tiene tal presunción y por motivos obvios que operan en todas las democracias del mundo. De no ser así, no se cobraría casi ninguna multa. Si un agente ve cómo

---

[6] Solo los agentes de Policía Científica y Tedax y otros órganos de investigación, reconstrucción y/o análisis tienen presunción de veracidad al hacer informes periciales.

te saltas un semáforo, siempre va a ser tu palabra contra la suya, si no otorgas presunción de veracidad al agente, jamás podrías ejecutar la propuesta de sanción. Solo en un limitadísimo número de casos donde haya grabación se podría imponer esta.

Pablo Iglesias miente, y lo peor es que, con todos los asesores que ha tenido, es muy difícil creer que no sabe que miente. Más difícil aún de aceptar es que nadie entre los periodistas de las cadenas que le entrevistan se haya preparado la materia y tenga la capacidad de repreguntar o cuestionar lo que dice, aunque quizá los millones en publicidad institucional con los que los diferentes gobiernos han regado esas cadenas nos den una idea de por qué el cuarto poder se comporta como el cómplice ideal del segundo poder. Mienten, siempre mienten.

Pero ¿de dónde viene en realidad todo esto de la supuesta ley mordaza? La ley 4/15 de Protección de la Seguridad Ciudadana es una ley, como casi todas las que se redactan en España, con medida ambigüedad para que nunca sea el poder político quien responda de una posible falla, sino el profesional operativo, al que dejarán tirado a los pies de los caballos a la mínima ocasión de duda. Es una ley con muchas lagunas porque, como siempre ocurre, no está hecha por profesionales de la seguridad, sino por profesionales de la política. Pero, sobre todo, es una ley impulsada por la derecha, así que da exactamente igual cómo sea, el gigantesco aparato propagandístico de la izquierda en España, que controla medios, periodistas, escritores, actores, agentes sociales, asociaciones, etc., la demonizó desde el primer momento; no por su contenido, sino por su origen. Hacia la galería, hacia sus acólitos, la negó, niega y negará, afirmando que socava los principios democráticos, pero en realidad, y desde el mismo día en que llegaron al poder, la han usado y han abusado de ella tanto como han necesitado, y la han retorcido hasta el punto de hacerla un monstruo impersonal, voraz y subyugador que ha permitido al gobierno disponer de la ciudadanía desplazando la culpa al anterior legislador y a las fuerzas de seguridad que están obligadas a ejecutarla.

El primer paso en el dominio de la propaganda de masas ante cualquier objetivo es nombrarlo. Si no lo nombras, no existe. Por eso la Ley de Seguridad Ciudadana pasó a llamarse «ley mordaza» y todos, medios y políticos, repitieron ese nombre hasta la saciedad, hasta que toda la población la llamó así, asumiendo que suponía una mordaza a nuestros derechos y libertades, ¿Quién va a querer que amordacen sus derechos y libertades? Nadie.

El problema viene cuando el anterior gobierno cae y los políticos entrantes, aquellos que hablaban de ley mordaza, tienen que empezar a hacer uso de ella y se dan cuenta de que no había ninguna mordaza —aunque ya lo sabían de sobra— y de que llevan años engañando a los suyos con supuestos ataques a la libertad de expresión de raperos, que fueron en realidad sustanciados en juicios penales y no a través de esta ley, o con supuestos ataques al derecho de manifestación, que resulta que ni siquiera está regulado en la misma, sino en la ley 9/83 de 15 de julio. En la Ley de Seguridad Ciudadana solo se regulan las sanciones para los que incumplan el mandato de la 9/83, que obliga a comunicar las manifestaciones con antelación, con el fin de preparar un dispositivo acorde al número de personas y el recorrido. Dicha ley dice en su artículo octavo:

> La celebración de reuniones en lugares de tránsito público y de manifestaciones deberán (*sic*) ser comunicadas por escrito a la autoridad gubernativa correspondiente por los organizadores o promotores de aquellas, con una antelación de diez días naturales, como mínimo, y treinta como máximo. Si se tratare de personas jurídicas la comunicación deberá hacerse por su representante. Cuando existan causas extraordinarias y graves que justifiquen la urgencia de convocatoria y celebración de reuniones en lugares de tránsito público o mani-

festaciones, la comunicación, a que hace referencia el párrafo anterior, podrá hacerse con una antelación mínima de veinticuatro horas.

¿Y quién hizo esta ley? Correcto, un gobierno de izquierdas bajo la presidencia de Felipe González. Pero el dominio de la propaganda ha hecho que este país vuelva al *1984* de Orwell, donde la mentira está controlada por el Ministerio de la Verdad, así que la maquinaria propagandística no se rindió ante este contratiempo.

A Europa le importaba muy poco

Como no sabían muy bien qué hacer, pidieron amparo a la Comisión Europea. Esta, al ver que no había por dónde agarrar la petición, aunque debe justificar el enorme gasto de su desproporcionada maquinaria política, hizo lo que suele hacer cuando un tema no tiene ningún interés más que el partidista de los diferentes países miembros: lo derivó a uno de los cientos de órganos burocráticos que emiten informes no vinculantes: la Comisión de Venecia del Consejo de Europa, órgano consultivo lleno de burócratas con sueldos desorbitados.

La orden a los medios afines, y así se refleja en casi todas las noticias de prensa, fue destacar que el informe era de la Comisión Europea o del Consejo de Europa, para darle más credibilidad, aunque fuera mentira. Pero ¿qué decía ese informe que nadie se ha leído?

Pues, para empezar, algo que Samuel Vázquez ya anticipó a los políticos en el gobierno —entonces el Partido Popular— durante la comisión sobre la Ley de Seguridad Ciudadana en 2018. Que la decisión de imponer sanciones económicas de hasta 600.000 euros no se puede dejar sin control judicial en manos de delegados del Gobierno sin ninguna formación en la materia, más allá de tener el carné del partido. Que esa burrada traería consecuencias. La entonces portavoz del PP en aquella comisión, Ana Vázquez, interrumpió a Samuel para exclamar: «Son del grupo A», en relación con esos delegados del Gobierno, a lo que Samuel replicó que alguien del grupo A podía ser un licenciado en Historia, sin ninguna capacidad ni mérito en el área de la actividad delincuencial, y añadió un ejemplo gráfico: «En España ha habido ministras de Sanidad que no sabían la composición de una aspirina», da igual que sean del grupo A. Esto no debió de sentar bien, porque a la siguiente comisión, la de modelo policial, el partido en el poder llevó a dos exdelegadas del Gobierno e hizo que una de ellas fuese la portavoz durante la intervención de Samuel: «No le puedo admitir ese discurso». ¿Recuerdas?

El policía operativo tenía razón, y todos los asesores de seguridad y mandos policiales que rodeaban al gobierno no fueron capaces de prever ese escenario. Es a ese hecho concreto —el que había señalado un simple policía de la escala básica—, al que se refieren los miembros de la Comisión de Venecia para determinar que la ley no debe ser tratada como administrativa, sino como cuasi penal, por lo abultado de sus sanciones sin control judicial. 600.000 euros pueden arruinar la vida a cualquier familia o empresa media. A partir de ahí, esta Comisión hace una serie de objeciones, la inmensa mayoría de dudosa aplicación y que demuestran una ignorancia supina en el trabajo operativo diario, muy habitual en los burócratas de Bruselas o de cualquier otra parte. Así, alude a la presunción de veracidad en los atestados policiales, cuando por esta ley no se realizan atestados, sino propuestas de sanción administrativa. Esto es lo que lleva al exvicepresidente Pablo Iglesias, que oye campanas y no sabe dónde, a hablar de la presunción de veracidad en los juicios.

También habla la Comisión, efectivamente, del derecho de manifestación. Pero lo hace para dejar claro que ese precepto fundamental para las libertades en España se contempla en otra ley, no en la de Seguridad Ciudadana, y que el gobierno tiene todo el derecho del mundo, si posee la mayoría parlamentaria suficiente, para dejar de sancionar las manifestaciones no comunicadas, pero para ello debe reformar primero la Ley Orgánica del Derecho de Reunión y Manifestación que obliga a que estas sean comunicadas. Efectivamente, la ley que ellos mismos aprobaron. La cuadratura del círculo. La maquinaria propagandística obvia lo anterior y solo hace mención a que la Comisión pide a España no sancionar las manifestaciones no comunicadas. Mienten, siempre mienten.

La propaganda fue la base para que los dos grandes monstruos del siglo XX, comunismo y fascismo, se convirtieran en ideologías de masas. Era de suponer que si incorporas al gobierno a comunistas —los diputados de Podemos—, como hizo el presidente Sánchez al no tener los votos suficientes para gobernar, estos utilicen un arma que dominan y que han mamado de los escritos de Gramsci o Laclau, que siguen al pie de la letra, sin admitirlo los 11 principios de la propaganda de Goebbels.

El engaño del 15-M

Una de esas primeras historias de propaganda se fraguó poco antes del llamado 15-M, un movimiento que se venía orquestando en la web y redes sociales desde inicios de 2011. Su origen era de conocimiento público para todo aquel que explore las dinámicas de las redes, blogs y foros de Internet, y se hizo explotar a una semana de las elecciones municipales. Parece difícil creer que ningún servicio de información lo hubiera previsto. Más bien puede entenderse que a ningún político le interesó dar importancia a los informes que señalaban movilizaciones inminentes. En aquellas elecciones se preveía, como así fue, que el tiempo de gestión del presidente Zapatero, el más nefasto de la historia de la democracia hasta que llegó Sánchez, empezara a pasar factura a las administraciones locales que gobernaba su partido. Fue entonces cuando el PSOE decidió utilizar miles de asociaciones que tiene bajo su control para empezar a crear un monstruo que agitara la calle y recuperara el poder que estaban perdiendo en las urnas. La intención era crear un *kraken* populista de izquierdas que acaparara los votos perdidos por el descontento, precisamente por la ruina que había traído su mandato, y que estos sirvieran luego de muleta para volver a gobernar. Una especie de Izquierda Unida agrandada. Ya sabes, aunque llevaban siete años gobernando, la culpa de la catastrófica situación de paro y crisis económica nunca podía ser suya. Hubo ingenuos que, de buena fe, se sumaron al movimiento pensando que el foco de la indignación era contra los políticos, todos en general, sin siglas, y no contra determinados políticos. Ese fue el primer éxito de la maniobra, difuminar la culpa en la neblina de la responsabilidad compartida.

A pesar de esta hábil estratagema, el Partido Popular obtuvo mayoría absoluta en las generales pocos meses después y, mientras el presidente Rajoy se encargaba de dilapidar el tiempo que se le había concedido preguntándose a qué huelen las nubes, la implacable maquinaria de la izquierda, impulsada por su mastodóntica inercia y liderada por el genio de Pérez Rubalcaba, decidía a quién le darían miles de horas de televisión y radio para que dirigiera todo el descontento del 15-M y lo convirtiera en votos de izquierda para volver a recuperar la hegemonía. En ese *agitar las calles*, se produjo una manifestación que escenifica a las claras el respeto a la democracia de aquella supuesta mayoría tolerante de izquierdas en España: «Rodea el Congreso» fue el lema de una protesta que pretendía conseguir con violencia aquello que no habían podido lograr en las urnas.

Todo el descontento juvenil, toda aquella supuesta indignación, las mareas de todos los colores para pedir mejoras en causas justas que, precisamente ellos, se habían encargado de arruinar, no eran otra cosa que disidencia controlada por el gran partido: el PSOE.

En aquella manifestación de Rodea el Congreso, uno de los policías que trabajaba de paisano para la brigada de información, cuyo trabajo es fundamental para localizar a los líderes de los disturbios y a los autores de los delitos que se cometen en el transcurso de las movilizaciones para su posterior identificación y detención, así como para comunicar a las unidades de intervención policial los movimientos que estos hacen para que puedan estar siempre bien colocadas en el centro de la acción, fue descubierto por uno de los numerosos grupos violentos que la extrema izquierda desplegó aquel día. Le rodearon y golpearon hasta dejarlo casi inconsciente haciéndole perder parte de la visión de un ojo.

A distancia, un valiente compañero de brigada, también de paisano, reconoció al policía y arriesgó su vida para engancharlo de la cazadora y arrastrarlo fuera del alcance de los violentos, llevándolo hacia la línea de antidisturbios. Durante el trayecto a rastras, el inspector agredido se hizo una bola con uno de sus agresores, y sin soltarlo, fue arrastrado por su rescatador sin que este tuviera posibilidad de separarlos.

Mientras se acercaban a la delgada línea azul, que en esos momentos era la única posibilidad de sobrevivir, el rescatador gritaba «¡soy compañero, soy compañero!» para que su igual herido dejara de resistirse, en la creencia —al estar casi inconsciente— de que eran los malos quienes le arrastraban. Cuando llegaron frente a los antidisturbios se vivieron momentos de tensión entendibles, ya que los miembros de uno y otro grupo policial no se conocían ni se habían visto nunca, así que el rescatador volvió a gritar a sus compañeros de orden público que no entendían muy bien la escena: «¡Es compañero, este es el compañero!», para diferenciarlo del detenido, con el que el herido se había hecho una bola.

Bien, pues esta escena, que daría para un vídeo épico de cuál es el arriesgado trabajo de la policía en una manifestación y del que se podrían extraer valiosas conclusiones de procedimiento, acabó convirtiéndose, redes sociales y propaganda mediante, en la historia de un agente infiltrado que animaba a la violencia y que tenía que gritar a los miembros de las unidades antidisturbios que era compañero para que estos no le *apalearan*. Da igual que los españoles tuvieran el vídeo delante, el poder de la propaganda y el adoctrinamiento en la izquierda es tan grande que no están dispuestos a reconocer la realidad, sino a acomodarla a su pensamiento. Tampoco podemos culparlos, nadie en ningún gabinete de comunicación les explicó la realidad. Si ningún responsable policial hace pedagogía, no nos queda otro remedio que hacerla a los agentes de base y a las asociaciones.

Y así volvemos a la reflexión de hace unas líneas: ¿qué mentalidad infantil hay que tener para creerse que los policías que trabajan de paisano en una manifestación son los que se ponen en primera línea a provocar, arrojar piedras a sus propios compañeros y así dar rienda suelta a la barbarie?

Los grupos *Black Block*[7] que operan como guerrilla urbana son muy cerrados y tienen sus propios códigos. Se conocen todos incluso debajo de los pasamontañas, han quedado previamente para acudir juntos, llevan semanas preparando las acciones violentas y es imposible que estos grupos se dejen guiar por desconocidos espontáneos. Bastante más probable es, como sucedió, que descubran a los policías de paisano y les den una paliza.

---

[7] O Black Bloc, grupos que operan como comando informal, con repertorios de acción radicales. Provienen de grupos de ideología marxista o neomarxista, anarquistas, antiglobalistas... A diferencia del resto de activistas, cuyas acciones pueden desembocar en violencia o no, estos bloques entienden el disturbio como única forma válida de expresión.

Además, la figura del agente encubierto en España tiene cobertura legal, y se utiliza para infiltrase en grupos criminales, no en manifestaciones. En estas, operan de paisano los miembros de las brigadas y grupos de información, pero nunca actúan, solo informan a otros para que actúen. Todo da igual porque su maquinaria se impone. Mienten, siempre mienten.

Todo para el malhechor disfrazado de «vulnerable»

En resumen: estadísticas y propaganda, los dos pilares que sostienen este criminal sistema que está dinamitando la vida de tu barrio, de tu ciudad, de tu mundo, hasta hacerlo casi irreconocible. La mordaza real es la que, con la excusa de un virus, permite que un helicóptero aterrice para denunciar a una persona que se baña en la playa o detener a alguien que ha salido a correr por el monte; la que te impidió visitar a tu madre en el pueblo de al lado porque la ibas a matar, pero te obligaba a meterte a un metro abarrotado. Estados de alarma ilegales, militarizaciones del control aéreo, control de los medios y del Poder Judicial, censura y verificación... son los sostenes que permiten que nadie cuestione el discurso triunfal del bastón de mando de turno, mientras en tu pueblo ya no se puede dejar la puerta abierta ni para salir a fumar. *Todo va bien* para el poder, nada va bien para el tendero de la esquina, a quien le han reventado el negocio cinco veces y del que, algunos chavales, cada noche se llevan las botellas de alcohol sin pagar. Nada funciona para el autónomo que tiene enfrente de su tienda de bolsos a diez manteros, nada para el agricultor al que, además de vender sus cosechas por una miseria, le desvalijan los aperos cada semana. Nada para el camionero al que le han vaciado quinientos litros del depósito de combustible en un área de servicio por segunda vez en un trimestre... y todo para el malhechor que, convertido en víctima del sistema, llorará y apelará a su *vulnerabilidad social* en el momento en que sea detenido.

Nos han convertido en policías administrativos que no resolvemos problemas, solo hacemos números. A veces haciendo números resolvemos algún problema y a veces los creamos. ¿Por qué nadie en las escalas básicas y cada vez menos en las de subo-ficiales o subinspección está contento? ¿Por qué los ciudadanos nos expresan su apoyo y cariño, aunque manifiestan sentirse cada día más abandonados e inseguros? ¿No hay nadie allí arriba que tenga la humildad de aceptar que algo no va bien? Los poli-cías, guardias civiles, mossos y vigilantes necesitan líderes, y es-tán deseando seguirles en la batalla hasta el final.

4
LECCIONES NO APRENDIDAS

Cuando el pasado ya no ilumina el futuro,
el espíritu camina en la oscuridad.
ALEXIS DE TOCQUEVILLE

La profesión policial es universal. Un policía de Madrid podría perfectamente trabajar en Río de Janeiro o Los Ángeles solo conociendo el idioma y aprendiendo las pequeñas variaciones de procedimiento y legislación; y decimos pequeñas porque el delito es algo muy similar en todo Occidente. Un robo es un robo, y un policía sabe que tiene que detener a su autor, más allá de lo que la pena pueda variar de un país a otro. Cuestión bien distinta son las normas administrativas, en ese aspecto sí hay abismos entre unos países y otros, aunque, una vez se conocen, la forma de realizar las propuestas de sanción y los problemas que surgen del trato con el ciudadano suelen tener respuestas muy similares.

Precisamente por lo anterior cuesta mucho asumir que la incompetencia, la mediocridad y la falta de capacidad de nuestros gobernantes y sus mandos políticos hayan impedido prever escenarios que ya se estaban dando en casi toda Europa y que estamos empezando a vivir en España. Tampoco se entiende cómo no se ha puesto en marcha, a estas alturas, una transformación profunda de nuestro modelo policial al modo de la que se realizó en Estados Unidos a partir de 1994, que tiene como origen y ejemplo a la ciudad de Nueva York.

La muerte de Brian

En Estados Unidos fue un hecho concreto, el asesinato del joven Brian Watkins, en el metro, cuando trataba de defender a su madre del asalto de una manada (*wolfpack*) durante una visita de la familia a la ciudad para ver el US Open de tenis, la chispa que incendió las conciencias de vecinos y políticos y lo cambió todo. Un asesinato más en el *año más sangriento*[1] de la ciudad, pero que supuso la gota que colmó el vaso y dio pie a una portada en el segundo diario más vendido en la Gran Manzana, el *New York Post*, que correría como la pólvora los días siguientes y que se reproduciría en todos los medios del país: la cara del alcalde demócrata David Dinkins a toda página con el titular: «Dave, Do Something» (Dave, haz algo).

Este fue el preludio de la llegada del alcalde Giuliani, que tuvo la valentía de poner al frente del departamento de policía más famoso del mundo a un agente de Boston, William Bratton, que había liderado una pequeña revolución en la policía del metro de la ciudad (New York City Transit Police Department) —considerada por muchos en aquel entonces como una policía de segunda categoría—, ante la sorpresa de todos los gerifaltes de la cadena de mando del New York Police Department. Estos llevaban años siendo parte del problema y no de la solución, esperando su momento para llegar a la cúspide, vendidos a los políticos y sus discursos que les llenaban de medallas y ascensos a cambio de proteger cada uno de sus mandatos con sumisión y fidelidad. Igual que aquí.

Una familia de clase media de Utah que viaja a Nueva York para ver un espectáculo deportivo, rodeada y asaltada por una manada en el metro. Sí, allí también se llamaban manadas, ya os hemos dicho que, en criminología, no hay nada que no haya

---

[1] 1990, *the blodiest year*.

pasado ya. Un chaval que trata de defender a su mamá, a la que están intentando robar, y que acaba apuñalado hasta su muerte en el frío suelo del andén. Los neoyorkinos dijeron basta. Fue el crimen que cambió la respuesta policial al delito en Estados Unidos y con ella se modificó el perfil criminal de Nueva York y, más tarde, por imitación debido al éxito obtenido, de todas las grandes ciudades estadounidenses.

El cambio del modelo operativo en EE. UU. supuso un éxito sin precedentes en la reversión de la criminalidad, éxito liderado por la transformación en la Policía de Nueva York a partir de 1994. Con precedentes tan importantes como este, tenemos que concluir que el cambio de modelo policial en España no se produce porque no interesa. No les sale a cuenta desviar recursos humanos, estructuras y estrategias para protegerte a ti porque todo habría que detraerlo de su protección, la de sus discursos.

La policial es una ciencia empírica, y la profesión policial, como hemos dicho, universal. Cuando uno estudia y se pone en contacto con otras realidades se da cuenta enseguida de que un policía de Nueva York, uno de París o uno de Madrid comparten el 80 por ciento de los problemas, de las quejas y también de las posibles soluciones, pero raramente se aplican porque nadie les escucha. Por eso es tan importante analizar qué modelos han afrontado antes por la nueva era delincuencial que España está comenzando a padecer —y que irá a más en los próximos años— , y qué estrategias se utilizaron para superarla.

El modelo de Nueva York es el de más éxito conocido hasta ahora. Convirtió la ciudad en guerra que era en los años ochenta, en la ciudad más segura de entre las grandes urbes de América en menos de una década. Es el *Turnaround* de William Bratton,[2] probablemente el policía más importante del siglo xx

---

[2] William Bratton y Peter Knobler, *Turnaround: How America's Top Cop Reversed the Crime Epidemic*, Random House, Nueva York, 2009.

junto a sir Robert Peel y Jack Maple —mano derecha de Bratton—. Hablamos de un modelo que logró transformar una ciudad con más de 2.000 homicidios al año en una con 300, que hizo descender las violaciones en más de un 70 por ciento y, lo más importante, que consiguió que ese cambio se empezara a notar casi desde el primer año.

No todo lo que sirvió allí serviría aquí como estrategia, pero sí podemos utilizar gran parte de lo aprendido observando sus pasos en el transcurso del camino al éxito y, sobre todo, aprendiendo de los errores que hayan cometido. Por ejemplo, en orden público o vigilancia de carreteras siguen manteniendo un sistema tercermundista. Tampoco es imitable el sistema de acceso a la función policial por reclutamiento. Pero es que tampoco su historia y sus realidades delincuenciales pueden compararse. Sin embargo, Europa lleva dos décadas siguiendo el camino opuesto al de Estados Unidos. Mientras allí las ciudades eran cada vez más seguras —todo lo seguras que sus usos sociales permiten y hasta la llegada de las nuevas drogas y los movimientos progres como *Defund The Police*—,[3] aquí se hacían cada vez más peligrosas, hasta el punto de que capitales como París o Barcelona han perdido literalmente el control sobre la delincuencia, asemejándose cada vez más y salvando las distancias a la misma realidad a la que se enfrentó Bratton cuando se hizo cargo del New York Police Department en 1994.

Como dato significativo, en el primer trimestre de 2018, y por primera vez en la historia, Londres tuvo más homicidios que Nueva York: no había pasado nunca. Obviamente, al final de año volvió a ganar la ciudad capital simbólica de un país que tiene una especial relación con la violencia y las armas de fuego, construido en el mítico *Far West* por personas con un colt en la

---

[3] Movimiento que pide disminuir los presupuestos de los departamentos de Policía y dedicar el dinero a políticas sociales.

cintura y un winchester en el caballo. Pero la tendencia nos dice que desde que Bratton se hizo cargo del Departamento de Policía de Nueva York en 1994, y cambió desde él el modelo policial americano, hasta el 2018, los homicidios descendieron en más de un 70 por ciento, mientras que en Londres entre 2015 y ese mismo año, ascendieron un 45. Los modelos de seguridad europeos están agotados.

Haciendo un estudio pormenorizado de los problemas operativos a los que William Bratton se enfrentó entonces, se puede observar que son casi los mismos o muy similares a los que sufre el modelo policial español en la actualidad, y que cada una de las estrategias que allí se impulsaron podrían estar ya puestas en marcha aquí.

Sin duda un modelo y un cambio tan radical como aquel no estuvo exento de críticas, pero la inmensa mayoría son fácilmente desmontables con datos y están hechas desde una perspectiva política, sobre todo en cuanto a la utilización de los hechos que afectan a las minorías y con el fin de obtener rédito electoral. No obstante, no es objeto de este trabajo analizar y desmontar esas críticas, sino focalizar el análisis desde la perspectiva profesional.

Es en la parte estructural donde menos podemos ser el reflejo de una policía americana. Estados Unidos es un país de enormes urbes y áreas metropolitanas separadas por mucha distancia unas de otras, por lo que la potenciación de las policías locales como servicios de policía integral surge de forma natural. Aun así, en alguna de ellas pueden apreciarse ciertos rasgos similares de lo que es parte de nuestros problemas.

La reforma de Nueva York

A principios de los noventa tres cuerpos policiales diferentes operaban en la ciudad de Nueva York (NYPD, Transit Police y

Housing Police Authority). Con la llegada de Bratton, los dos cuerpos más pequeños se integraron en el más grande: el NYPD, ya que la atomización policial en un mismo territorio no beneficia a nadie más que a los políticos que gestionan cada uno de los cuerpos y, por tanto, a los delincuentes que desarrollan su actividad en cada una de sus jurisdicciones.

Por otra parte, y al contrario de lo que hasta ese momento pedían todos los mandos —más dinero y más hombres—, Bratton creía que era mucho más importante cambiar de estrategias que incorporar más policías, a sabiendas de que los presupuestos limitados podían suponer un freno para lo segundo, pero no para lo primero, y de que no sirve de nada pedir más para seguir haciendo lo mismo. Una de esas estrategias fue colocar a más agentes en aquellos focos donde la criminalidad era más latente: policías en la calle y operativos en los diferentes grupos de investigación. Eso se logró extrayendo a muchos agentes de los puestos administrativos para incorporarlos a labores netamente policiales, a base de reducir la burocracia centralizada, otorgando mucha más autonomía a los jefes de cada distrito para gestionar sus dependencias.

La centralización en la toma de decisiones, que en los años ochenta estaba pensada para acabar con la corrupción, no servía para solucionar el problema delincuencial del momento y, además, generaba niveles de burocracia inasumibles, limitando el papel de los verdaderos líderes, ya que nadie se atrevía a tomar decisiones sin haber recibido órdenes directas de la oficina central. No había dos distritos que tuvieran los mismos problemas ni la misma idiosincrasia criminal, por lo que el hecho de que las estrategias se trazaran desde una instancia central, que consideraba a todas las zonas, barrios y distritos con los mismos parámetros, sin contar con sus peculiaridades, era un lastre enorme en términos de eficacia. Para los jefes, Staten Island era lo mismo que el Bronx o Manhattan.

En España, y bajo la lupa administrativa, la Cañada Real en Madrid, el barrio del Príncipe en Ceuta o el centro de Soria también son lo mismo. Nadie pregunta la opinión de los policías que los patrullan.

La primera brigada sobre la que los nuevos líderes de la Policía de Nueva York pusieron su mirada fue la de narcóticos, ya que los impulsores del modelo —William Bratton, Jack Maple, John Timoney y Louis Anemone— creían que un porcentaje muy alto de la criminalidad —en algunos distritos superior al 50 por ciento— tenía que ver de una forma u otra con todo lo que generaba a su alrededor el tráfico de estupefacientes. Sin embargo, no entendían por qué, siendo así, solo se dedicaba el 5 por ciento de los recursos humanos a esa brigada. Tampoco por qué, si el delito es algo que sucede las veinticuatro horas del día durante los trescientos sesenta y cinco días del año, los agentes de esa brigada solo trabajaban en horario de oficina, sin disponibilidad en fines de semana u horario nocturno. *De facto*, casi todas las brigadas de investigación trabajaban así y también toda la escala de mando. Este líder policial podría haber realizado el mismo análisis si en lugar de haber aterrizado en la Gran Manzana lo hubiera hecho en Madrid o en Málaga.

En el modelo policial actual, y sin que nadie haya puesto remedio, una verdad absoluta se impone en la totalidad de los cuerpos policiales españoles: los delincuentes no descansan las noches ni los fines de semana, pero todos los grupos de investigación, a excepción de unos pocos grupos centrales como UDYCO (Unidad de Droga y Crimen Organizado de la Policía) o UCO (Unidad Central Operativa de la Guardia Civil), sí.

Bratton se enfrentó a la respuesta acostumbrada de un modelo orientado a las estadísticas y la propaganda política y no a los ciudadanos. Resultaba más rentable permanecer acuartelados en las comisarías esperando a que los delitos se cometiesen y se denunciasen, para luego intentar localizar a los delincuentes y apuntarse el tanto, en lugar de orientar los esfuerzos a que esos delitos no se cometieran y así proteger a las víctimas. En palabras del propio Bratton: «No estábamos allí donde estaban los problemas». Él y su equipo cambiaron todos los códigos, estrategias y mentalidades para transformar un modelo pensado para servir al poder en uno consagrado al servicio al ciudadano. Definieron el modelo policial que existía hasta ese momento —muy parecido al nuestro en la actualidad— como el de las tres erres:

- *Reactive Policing:* respuesta a los avisos de los teléfonos de emergencias.
- *Ramdom Patrols:* patrullas aleatorias, sin objetivos definidos.
- *Reactive Investigation:* grupos de investigación en comisarías a la espera de que entren las denuncias para luego resolverlas.

¿Qué tenían las tres erres en común? Obvio: que siempre eran acciones que se tomaban una vez sucedido el hecho, es decir, la policía siempre iba por detrás del delito o de la necesidad de auxilio. Nadie hacía nada hasta que no hubiera una denuncia sobre la mesa.

El objetivo no era estimar cuántos delitos se podían evitar, sino cuántos se podían resolver. Si resuelves muchos delitos, le das al político un discurso triunfalista que vender. Si evitas muchos delitos, el discurso del político ya no será tan brillante, pero el servicio al ciudadano sí. Cualquier persona está encantada de que detengan al autor del robo en su domicilio, pero habría preferido, sin duda, que ese robo nunca se hubiera producido. El problema es que, si nunca se ha producido, ¿cómo lo va a vender el político de turno como un éxito?

El experimento de Zimbardo

Por culpa del interés político se había traicionado el primer principio de sir Robert Peel: «Prevenir el crimen y el desorden», es decir, no consistía solo en atajar el delito, sino también los problemas que nos llevan a él. Se había mirado hacia otro lado en todo aquello que implicaba desorden como paso previo hacia el crimen, y los desórdenes no son otra cosa que las señales que nos avisan de la escalada criminal, tal y como nos advierte la teoría criminalística más famosa del mundo: el *Broken Windows Policing*, desarrollada por Wilson y Kelling y con base en el experimento del profesor Zimbardo.

En 1969, el profesor de la Universidad de Stanford Philip Zimbardo llevó a cabo un experimento social que acabaría convirtiéndose en toda una teoría criminal. Zimbardo abandonó un coche sin placas de matrícula y con las puertas abiertas en el barrio del Bronx de Nueva York, barrio conflictivo con altos niveles de criminalidad. Al cabo de unos pocos minutos pudo comprobar cómo empezaba a ser desvalijado. Solo dos días después estaba totalmente vandalizado.

Más tarde, el profesor abandonó otro vehículo igual y en las mismas condiciones en una zona de clase alta en California, Palo Alto. Durante una semana el vehículo permaneció intacto, hasta que Zimbardo decidió romper el cristal de una de sus ventanas para verificar que, una vez que el mal estado de este fue visible, los habitantes de Palo Alto también vandalizaron el vehículo. El experimento derivó en una teoría criminológica: si en un edificio aparece una ventana rota y no se arregla pronto, inmediatamente el resto de ventanas acabarán siendo destrozadas por los vándalos. ¿Por qué? Porque el edificio transmitirá varios mensajes, el primero, nítido: *esto está abandonado* y el segundo, potentísimo: *aquí nadie vigila*.

Cuando se asume que en una urbanización vacía es *normal* que haya ocupaciones, cuando se permite que un grupo de menores se cuele en el metro a diario o que en el paseo principal de la ciudad haya más manteros que tiendas, se transmite ese primer y clarísimo mensaje de abandono. Cuando se asume que un atraco a una tienda de Louis Vuitton es algo insignificante a lo que no merece la pena enfrentarse, «Seguidlo a distancia, no os enfrentéis, no rompáis el coche y ni se os ocurra disparar», aunque haya posibilidades de que, como mínimo, los delincuentes atropellen y maten a alguien en su huida, se emite el segundo mensaje, el que definitivamente manda al traste todo el sistema de orden y libertades: *aquí nadie vigila*. Así, lentamente primero y a velocidad de vértigo en pocos años, administraciones, políticos y mandos policiales colaboran en acelerar el deterioro grave de tu ciudad, en la que pronto empezarán a aparecer las zonas *no-go*, esas donde *no hay nada que vigilar* porque *no hay nada que ver*, ya que *todo va bien*.

Barcelona ha sido la primera ciudad sin ley en España, como Samuel anunció en 2018 en el Congreso, gracias a la permisividad e inacción de sus gobernantes ante todos los elementos de desorden que van construyendo y apuntalando el escenario perfecto para que se dispare la criminalidad: *quemacontenedores,* grafiteros, manteros, okupas, lateros, etc. Consentir y facilitar actos desordenados de baja intensidad emite ese mensaje meridianamente claro de que nadie vigila. Ese es el caldo de cultivo ideal para que el crimen escale, transforme el ecosistema social y se vuelva incontrolable. Zonas de confort criminal creadas por los políticos que, al salir del trabajo, se van a vivir a otras zonas más exclusivas de la ciudad, allí donde la vigilancia privada sí es permanente: veinticuatro horas los trescientos sesenta y cinco días del año.

La delincuencia es una escalera de palacio, los primeros escalones son amplios y representan los más bajos estadios de la criminalidad. Si seguir subiendo escalones no tiene coste, todo el mundo querrá escalar hasta el final de la escalera para llegar a las habitaciones de la reina, que son las más confortables y donde están las riquezas. Cada alunizaje permitido, cada grafiti, cada huida de vehículo no interceptado manda un mensaje claro y potente a los cuatro vientos de la disfuncionalidad y el desorden que preceden al delito: aquí nadie vigila y puedes hacer lo que te dé la gana. El palacio está abierto, ha sido abandonado y puedes establecer en él tu reino.

La permisividad con los menores que cobraban a los hijos de los vecinos en la cancha del parque impidió identificar a muchos de los que hoy son miembros de bandas latinas. Abandonar a su suerte a los vigilantes de metro y Renfe y negarles la posibilidad de actuar con firmeza, permitiendo que ciertos sujetos se cuelen a diario en el transporte público, evitó que se pudiera identificar y detener a docenas de carteristas, *robamóviles* y a algún que otro agresor sexual. Considerar la okupación de viviendas en Barcelona como un movimiento social legítimo, e incluso fomentarla, derivó en que muchos de los últimos detenidos en operaciones de terrorismo yihadista vivieran protegidos por el anonimato que da esa okupación.

En vista de los problemas que un modelo puramente reactivo acarreaba, Bratton propuso cambiar las tres erres del modelo policial por uno nuevo con tres pes:

- *Partnership*: colaboración.
- *Problem solving*: solución de problemas.
- *Prevention*: prevención.

La policía es más eficaz cuando trabaja junto a los ciudadanos, cuando está integrada en la comunidad a la que pertenece. Las patrullas aleatorias, sin rumbo ni objetivos marcados por un sistema de información distribuida que no existía, hacían que los cuerpos policiales estuvieran haciendo la guerra por su cuenta, y perdiendo frente al crimen. Se trataba de incorporar al plan de seguridad no solo a miles de policías, sino a millones de ciudadanos, codo con codo.

Las reuniones periódicas entre los vecinos de cada distrito y los mandos policiales fueron decisivas para que muchos de esos mandos descubrieran, por primera vez, que las preocupaciones de los ciudadanos no tenían nada que ver con lo que reflejaban las estadísticas y que había una criminalidad oculta que constituía la parte cualitativa del crimen, la que más afecta a los habitantes de su zona, justo sobre la que no se estaba operando. Este es exactamente el mismo escenario que tenemos hoy en España, con el sistema estadístico de criminalidad, base de las recompensas y castigos para los diferentes mandos e incluso base del cobro de más o menos complementos salariales por productividad. Un sistema policial que trabaja basándose en las decisiones de juntas de seguridad en las que se reúnen mandos y políticos que no tienen ni la más remota idea de lo que ocurre en sus demarcaciones, más allá de los fríos datos de la hoja de Excel.

El problema no son los mosquitos, sino el pantano

También fue importante cambiar la mentalidad para que los diferentes cuerpos, unidades o brigadas dejaran de trabajar por competencia, como aún sucede en España, y pasaran a hacerlo por colaboración (*partnership*). En nuestro país, policías y guardias civiles seguimos escuchando a nuestros mandos establecer comparaciones entre cuerpos sobre *quién es mejor* y con frecuencia podemos encontrar problemas de duplicidad competencial, a veces por pueriles luchas de ego.

El segundo punto cambiaba el espíritu del trabajo diario, sobre todo de las patrullas urbanas y de los grupos de investigación: no solo había que responder a las llamadas del 911 o resolver los delitos que entraban en cada dependencia a través de las oficinas de denuncias; había que centrarse en solucionar problemas (*problem solving*), los problemas ciudadanos que generaban esas llamadas y denuncias, que en ocasiones eran simples disputas vecinales que no siempre revestían carácter penal, pero que para las personas que los padecían y que aún confiaban en que su policía pudiera intervenir, eran de suma importancia. Ese debía ser el *quid* de la cuestión, ahí es donde el modelo dejaba de servir al discurso político y comenzaba a servir a los ciudadanos. Una policía presente en la comunidad conoce las necesidades de esa comunidad, es mejor valorada y puede atender mejor a sus vecinos.

El equipo de Bratton ponía el ejemplo de la malaria para escenificar el concepto anterior: en las zonas pantanosas, ante el aumento de los brotes de la enfermedad, la Administración se centró durante décadas en intentar exterminar a la mayor cantidad de mosquitos transmisores posible, sin que aquello produjera ningún resultado. Finalmente se llegó a la conclusión de que, si los mosquitos surgían y se concentraban en los pantanos, la solución debería estar allí, en la raíz del problema. Se empezaron a drenar pantanos y se consiguió controlar la enfermedad. Probablemente, si antes de contratar a técnicos alineados con la intención política, hubieran conocido las necesidades de los residentes, alguien habría apuntado desde el primer momento en la dirección correcta y el problema se habría solventado de forma más ágil y menos costosa. Identificar los problemas e intentar solucionarlos desde su raíz se convirtió en el segundo eje del nuevo modelo policial.

Y si ya teníamos dos ítems en íntima relación: la colaboración entre los diferentes cuerpos policiales y de estos con la comunidad para la solución de los problemas, ¿cuál era el objetivo final? El tercer y fundamental pilar: la prevención.

No se trataba de resolver los 2.000 homicidios que había al año en Nueva York, a los que, por supuesto, también había que dedicar atención y recursos. Se trataba de que no se cometieran tantos, reduciendo la sensación de terror social y precisando menos recursos policiales para resolver esos delitos, menos recursos sanitarios para atender los que se producían en grado de tentativa y menos recursos económicos en el pago de horas extra y medios materiales. No solo eso, la ciudad comenzó a ser un enorme foco turístico a nivel mundial. No caigamos en el error de pensar que Nueva York ha sido siempre un destino para turistas, comenzó a serlo a partir de esta revolución policial. En solo una década los homicidios en la Gran Manzana se redujeron en un 70 por ciento y una cosa llevó a la otra.

¿Cuántos miles de vidas salvó el *Turnaround* de Nueva York y su política de *tolerancia cero*? ¿Cuántos millones de ciudadanos no fueron víctimas de delitos gracias al nuevo modelo policial? ¿Qué impacto multimillonario tuvo en una ciudad que, hasta entonces, estaba en claro declive? Cualquier crítica que se haga a esta nueva visión de la ciencia policial tiene que ser valorada desde esta perspectiva, sobre todo si esas críticas tienen una clara orientación política y las quejas estaban hechas por los delincuentes que eran arrestados. Es normal que los delincuentes se quejen más si el modelo policial funciona mejor.

En la España de los años de plomo, con la banda terrorista ETA que asesinaba casi a diario y que hacía explotar bombas en patios de cuarteles en los que había niños jugando, los miembros de la banda detenidos tenían la obligación, por orden de su dirección, de denunciar torturas. Si había diez detenidos al año, teníamos diez denuncias por torturas; si había cien, pues cien denuncias. ¿Quién en su sano juicio criticaría el modelo que hubiera conducido a las cien detenciones solo porque habían aumentado las denuncias de tortura?

La revolución del *Compstat*

Bratton, y sobre todo Jack Maple, su mano derecha, cambiaron también la forma de manejar las estadísticas, hasta ese momento orientadas, como en España, a la criminalidad cuantitativa, que otorga a los mandos la posibilidad de ofrecer a los políticos discursos triunfales, pero que abandona los problemas reales de la ciudadanía. Para ello, crearon una herramienta revolucionaria que hoy se utiliza prácticamente en todos los grandes departamentos de policía americanos: el *Compstat* (*Compare Statistics*). Un sistema de información distribuida que realiza análisis prospectivos permanentes.

Para introducirlo y desarrollarlo tuvo que cambiar la mentalidad de todo el departamento, ya que implicaba que toda la escala de mando, como ya hacían los policías de la calle, trabajara en turnos que cubrieran las veinticuatro horas del día, los trescientos sesenta y cinco días del año, y olvidaran el viejo y obsoleto modelo del horario de oficina. Esta herramienta tenía como misión anticiparse al crimen y no ir siempre detrás de él. También implicaba que, por primera vez, esa información llegara en tiempo real a los trabajadores de campo, los policías operativos. En las reuniones de los *Compstat* ocurría algo revolucionario e inédito: estaban todos los implicados en la tarea de revertir el crimen. Policías e investigadores eran invitados a la misma mesa que los mandos para discutir con ellos de tú a tú. Maple y Anemone, que solían dirigir los encuentros, sabían que la información la tenían los policías operativos y que esta no estaba siendo atendida por una cadena de mando muy alejada de los problemas reales de la gente. Imagínense lo que para un gerifalte lleno de medallas en el pecho y estrellas en el hombro de la Policía de Nueva York debió de ser que policías de las escalas básicas, con los que nunca tenía que interactuar, y mucho menos discutir una decisión, le pusieran la cara colorada. Y todo bajo el liderazgo de un policía, Maple, que hasta hacía dos días era solo un teniente de una *policía de segunda*, como así se consideraba a la del metro. Aquella era una presión a la que no estaban acostumbrados los jefes de inspiración militar y *ordeno y mando*.

Así, Maple o Anemone podían preguntar a un jefe de distrito sobre los robos de vehículos en su zona, y este respondía inmediatamente, sacando su hojita de Excel, dando el dato del número de robos.

—No, no; dígame dónde se están recuperando los vehículos robados.

Ahí comenzaban los nervios y la tensión en el rostro del jefe. No tenía ni idea, solo traía consigo los estadillos de números que sus mandos intermedios le ponían cada mañana en la mesa de su despacho. La tensión aumentaba cuando en la sala aparecía un policía operativo —que en su dependencia jamás habría osado dirigirse al mando superior—, y recitaba en voz alta las zonas exactas donde los coches robados se estaban recuperando. Lo sabía porque algunos de ellos los había recuperado él personalmente. El mando quedaba en evidencia. La información existía, pero su incapacidad, su arrogancia y su mediocridad habían impedido que esa información se convirtiera en inteligencia.

Los nuevos líderes estaban educando a la vieja cadena de mando. Solo con trabajo operativo se puede revertir el crimen, pero centrándose únicamente en el trabajo de gestión no reviertes nada, solo proteges al político de turno y su discurso. Al saber que se roban muchos coches, puedes ordenar una operación que detenga a algún ladrón de coches, y luego el alcalde puede venderlo ante la prensa como un éxito. Al conocer dónde se recuperan los coches, quizá puedas localizar a los que los robaban y anticiparte a los siguientes robos. Esa estrategia le venía mucho mejor a los ciudadanos.

El *Compstat* básicamente estaba diseñado a partir de 4 elementos:

- *Timely, accurate intelligence*: información oportuna y precisa en cada momento. Veinticuatro horas los trescientos sesenta y cinco días del año.

- *Rapid deployment/response:* esa información llevaba a poder desplegar una respuesta rápida a los problemas e incluso anticiparse a ellos.
- *Effective tactics:* se cuestionaba de manera constante qué funcionaba y qué no, y en función de eso cada jefe de distrito tenía libertad para modificar horarios de trabajo y tácticas y desplegar más agentes de paisano, uniformados, unidades especializadas, etc.
- *Relentless follow-up:* el seguimiento era constante y las reuniones periódicas, así que todo el mundo sabía que no podía relajarse.

Para explicar el *Compstat*, Jack Maple solía poner como ejemplo la Segunda Guerra Mundial: Alemania planeó invadir Gran Bretaña atacándola previamente con miles de bombarderos de los que Inglaterra carecía. Para hacer frente a los ataques, los británicos disponían de una escuálida flota de 450 cazas para localizarlos y repelerlos. Como complemento a esa reducida fuerza área, disponían de algo que los germanos no tenían: radares. Es decir, tenían inteligencia precisa y oportuna para conocer cuándo y con qué rumbo volaban sobre el mar los bombarderos alemanes para llegar a las islas. De esta forma no fue necesaria ni siquiera la mitad de aquella pequeña flota de cazas, puesto que pudieron dirigir los imprescindibles para derribar a los alemanes. Saber dónde estaba el enemigo en cada momento les hizo ganar la batalla.

El *Compstat* pretendía ser la herramienta que mostrara dónde estaba el enemigo en cada momento, y para enfrentarse a él no servían los viejos horarios de despacho. De haberse gestionado con nuestro modelo policial actual, los generales británicos hubieran pedido miles de millones de libras para comprar docenas de cazas, que hubieran despegado sin rumbo fijo, gastando millones de litros de queroseno, para ver si, por casualidad, se topaban con una escuadrilla de bombarderos alemanes.

Para entender la importancia de diferenciar la criminalidad cuantitativa de la cualitativa, Jack Maple pidió en uno de los *Compstat* a un jefe de distrito que señalara en el mapa dónde se habían producido todas las quejas por tráfico de drogas en su zona en el último trimestre, y que luego mostrase en ese mismo mapa, con marcadores de otro color, dónde se habían producido los arrestos. El resultado fue que las quejas ciudadanas estaban concentradas en una zona muy alejada de donde se habían realizado los arrestos. Para Maple esto definía el viejo modelo policial, donde el éxito se medía por el número de arrestos realizados y no por el número de problemas solucionados.

Otro de los grandes cambios implementados por Bratton en Nueva York entraba de lleno en los procesos de liderazgo. Es imposible llevar a cabo un plan de tal magnitud como cambiar un modelo policial si no tienes líderes. El entonces recién nombrado jefe de Policía de Nueva York, en 1994, se encontró con los mismos problemas que se encontraría un director general de la Policía o la Guardia Civil en España:

- Recursos limitados.
- Una organización dirigida a mantener el *statu quo* protegiendo estructuras de poder.
- La resistencia al cambio por una serie de intereses creados.
- Una plantilla absolutamente desmotivada.

Los cuatro pasos de Maple

La única diferencia es que a Bratton no le dio igual y, en lugar de acomodarse y disfrutar del poder en su nuevo puesto, decidió poner en marcha un proceso de cambio consistente en cuatro pasos:

1. *Obstáculos cognitivos*

Con este ítem pretendía que los encargados conocieran a sus clientes, o lo que es lo mismo, transformar un modelo de gestión en uno operativo, como hemos repetido ya hasta la saciedad. Los jefes de la Policía de Nueva York no podían enfrentarse a un problema —el de la criminalidad— que no conocían de primera mano y que solo percibían por una serie de estadillos estadísticos que no identificaban para nada la realidad criminal.

Cuando Bratton se puso al frente de la Policía del Metro de Nueva York en 1990, durante su primera etapa en la Gran Manzana, se dio cuenta de que los mandos policiales de ese cuerpo viajaban de un sitio a otro en coche oficial con chófer. Su primera decisión fue hacer obligatorio para todos —empezando por él— desplazarse utilizando el metro de Nueva York, no solo cuando estaban de servicio, sino también fuera de él. Los mandos debían conocer la realidad delincuencial a la que se suponía que tenían que hacer frente, así como la visión de los usuarios del metro a los que protegían y los problemas con los que lidiaban los policías. Si salían de noche con sus familias a cenar, también debían desplazarse en metro. No puedes vencer a un enemigo si no pisas el campo de batalla.

Por analogía, en la Guardia Civil de tráfico, desde hace poco más de un lustro, se dio orden de que todos los desplazamientos que se realizaran con motivo de actividades no relacionadas con la vigilancia del tráfico —cursos, conferencias, etc.— se realizaran en vehículo oficial uniformado.[4] Esto era debido a la necesidad de aumentar la presencia de fuerza policial en la carretera. Así, si un guardia civil debía desplazarse en comisión de servicio desde Santander a Mérida para un curso de actualización, en lugar de hacerlo en transporte público o vehículo camuflado, lo hacía en

---

[4] Se denomina vehículo uniformado a aquel que está rotulado con los colores corporativos del cuerpo en cuestión.

un coche patrulla y si observaba una petición de auxilio o un accidente, debía atenderlo.

A pesar de los muchos problemas que esto suponía para los agentes, que una vez en la academia y en su tiempo libre quedaban sin posibilidad de desplazamiento o que sumaban horas a los trayectos sin posibilidad de cobrarlas, nadie objetó, pues la responsabilidad profesional superaba a la intención personal. No obstante, los mandos superiores de la Agrupación que habían ordenado aquella medida y la siguen exigiendo escrupulosamente no solo no salen nunca de su despacho, sino que las pocas veces que lo hacen, para acudir a algún acto o vigilar algún servicio, es en vehículos camuflados, con chófer. Si encuentran alguna incidencia, avisan a una patrulla para que la atienda. Ellos no están donde están los problemas.

Bratton detectó lo mismo que casi treinta años más tarde sigue ocurriendo en España. Los jefes no conocen los problemas más allá de los informes que reciben en papel, no conocen las necesidades de los ciudadanos de sus zonas y, lo más llamativo y triste, no conocen a sus subordinados, de los que solo tienen juicios preconcebidos basados en lo que otros jefes de menor rango que tampoco conocen a sus hombres les han contado o lo que la puntuación de una evaluación numérica, completamente sesgada, dice de ellos. Los agentes mejor valorados por los compañeros de sus unidades, los más solicitados para resolver dudas operativas o aquellos con los que más policías desean salir a patrullar son los que, sobre el papel, sobre el estadillo y la evaluación, obtienen peores notas y están peor considerados por sus superiores.

2.   *Obstáculos de intendencia*

Hasta entonces, la única estrategia de los anteriores jefes policiales había sido siempre quejarse de los recursos y pedir más medios materiales y agentes. Bratton consideraba que era más nece-sario cambiar las estrategias y focalizar los recursos allí donde estaban los problemas. Reducir burocracia y sacar personal de labores administrativas para que realizaran trabajo operativo. Esta medida generó un plus de agentes operativos sin necesidad de pedir más dinero. Los policías debían realizar labores policia-les y pisar la calle, no estar encerrados en las comisarías, rodeados de papeles, ni preparando continuamente actos, desfiles, entre-gas de condecoraciones y, en el caso de España, vinos españoles.

3. *Obstáculos en la motivación*

Bratton localizó a líderes policiales que estaban comprometidos con la idea de cambio, pero que hasta ese momento estaban en-corsetados dentro de un modelo que solo quería mantener su estructura y sobrevivir. Necesitó de muchas reuniones con todos los mandos policiales para designar a aquellos que daban el per-fil. Si colocas a un verdadero líder en cada dependencia, el resto de agentes lo seguirá, no por jerarquía, sino por su capacidad; es la diferencia entre un líder y un jefe. A través de los *Compstat* ejerció la presión suficiente para que muchos de los mandos que habían perpetuado el fallido sistema se jubilaran, haciendo des-cender la edad media de la escala de dirección de sesenta y dos a cuarenta y ocho años en poco tiempo.

En las Fuerzas y Cuerpos policiales españoles la figura del líder no solo no se potencia, sino que se persigue con todo el aparato de poder. El jefe es alguien inaccesible que rarísima vez acude a una intervención y, si lo hace, es cuando todo ha finali-zado. El mando de las escalas superiores toma las decisiones sin conocer, en ningún caso, la opinión del agente básico operativo. Una vez tomada esa decisión, será el agente quien deba acomo-darse y acomodar la situación a la orden recibida y nunca, como parece indicar el sentido común, será el jefe el que, a la vista de la información que reciba, tome o modifique su decisión.

Si en el transcurso de un servicio o una operación aparece un líder natural de entre los miembros de la escala básica o media, que se atreve a tomar decisiones en ausencia del siempre invisible jefe, que jamás está disponible para atender dudas o necesidades, amparado en el «usted es un profesional y debe saber lo que tiene que hacer», su trabajo será cuestionado con rigor cuando la actuación contradiga en lo más mínimo la idea preconcebida del superior sobre cómo debió llevarse a cabo el servicio, aunque jamás se responsabilizó de ordenarlo.

La distancia en nuestro modelo entre las líneas estratégicas y las de ejecución es abismal, un abismo en el que puedes caer tú, porque es sobre todo a ti, como ciudadano y usuario del servicio policial, a quien perjudica que las decisiones solo tengan perfil político y burocrático y no profesional y operativo.

4.   *Obstáculos políticos*

Bratton era un líder que no permitía cuestionar su autoridad, pero para permitirse tal cosa, ejercía ese liderazgo estando presente y responsabilizándose de cada orden, porque, para realizar un cambio como el que se pretendía, la perspectiva profesional debía prevalecer siempre sobre los intereses políticos. En parte, fue esa intransigencia la que le llevó a ser destituido por el alcalde Giuliani menos de tres años después de su nombramiento,[5] aunque para esa fecha el descenso de la criminalidad, sobre todo

---

[5]   Una portada en la revista *Time*, protagonizada por William Bratton y el titular: «Finalmente, estamos ganando la guerra contra el crimen», fue la gota que colmó el vaso de la vanidad del alcalde Giuliani, quien quería ser el protagonista de la batalla contra la delincuencia, y no su jefe de Policía.

de los grandes delitos, era el más pronunciado que la Policía de
Nueva York o cualquier otro departamento policial en Estados
Unidos había conocido en la historia. Afortunadamente, su propuesta le sobrevivió, logrando revertir la situación de zona de
guerra de la gran urbe en menos de diez años. En el Nueva York
de hoy sería casi imposible rodar una película como *Taxi Driver*,
pero en París o Barcelona cada vez es más fácil.

En resumen, la mayor transformación, y también la más exi-
tosa, de un modelo policial en Occidente se basó en una revolución que propició un cambio de paradigma y que se interrumpió
hace muy poco, como suele suceder, debido a decisiones políticas,
tras la presión ejercida en las calles por el movimiento Black Lives
Matter, del que hablaremos más adelante.

Sí, los políticos tienen las claves para esa transformación porque los miembros de la asociación Una Policía Para el Siglo XXI
se las dimos hace tiempo. Pero las tienen guardadas en un cajón
porque no les interesa virar, prefieren capear el temporal, aunque
la nave vaya tan escorada que el naufragio sea inevitable e inmi-
nente. No quieren cambiar este sistema porque para ellos es el
ideal; para ti y para tus hijos, tu barrio, tu ciudad, tu país, puede
estar a punto de convertirse en un infierno.

Estados Unidos representa la evolución desde un sistema fallido a un modelo de éxito a partir de los noventa, solo cercenado en
su progreso, en estos últimos años, por la aparición de movimientos como Defund The Police, caracterizado por el uso de la violencia para volver a quebrar los departamentos de policía y hacer que
el miedo a un estallido social condicione toda la operatividad,
que pasa a servir a una ideología política concreta, representada allí
por el Partido Demócrata, dejando de servir a los ciudadanos.

En el sentido contrario, las ciudades europeas comenzaron
una degradación criminal constante y sostenida en el tiempo desde la década de los noventa, que sigue hoy su firme caminar hacia
el desastre. La revolución de Bratton allí fue luego aplicada en el

resto de departamentos de Policía, lo que produjo un impacto nacional del descenso de la criminalidad nunca antes visto. Algunos han pretendido hacer creer que la criminalidad ya estaba descendiendo en Estados Unidos antes de la llegada de Bratton a Nueva York. La realidad es que los dos años anteriores a la llegada del líder policial a la Gran Manzana el crimen había descendido solo un 2 por ciento, y los dos años siguientes, tras comenzar su transformación del modelo policial, bajó el 39 por ciento, y hablamos de robos con violencia, asesinatos y violaciones.

En Europa se ha apostado por las políticas sociales como posible solución al monstruo de la criminalidad, lo mismo que se hacía en Estados Unidos en los ochenta y noventa y que ahora se pretende recuperar. Ingentes cantidades de dinero controladas por políticos a través de cientos de asociaciones y fundaciones, con miles de amigotes colocados que van convirtiendo dramas en formas de vida, y que no tienen ninguna intención de que el drama acabe, porque eso significaría dejar de cobrar la nómina.

La creencia de que la policía solo servía para perseguir el delito una vez que este se había cometido y no para prevenirlo protagonizaba todos los foros políticos americanos en aquella época, como lo hace hoy en Europa. William Bratton demostró que eso era falso. Solo el modelo policial podía revertir la espiral de violencia en una ciudad, y de esa transformación se aprovecharía luego el resto del aparato social.

Cuatro policías habían cerrado la boca a todo el *establishment* intelectual de la clase política. William Bratton como líder, Jack Maple como genio del *brainstorming*, Louis Anemone como jefe de los uniformados y experto en la idiosincrasia criminal de la ciudad de Nueva York y John Timoney como conocedor de todas las claves institucionales del departamento. Un líder innovador traído de Boston y tres policías operativos que habían pateado las calles de la ciudad en sus años más duros cambiaron la historia de la policía norteamericana.

5
PODER Y OBEDIENCIA

El ejercicio del poder es determinado por miles de
interacciones entre el mundo de los poderosos y el de los
débiles, y más aún porque estos mundos no están
divididos por una línea clara, todo el mundo tiene una
pequeña parte de sí mismo en los dos.
VÁCLAV HAVEL

Si hay algo que se haya apreciado como una de las más loables virtudes del ser humano a lo largo de los tiempos —literatura siempre y cine en la modernidad mediante—, ha sido la valentía, el carácter de ese sujeto indomable que, contra toda ley, cacique o tirano, abrazaba lo que creía una causa justa y, si hacía falta, daba la vida por ella. Podemos acordarnos de Mel Gibson, con la cara pintada en colores de guerra gritando eso de «¡jamás nos quitarán la libertad!», interpretando a un William Wallace que probablemente no fue tan noble ni honesto como lo pintan, aunque solo sea por considerar que era humano.

En fin, que la historia del hombre parecería ser una historia de libertad y bondad a fuerza de lucha contra la injusticia. Seríamos individuos solidarios que, a poco que podamos, nos rebelaremos para amparar al prójimo indefenso. Nos gusta ayudar, colaborar, participar en lo común como preludio de nuestra ansia por «formar parte de algo», pero ¡ojo!, solo si hay público mirando. En realidad, lo que nos gusta es mandar, someter, y lo que es más preocupante aún, porque no somos conscientes de ello, es que también nos apasiona obedecer.

Para reforzar esta idea hay literatura académica hasta el hastío, aunque no hace falta siquiera acudir a ella porque podemos encontrar a diario ejemplos vivos. Sin embargo, hay dos trabajos de psicología social —los conocidos experimentos de Milgram y Zimbardo— que por sus implicaciones resultaron impactantes.

Hemos dicho impactantes, pero, realmente, los resultados no eran novedosos, y solo pudieron extrañar a las mentes bienpensantes de esta gigantesca *middle class* en la que parece haberse convertido Occidente, llena de familias e individuos encantados de haberse conocido y encantados de conocer a otros —solo tan buenos como ellos o peores que ellos, nunca mejores— y que, también como ellos, idean en progre para dejar un mundo mejor, pero sin hacer nada, solo diciendo que hacen cosas. Pongámonos en situación: tras la Revolución rusa y la eliminación masiva de burgueses —identificados a veces como tales solo por no tener callos en las manos—, Stalin coge el relevo acometiendo grandes hazañas para el comunismo como, por ejemplo, matar de hambre a Ucrania (*Holodomor*). Núremberg había dejado al mundo pasmado al reflejar la dolorosa verdad de que los ciudadanos alemanes habían pasado seis años mirando a otro lado mientras se llevaban *de paseo* a sus vecinos de rellano judíos. Incluso los civilizados americanos, tras el bombardeo de Pearl Harbor, concentraron en campos a los japoneses que vivían en su suelo desde hacía décadas. Con el fin de las guerras mundiales, parece que la humanidad habría aprendido algo, pero la Guerra Fría fue un marco inmejorable para la promoción de dictaduras y nuevas violencias. Ernesto Guevara, niño rico con Rolex en la muñeca metido a revolucionario —no falla—, sembraba el terror y encerraba a *maricones* en campos de trabajo como el de Guanahacabibes. Su amigo Fidel, otro demócrata convencido, se preparaba para lograr que su pueblo no volviera a tener unas elecciones libres mientras él viviera, y después tampoco.

Dos inquietantes experimentos

Así las cosas, en 1963, al señor Milgram, psicólogo nacido en Nueva York y graduado nada menos que en Harvard, se le ocurrió dar fe de lo que ya imaginaba: que cuando se tiene poder, se ejerce, y que, cuando vienen mal dadas, el ser humano evita siempre la responsabilidad de sus propios actos y echa balones fuera atribuyendo la culpa a otros. Para la *performance* contrató a una serie de personas, sin importar condición social o cultural, con el fin de que frieran a descargas eléctricas a un desconocido, hasta la muerte si era preciso.

Al señor Zimbardo, también psicólogo y también neoyorquino, pero de Yale, se le ocurrió pocos años más tarde practicar una suerte de juego de rol para el que seleccionó a un grupo de universitarios. Los dividió en dos grupos: presos y guardias, y los metió en una cárcel. La prisión era ficticia y los participantes lo sabían, las descargas eléctricas de Milgram también lo eran, pero en la prueba de Zimbardo los participantes no lo sabían. Ambos experimentos fueron un desvarío y un desastre ético y moral, pero, como demostración empírica de la miserable realidad que oculta la psique y condición del que llamamos bípedo más inteligente de la Tierra, fueron un éxito.

El experimento de Philip Zimbardo en la cárcel ficticia de la Universidad de Stanford (California) podría definirse como un estudio del comportamiento humano ante situaciones extremas. O como el mismo autor describió, «el estudio de cómo actúan buenas personas al enfrentarse a una mala situación». Aunque ya te lo decimos, la situación no era tan mala, la volvieron mala.

No cabe un resumen demasiado amplio del experimento, pero dos grupos de individuos, seleccionados de entre aquellos que son aparentemente normales —se excluyeron sujetos con patologías o condicionantes previos que pudieran motivar conductas desviadas—, fueron introducidos en un ambiente que les era ajeno y que, por definición, además, era hostil: una prisión. A tales especímenes —dejan de ser simples sujetos al ser sometidos a estudio— se les asignaron roles diferentes. De poder a los carceleros, de sumisión a los presos. Ambos grupos olvidaron rápidamente su procedencia para asumir de inmediato su papel y convertirse en sádicos, en el primer caso, y personas volubles, si no anuladas, en el segundo.

El experimento fue patrocinado por el Gobierno americano, probablemente para estudiar el comportamiento de los reclusos y ejercer técnicas de control en el sistema penal del cuerpo de marines y, a su vez, extrapolarlo al sistema penitenciario general.

Torturas, vejaciones, humillaciones…, los seleccionados como guardias se emplearon a fondo en cumplir unas normas que ni siquiera estaban escritas, inventando nuevas rutinas que no tenían más aplicación práctica que la del sometimiento. Este grupo, con las tensiones propias de la determinación del liderazgo, fue cohesionándose y aumentando su capacidad de poder y su facultad para infligir castigos. Al mismo tiempo, el grupo de los seleccionados como presos manifestaba conductas cada vez más mezquinas y cobardes, en las que el individuo empezaba a separarse del grupo. Hubo algún conato de motín, pero antes de ser sofocado por la acción de los guardias, ya predominaba el interés particular por encima del bien común, puesto que la mayoría temía encabezar la revuelta por miedo al castigo. No faltaron tampoco los chivatos que, solo por conseguir el favor de los guardias, vendieron a sus compañeros.

Lo de Milgram era mucho más prosaico, pero, a la vez, mucho más terrorífico. Seleccionó a unos individuos normales, con vidas y trabajos normales y se les hizo creer que al otro lado de la pared había un semejante al que habían podido conocer previamente y al que, durante el experimento, e inmovilizado en una silla, no podrían ver pero sí oír, mientras le administraban descargas eléctricas de intensidad creciente y potencialmente mortales, si es que no acertaba las preguntas que se le formulaban.

Sí, es lo que imaginas. La mayoría se hinchó a aplicar descargas sin hacer preguntas. Al otro lado de la pared se escuchaban los chillidos de dolor y las súplicas para que cesara la agonía. Más de la mitad de los participantes se afanaron en dar al botón de la descarga y, los que dudaban, apartaban sus recelos, empatía y debate interno en el momento en que el director del experimento les decía «debe usted continuar».[1]

En nuestra opinión, y no olvidemos que todo lo escrito aquí es subjetivo, la valoración que se pueda dar a estos experimentos no es más importante que la que se podría dar a cualquier actuación vital de un individuo o grupo que hubiera sido registrada o grabada por cualquier medio. Tenemos cientos de ejemplos diarios, aunque no queramos verlo o no nos causen tanto estupor ni nos escandalicen como parecen hacerlo estos trabajos radicales de la psicología social.

La pesadilla de Vancouver

Personas de las llamadas «normales» ejercen presión extrema y hasta violencia en determinados hechos cotidianos desde el mismo momento en que los individuos son segregados en bandos enfrentados. En una huelga, determinados piquetes informativos amenazan a sus compañeros, con los que a diario mantienen una relación normal, llegando incluso a agredirles o incendiar sus vehículos y comercios. En una manifestación, jóvenes de familias ordinarias y estructuradas arrojan objetos y cócteles incendiarios a la policía.

---

[1] Thomas Blass (Universidad de Maryland), en Metaestudio, 1999, determinó que aproximadamente el 66 por ciento de los participantes llegaba a aplicar descargas con voltaje doloroso o potencialmente mortal.

Un ejemplo paradigmático de personas normales asumiendo roles impropios lo encontramos en los disturbios de Vancouver en 2011. Tras un partido de *hockey*, personas de muy diversos orígenes sociales y económicos, culturas o etnias se lanzaron a una orgía de destrucción a lo largo y ancho de la ciudad, sobre todo en su centro comercial y financiero. Se atacó de forma indiscriminada la propiedad ajena y se agredió a personas completamente inocentes por el mero hecho de pertenecer al equipo contrario y, en algunos casos, solo por pasar por allí. Se incendiaron coches de policía y particulares, taxis y vehículos comerciales, se saquearon comercios y se allanaron domicilios. Más de una veintena de personas resultaron apuñaladas y casi cien precisaron tratamiento quirúrgico.

¿Por qué ocurrió aquello? se preguntó todo el mundo al día siguiente. Las respuestas que dan medios, políticos y ciudadanos bien intencionados siempre son las mismas: rivalidad entre equipos, brutalidad policial que desencadena más violencia, pobreza estructural, falta de oportunidades... los mismos argumentos falaces que se repiten desde los años sesenta, cargados con la causa ideológica de moda en el momento.

La respuesta desde la criminología, la psicología y el estudio de la sociedad nos indica algo bien distinto, aunque no excluyente. Ejercieron la violencia porque podían. Porque eran el grupo de poder y tenían libertad para hacerlo; porque disgregaban y difuminaban en la masa la responsabilidad individual y, por supuesto, porque nadie fue capaz de controlar tales acciones por miedo al «qué dirán mañana los medios» o por temor a que el jefe político y el mando policial buscasen una cabeza de turco a la que arrancar los galones y destituir. Siempre es lo mismo. Vancouver, París, Berlín, Bilbao o Barcelona.

Actuar antes de que la semilla de la violencia germine no tiene repercusión mediática ni política. Nadie puede vender que la presencia o la acción policial han evitado un número indeterminado de disturbios. Actuar antes de que la *kale borroka* incendiara los cascos antiguos del País Vasco no tenía ningún beneficio político, como no lo tenía actuar antes de que el movimiento independentista coartara los derechos y libertades de todos los catalanes al sabotear vías férreas o al cortar autopistas. Incluso cuando el mal estuvo consumado tampoco tuvo beneficio político hacerlo, y por eso no se hizo.

De igual modo, actuar sobre las bandas latinas en los parques de Madrid no tenía ningún beneficio para los mandos y los políticos, las acciones delictivas ni siquiera tenían reflejo en los datos de criminalidad. Enfrentarse al problema utilizando una estrategia policial contundente solo podía tener coste: acusaciones de racismo institucional, brutalidad policial si se llegara a utilizar la fuerza o titulares mediáticos del tipo: «Seis furgonetas de antidisturbios armados hasta los dientes para una pandilla de amigos que habían solicitado unos euros a unos chicos del barrio por jugar en la cancha de fútbol». Solo imagina las explicaciones que iba a tener que dar el mando de turno al político de turno, y el político de turno a la prensa. Demasiados dolores de cabeza, «nada que ver, todo está bien». Es más conveniente que sigan allí… marcando territorio, escalando en la violencia. ¿Por qué? Porque pueden. Porque les dejamos.

El ser humano como agente anónimo dentro de un grupo no suele acatar la autoridad ni la ley, salvo que se vea en una clara situación de desventaja numérica y perciba, de forma inequívoca, que el grupo oponente que representa esa autoridad o el imperio de la ley está dispuesto a emplearse con la mayor contundencia. De lo contrario, tampoco. No hay sometimiento al orden, la jerarquía o la autoridad. Solo hay sometimiento al castigo. Si no hay coste, hay recompensa.

El ser humano nace sin valores y, como animal que es, tratará de erigirse como el sujeto dominante entre sus semejantes. Primero amparado en el grupo para someter a otros grupos menos capacitados, y después, dentro de ese grupo, intentará alcanzar el liderazgo. Excepción hecha del sujeto ruin y débil que prefiere cobijarse a la sombra del líder, paraguas que le cubrirá cuando sus decisiones sean cuestionables. Los fundamentos del comportamiento humano no pueden entenderse sino como aquellas pautas innatas, y más tarde adquiridas, que marcan nuestra forma de actuar ante situaciones ambivalentes.

Puede ser que el estudio tratara de comprender la autoselección, que intentara justificar, de algún modo, que si los presos actúan mal es porque los guardias los maltratan, y puede que los guardias ejerzan violencia contra los presos porque estos se comportan indebidamente. Puede que ni una cosa ni otra. Los carceleros actuaron de ese modo porque son humanos y se comportaron al dictado de su instinto más primitivo. Si se les hubiera educado para ser guardias de prisión, nunca hubieran actuado así. Si los presos se sometieron fue porque a ellos sí se les enseñó a ser presos, ya que, a diferencia de los carceleros del experimento, a los que únicamente se les entregó un atuendo de policía barato de atrezo, a los presos se les instruyó, sin saberlo, en el hecho de ser sujetos carcelarios. Aunque sabían que iban a participar en el estudio, se les detuvo sin previo aviso y sin explicación. Se les sometió a un proceso real de reseña policial —la mayoría de los presos del estudio pensaron que se les estaba deteniendo realmente y que aquello no guardaba relación con el experimento con el que habían mostrado su conformidad hasta que llegaron a las instalaciones de Stanford—.

Hoy, el nivel de formación de los funcionarios de prisiones en las democracias occidentales es sumamente elevado y los mecanismos de control, exhaustivos. Los controladores han recibido una alta instrucción dirigida a la ejecución de sus cometidos bajo estrictos parámetros legales, sobre todo en lo referido al respeto de los derechos fundamentales, lo que ha supuesto un cambio radical en la gestión de los establecimientos penales. Las dinámi-

cas que muestran los prisioneros, por el contrario, no han varia-
do en el último medio siglo. Cambia el control, no el controlado.
Este solo se adapta a la situación e intenta eludir la vigilancia.

La obediencia debida

No obstante, la intención de este capítulo no es evaluar el trabajo del controlador profesional —policías, funcionarios o vigilantes—, sino poner en cuestión qué grado de poder y resistencia
ante ese control puede llegar a ejercer un ciudadano anónimo,
sin características especiales. Si empezábamos el capítulo afirmando que nos gusta mandar, someter y al mismo tiempo obedecer, es porque no hay estudios suficientes que superen los hitos
históricos que hemos vivido y vivimos. Los hechos cotidianos
demuestran que gran parte de nuestra vida la pasamos fingiendo
hacer el bien y adhiriéndonos de puertas afuera a cualquier causa solidaria —sobre todo en la era de las nuevas tecnologías y las
redes sociales—, pero cuando nuestro salario, fama, situación
laboral o cualquier otra circunstancia depende de pisar a un tercero, no dudamos en hacerlo o en aprovecharnos de él. Si la cosa
se tuerce, podremos culpar a la situación social, al grupo o al
socorrido «recibía órdenes». ¿Es por tanto cuestión de la situación a la que nos vamos a enfrentar? Es más bien cuestión de la
persona que se enfrenta a la situación.

«Recibía órdenes» fue la expresión más reiterada en los juicios de Núremberg. Tras aquel proceso quedó invalidado el concepto de la obediencia debida, pero casi un siglo después, encontramos mandos que emiten órdenes cuanto menos discutibles
que se niegan a dar por escrito, y subordinados que las acatan sin
cuestionar absolutamente nada. Cuando toca dar explicaciones a
su señoría, eso de «me lo ordenó el capitán» ya no sirve como
excusa para eludir la responsabilidad.

Y esto es aplicable mucho más allá. Durante el juicio por la masacre del 11-M, los policías de las escalas básicas explicaban detalladamente cuál había sido su actuación y a quién habían dado cuenta de ella. Los mandos policiales acudían cada dos por tres a mandos por encima de ellos para eludir su responsabilidad, con expresiones del tipo: «Por orden de la superioridad». Es evidente que un mando está mucho más institucionalizado que un policía, que apenas ha estado bajo control oficial en la academia unos meses. Después, el sistema ya no ejerce su influencia sobre él de forma intensiva. Es la calle su mejor escuela, la que le da los conocimientos.

No podemos saber si los fundamentos de estos experimentos de psicología social eran éticos desde su génesis, surgieron condicionantes que los corrompieron o sencillamente se intentó disfrazar de ciencia la demostración de la maldad humana. Hemos de referir todo esto para enfrentarnos a lo que de relato queda. Al parecer, somos malos a la fuerza si no se nos da una oportunidad para hacer el bien o si no se nos educa para hacer el bien y practicarlo a pesar de que, en nuestro fondo más íntimo, tengamos ganas de hacer lo contario. Esto es, fundamentalmente, lo que se enseña y se aprende en cualquier academia militar o en cualquier academia de las Fuerzas y Cuerpos de Seguridad. Respeto a la ley, a los valores y a los derechos y deberes constitucionales.

Si de algo se ha acusado históricamente en España a los militares, policías y guardias civiles es de obedecer sin reservas al poder. Esto tiene muchos matices, pero en su base es cierto. Las Fuerzas y Cuerpos de Seguridad deben respetar las leyes sin mostrar opinión política. Esta premisa es fundamental para que sus agentes uniformen sus conductas y no actúen al arbitrio de su sesgo particular, y para que los jefes se comporten con parámetros democráticos, evitando ser dirigidos por políticos cuyo interés solo es partidista, o para impedir que algún alto mando caiga en la tentación de creer que puede dirigir con mano de hierro los destinos de su pueblo.

¿Qué ocurre cuando la moral individual no coincide con unas órdenes dictadas para sostener algo que nada tiene que ver con los fundamentos de la profesión policial? ¿Qué ocurre cuando los que dan las órdenes tienen ya una desconexión total con sus subordinados y con la ética profesional, están dirigidos obscenamente por los mismos políticos que los elevaron en la cadena de mando o rendidos al único fin de conseguir objetivos numéricos y acumular distinciones para llegar a la cumbre de la pirámide?

Pues sucede algo tan sencillo y lógico como que, al principio, esas órdenes se obedecen por respeto y lealtad a la jerarquía y a la creencia de que la superioridad tiene un plan y cuenta con información que las escalas básicas desconocen, pero conforme se avanza en el conocimiento y esas bases están, en muchos casos, académicamente más formadas que los escalones de mando, las órdenes solo se acatan por miedo al régimen disciplinario. Al final, cuando en nada coinciden con los principios morales del agente de base, se cuestionan y se dejan de cumplir. Comprobar que gran parte de lo que una persona ha aprendido en su niñez, en su educación, en el periodo de formación en una academia policial y, más tarde, en la práctica profesional, no era del todo cierta genera desconfianza y altas dosis de frustración. La mayoría de los agentes de campo opta entonces por la motivación evitativa, por hacer poco o nada, por ir a cambiar horas por dinero, por no meterse en líos. Solamente unos pocos optan por la rebeldía, son esos a los que Jack Maple denominaba el «*ten per cent*». Un 10 por ciento de personas que en toda organización van un poco más allá en su implicación y están dispuestas a cambiar las cosas.[2] Maple, quien probablemente fuera el policía más

---

[2] Jack Maple y Chris Mitchell, *The Crime Fighter*, Bantam Double-day Dell, Nueva York, 1999, pág. 7.

brillante del siglo xx, añadía que ese 10 por ciento suele hacer el 90 por ciento del trabajo y, añadiríamos nosotros también se lleva el 90 por ciento de las bofetadas (o más) y el diez por ciento de las recompensas (o menos).

No hay que confundir rebeldía con influencia ideológica. Como ciudadanos, tenemos ideología y opinión política —y cada vez somos más los que no tenemos miedo a mostrarla en público—; como policías, no. Durante la pandemia del covid-19 mucha gente quiso que los policías desobedecieran lo que ellos llamaban órdenes ilegales, sin pararse a pensar que no eran órdenes, eran leyes; mezquinas y miserables, sí, pero leyes. Y sí, muchos defendimos que serían anuladas por el Tribunal Constitucional, pero como policías no podíamos dejar de hacerlas cumplir hasta que eso ocurriera, ya que, en ese momento, eran legales. La ilegalidad de la norma no se decreta en Twitter. Que el Constitucional tardara dos años en decidir no es culpa de los policías. El único límite a la obediencia a la ley se encuentra en el derecho natural: si una ley me dice que mate judíos no lo haré, si me dice que robe tampoco, pero si me dice que realice controles perimetrales dentro del contexto de un estado de alarma por una alerta sanitaria con miles de muertos, debo hacerlo, aunque me disguste; al menos hasta que un tribunal declare esa norma como ilegal.

Famosas fueron tres intervenciones policiales por entradas a domicilios motivadas por ruidos y fiestas ilegales, tras las llamadas de varios vecinos que no podían descansar, algunos de ellos desde hacía varios días. El populismo punitivo se soltó la melena en la red para intentar vincular, por razones políticas, esas entradas con estrategias ministeriales. Los policías operativos tomamos decisiones sobre el terreno, a veces nos equivocamos, pero un policía un sábado a las tres de la mañana no recibe ninguna orden política de nadie, ni siquiera de sus jefes directos, porque no están, todos duermen durante las noches de fin de semana. La decisión de entrar en un domicilio, acertada o no, es exclusiva de los actuantes, y no se les puede asesinar públicamente por razones ideológicas. De las tres entradas, una en Mallorca y dos en Madrid, dos han sido ya sustanciadas judicialmente con condenas por desobediencia y sin reproche alguno a la actuación policial. Nadie ha pedido perdón a esos agentes que durante días fueron vilipendiados en todas las redes sociales. La tercera y más aparatosa, pues la entrada por la fuerza se produjo utilizando un ariete, sigue hoy su curso en los tribunales, ya que después de que tanto el juez de guardia como el de instrucción validaran la actuación policial e imputaran por desobediencia a los implicados en las fiestas, una instancia superior, la Audiencia Provincial, ha ordenado que el procedimiento se dirija contra los policías que actualmente están siendo investigados.

Esos policías actuaron con un solo *leit motiv*: no en mi turno. No saben nada de órdenes políticas y, a esa hora de la madrugada, ni las piden ni las aceptan. Siempre han estado solos ante las decisiones difíciles, ya saben de qué va esto. Podrán equivocarse o no, pero mañana, si escuchan gritar a tu hija detrás de una puerta, son el tipo de policías que no dudarán un segundo en tirarla abajo. Si dentro tu hija estaba siendo forzada sexualmente, les abrazarás y les darás las gracias entre lágrimas. Si solo había una fiesta que se estaba yendo de madre, les llamarás de todo y te querellarás contra ellos. Es su sino, ya lo saben.

La involuntaria confesión de un general

No somos la policía de nadie, no podemos ser la policía de nadie, y en esa tarea tan importante para una democracia, a veces tocará hacer cosas que no nos gusten o con las que no estamos de acuerdo y asumir que nos van a llamar de todo por ello; con toda la razón desde la perspectiva de un ciudadano, harto ya de atropellos.

«Trabajamos en minimizar el clima contrario al Gobierno». ¿Recuerdas? Estas fueron las palabras pronunciadas por un general de Estado Mayor de la Guardia Civil, el 19 de abril de 2020, en plena crisis del coronavirus. En concreto, y por ser escrupulosamente fieles, dijo: «Estamos trabajando con nuestros especialistas en dos direcciones. Una es a través de la Jefatura de Información para evitar el estrés social que están produciendo toda una serie de bulos» y «otra de las líneas de trabajo es minimizar ese clima contrario a la gestión de la crisis por parte del gobierno». Aunque casi nadie se acuerda ya de esto, es uno de los hechos más graves de la historia de la democracia. Toda aquella *serie de bulos* referidos a la pandemia contra los que se supone luchaba el Gobierno resultaron no serlo tanto; de facto, el mayor bulo era el propio Gobierno. Pero sí quedó de manifiesto que la Administración manipulaba la información que dirigía a la sociedad. Todos lo sabemos, aunque algunos traten de seguir creyendo que afirmar tal cosa es pura teoría de la conspiración.

Lo novedoso era que, por primera vez en la historia, un alto mando militar y policial reconocía que esto era así, y que las fuerzas de seguridad se ocupaban de ello. Respondiendo a una pregunta espontánea, sin leer el guion que traía escrito, la frase salió de su boca con total naturalidad. Tan espontánea y convencida que el general ni siquiera al terminar de hablar fue consciente de la barbaridad que había dicho.

Una afirmación de tal calado debería haber hecho saltar por los aires los cimientos de nuestro sistema democrático, pero solo el grupo político Vox y muy pocas figuras destacadas del PP pusieron el grito en el cielo. El resto de partidos solo templó gaitas. La realidad es que todo pasó absolutamente desapercibido para el común de la población, aterrorizada en su casa y sometida a arbitrariedades nunca vistas fuera de una dictadura. Ocupó un par de ediciones de noticiarios, fue pasto de consumo rápido en redes sociales y de más rápido olvido. La mayoría de los miembros de la Guardia Civil, sobre todo del empleo de comandante hacia abajo en el escalafón, no lo han olvidado aún.

Los perfiles de Twitter, grupos de WhatsApp y canales de Telegram compuestos por profesionales de la seguridad ardieron en una ola de indignación sin precedentes. Si la tarea de vigilar y guardar el orden es compleja *per se*, esto dejaba a las claras que las estrategias no estaban orientadas a proteger a los ciudadanos, sino a estructuras de poder. ¡No estábamos locos! Una asociación como Una Policía Para el Siglo XXI, que lleva años sosteniendo este mensaje, no estaba tan equivocada. ¿Qué ciudadano honrado puede confiar en una policía cuya tarea es gestionar información y administrarla a criterio del gerifalte de turno? No solo quedaba a los pies de los caballos una institución como la Guardia Civil, sino toda una profesión dedicada a la protección de la ciudadanía y al cumplimiento de la ley pura.

El duro trabajo antes y durante la pandemia de cientos de miles de mujeres y hombres que forman las fuerzas de seguridad había quedado empañado, y cualquier otro que se realizara después, comprometido por diez segundos de intervención de un mando que debería ser un policía, pero es un político. Una intervención que de haberla realizado un sargento, un inspector o un agente de escala básica hubiera supuesto su inmediato cese y la apertura de un expediente disciplinario, como mínimo.

A partir de ahí, policías que en lo más cruel de la pandemia habían visto morir a mucha gente, que habían hecho de sus vehículos improvisadas ambulancias ante el desbordamiento del sistema, que habían llevado en volandas a pacientes con 40 de fiebre y vómitos por pasillos de hospitales repletos de gente tirada en el suelo veían cómo la propia ciudadanía se volvía contra ellos. La apelación a que en la Alemania nazi o en los Estados Unidos de la segregación racial también los agentes hacían cumplir las leyes pretendía establecer una comparación grotesca donde se confundían normas ilegales con leyes amorales. Se pre-

tendía, como dijimos unas líneas más arriba, que la inconstitu-
cionalidad de la norma fuera decretada en Twitter, y no por el
Tribunal Constitucional, que con su demora en la resolución
permitió durante meses un estado de excepción encubierto,
perpetrado por un Gobierno que tenía entre sus miembros a
varios adoradores de dictaduras y no de las de hace un siglo, sino
de las actuales.

El poder utiliza cada cierto tiempo una táctica que podríamos denominar *lucha entre iguales*, donde, para desviar la responsabilidad y desviar la atención de quien de verdad es responsable
de las estrategias, se consigue que el pueblo se vuelva contra el
pueblo. Que el frutero acabe peleándose con su cliente, que es
el mismo que lleva comprando su género una década, porque no
se ha vacunado o no quiere usar gel hidroalcohólico, o que el
camionero acabe insultando y enfrentándose al policía, que es su
vecino, porque no le ha dejado salir de casa.

Un agente de la ley o un vigilante no pueden acudir a un
supermercado, donde un anciano que ha perdido a su mujer por
el virus les ha requerido porque hay un adulto sin mascarilla, e
irse de allí sin actuar, dejando al anciano con la cara desencajada
y al adulto incumpliendo una ley vigente, solo porque crea que
esa norma es injusta. Muchos policías también creíamos que esas
leyes eran injustas, pero somos conscientes de los riesgos que
tiene para una democracia cumplir o hacer cumplir solo las leyes
que nos parezcan bien.

Las preguntas y las respuestas nunca están en el policía operativo al que acabas insultando y que mañana se jugaría la vida
por ti sin dudar. Los que marcan el paso están encantados de que
la ira se dirija hacia aquellos, porque ellos, encerrados en sus
despachos de poder, jamás te van a tener delante. La actuación de
miles de policías operativos durante el tiempo que duraron las
restricciones fue, sobre todo, de compresión; sin que eso signifi-
que que no haya habido personas encantadas de llenar los estadi-

llos de estadísticas de los jefes para asegurarse un mejor futuro profesional, o que las diferentes direcciones de policías de todos los cuerpos montaran gigantescos controles propagandísticos o sacaran el helicóptero para perseguir a un bañista solitario en una playa. Estadísticas y propaganda. Hay que cambiar el modelo, no insultar al policía de tu barrio.

El poder recurre a la ultraizquierda

El 16 de octubre de 2019, mientras la ciudad de Barcelona ardía en llamas presa de la ira de los CDR independentistas, el *establishment* se reunía en la gala de los premios literarios Planeta. Desde la montaña de Montjuic, se podía ver el fuego de las barricadas. Allí estaban Ada Colau, José Montilla, Artur Mas, Meritxell Batet y Carmen Calvo bebiendo champán y contemplando su obra: convencer a la parte más manipulable de cada generación para que crean que están luchando para cambiar las cosas, cuando en realidad están allí para que nada cambie. Ciudadanos corrientes, la mayoría jóvenes intelectualmente adoctrinados y anestesiados, que se enfrentaban a otros ciudadanos corrientes, los policías. Una lucha entre iguales que siempre beneficia al poder.

Los grupos de poder económico mundiales, hasta hace unas décadas tradicionalmente apegados a los partidos conservadores, entendieron no hace mucho que en un mundo lleno de nuevas autopistas de información, con un poder inmediato de convocatoria, debían controlar la disidencia, para lo que comenzaron a financiar a líderes y organizaciones de extrema izquierda —los que mejor controlan las masas violentas—, con el objetivo de que el golpe se lo llevaran policías, vecinos y mobiliario urbano, y no ellos. Mientras la disidencia fuera la de los cócteles molotov, no habría problemas. La que no financian nunca es la disidencia de las ideas, la que les haría daño de verdad. A los que tienen ideología al margen de los mantras unívocos e indiscutibles del nuevo milenio se les señala como fachas, racistas o cualquier otra cosa que se les ocurra. Los CDR[3] son los niños mimados del poder catalán, los que campan a sus anchas cortando las calles de Cataluña y decidiendo quién pasa y quién no, con total impunidad. De la misma forma que la organización Black Lives Matter está financiada por los grandes conglomerados económicos norteamericanos. Se creen salvadores, humanos comprometidos con causas nobles, aunque son solo tristes peones de una disidencia controlada que siguen una agenda.

Pero no nos desviemos de la cuestión. ¿Es posible que una de las nuevas grandes revoluciones, o al menos un movimiento suficientemente importante como para que cambie parte del paradigma social, provenga de las Fuerzas y Cuerpos de Seguridad? Parece que en toda Europa comienza a ser así. Aunque en los últimos dos años de pandemia los medios muestran sobre todo a policías que cumplen a rajatabla las directrices de los gobiernos, muchas veces absolutamente disparatadas e infundadas, cada vez son más los individuos dentro de los cuerpos policiales que están hartos de dar soporte al mensaje político, en especial cuanto más se aparta aquel de la ética del agente. En este tiempo hemos visto a la sociedad partirse en dos bandos y, como no puede ser de otra forma, también a quienes componen las Fuerzas y Cuerpos de Seguridad. Como en la sociedad, entre los agentes del orden hay sujetos dispuestos a obedecer los dictados de cualquiera con aparente autoridad —la inmensa mayoría de la escala de mando—, aunque una semana antes afirmara una cosa y dos días después la contraria, y sujetos dispuestos a poner en discusión tal orden —casi todos policías operativos, que arriesgan dentro y fuera de su trabajo—. Este cuestionamiento no nace solo de la disonancia entre moral y orden, sino de la cambiante base legal que,

---

[3] Comités de Defensa de la República.

sin fundamento jurídico suficiente, es alterada con el devenir de los días y las semanas por el simple interés del mandamás.

Una mayoría crédula

Un profesional formado para hacer cumplir la ley encuentra serias dificultades éticas en impedir a un ciudadano ejercer sus derechos fundamentales, pero puede llegar a hacerlo si cree que sirve a un interés superior —la lucha contra la pandemia, por ejemplo—. Acepta la orden en el convencimiento de que los expertos de los que le han hablado saben más que él de salud. La acepta, aunque el sentido común le diga otra cosa. Aunque sea licenciado en Derecho, porque, al fin y al cabo, él es policía y entiende que diputados, senadores, abogados del Estado, juristas, tertulianos y Jueces para la Democracia probablemente sepan más que él. Después se da cuenta de que todo ha sido una farsa y que se ha detenido a personas por salir a la calle a correr, se ha denunciado a vecinos por pasear al perro a cien metros de su casa o se ha prohibido a familias reunirse en un entierro. Todo en el siglo XXI, en democracia, dentro de la Constitución y con el aplauso de cientos de miles de ciudadanos. Porque hay que decirlo alto y claro, cuando muchos de los personajes mediáticos que con más vehemencia se han enfrentado a las directrices del gobierno durante la pandemia, nos acusaban de *estar en contra del pueblo*, estaban cometiendo un error infantil. La inmensa mayoría del pueblo acataba las órdenes hasta el punto de que en periodos donde se relajó el uso de mascarilla, la gente la seguía llevando en masa, y esa gente también era *pueblo*. Los que llamaban cada dos por tres a números policiales porque había alguien incumpliendo las normas en algún sitio —avisos que son de obligada atención para una patrulla una vez asignados desde la sala de operaciones, y de los que al finalizar la actuación debes comunicar el resultado—, también eran *pueblo*. No se puede hablar en nombre del pueblo nunca, a no ser que hayas hablado directamente con los 45 millones de españoles para preguntarles su opinión, que no debe ser el caso. A la gente le gusta el poder, pero también obedecer sin hacer preguntas, como demuestran los experimentos de psicología social.

Todo esto generó no pocas discusiones entre agentes. Dentro de las unidades había una enorme disparidad de criterios. Criterios que en ningún caso fueron atendidos por ningún superior. «Remítase al decreto y nada más». Decretos ambiguos, carentes de sentido y, como ahora sabemos, inconstitucionales. Nuevamente, nadie ha pagado por aquello.

Situaciones como las descritas son una de las razones por las que al poder no le interesa tener policías de base bien formados, de modo que, en las academias policiales, todo se circunscribe a procesos memorísticos: absorber y repetir temarios, escuchar y obedecer. No hacerte preguntas, no discutir, suprimir todo rastro de creatividad. Reproducir el temario, tal cual. Llevar a cabo lo que ordena el mando, tal cual. Cuanto más formada está la base de las Fuerzas y Cuerpos de Seguridad, mayor es la cooperación y la especialización, con un claro impacto positivo en el servicio al ciudadano, y mayor es también la oposición abierta a la jerarquía del *ordeno y mando*, con un claro efecto negativo en el servicio al poder. El problema para este último es que desde hace años cientos de policías se forman por su cuenta, gastando tiempo y dinero de su bolsillo, convirtiéndose en policías incómodos para sus mandos: rebeldes. De esos que quieren trabajar para la gente y no para los números. El señor intendente no está contento. El capitán le rebaja medio punto en su ya baja evaluación como aviso a navegantes.

Estamos por primera vez en nuestra historia ante un hecho paradójico: las escalas básicas e intermedias de los cuerpos policiales tienen más preparación académica, más capacidad y conocimientos de ciencia policial —y por supuesto más experiencia operativa— que la escala de mando. Hasta tal punto esto les está poniendo nerviosos que en la Policía Nacional se afanaron por regalar grados universitarios a sus mandos superiores ante las carencias académicas de estos, en otro caso de presunta corrupción que acabó en los tribunales.[4]

Josema siempre recuerda cuando, al inicio de su carrera profesional, tenía que ir a la facultad sin dormir, al finalizar su servicio nocturno, y un sabio veterano, que había conseguido tener una trayectoria profesional notable con numerosos ascensos, le decía: «Te lo digo por tu bien y porque te aprecio, deja de estudiar eso, déjate de gaitas. Zapatos limpios, gorra puesta, siempre bien afeitado y sí a todo. Es la única forma de progresar aquí. Si sigues así, no llegarás a ninguna parte».

Los años 2020 y 2021 han cambiado para mal la vida de cientos de millones de personas. También han cambiado las de miles de políticos en los gobiernos, jerarcas, lobistas, ceos corporativos y medradores profesionales, pero en estos casos para ver aumentado exponencialmente su poder, influencia y capital. El ciudadano, el funcionario leal que juró o prometió trabajar por el bien común, el policía que dejó pasar a aquella chica que iba a ver a su madre, el profesional sanitario que se atrevió a decir al principio que aquello *era mucho más que una gripe* y al final que *ahora sí es como una gripe* y salió del ciclo de histeria generado por el poder, la profesora a la que no le importó seguir dando clase aunque sus alumnos no llevaran mascarilla, mientras sus compañeras protestaban en televisión porque los niños no usaban esa protección al tiempo que no tenían ningún problema en reunir-

---

[4] En el año 2020, doscientos mandos policiales obtuvieron un Grado universitario en Criminología en la Universidad Rey Juan Carlos de Madrid con un curso de apenas nueve meses y a distancia. El inspector que denunció los hechos acabó retirando *in extremis* y misteriosamente la denuncia.

se en la sala de profesores a tomar café, todos ellos, han sufrido una de las mayores crisis de fe de su historia personal. Hay un grupo que ya no cree en nada y otro grupo dispuesto a creerlo todo y no cuestionar nada, deseoso de ser sometido y someter al que escape al discurso. Porque nadie discute el discurso. ¿Nadie?

Cuando pasas varios años preparando una oposición para el trabajo con el que habías soñado —ser policía—, cuando después del esfuerzo accedes y eres formado durante meses en los valores de igualdad y justicia, aprendes a servir y proteger o a saludar militarmente al mando como muestra de respeto al que ha luchado antes que tú y te supera en experiencia, enfrentarte a una realidad por completo ajena a la que esperas es una de las experiencias más traumáticas que puede haber. Todavía más si existe un compromiso fuerte con el ideal. Quien nunca creyó en ningún valor, sino en su inmediato interés, no tiene que superar ninguna disonancia cognitiva. Todo le va bien, llegará lejos o se irá sin pena ni gloria.

Si a estas alturas copiáramos aquí las letras de los himnos de la Policía Nacional y la Guardia Civil, el lector podría valorar cuánto de lo que contienen ha quedado desvirtuado y relegado a huecas palabras adornadas con música para actos y desfiles, cuyo único fin es el lucimiento de comisarios y generales, aderezado con la propaganda en forma de discurso de la autoridad de turno.

Lo mires como lo mires, el humano que no está llamado a liderar lo está a obedecer. Muy pocos son los que cumplen la importante función de pertenecer neutralmente a la sociedad, limitándose a tratar de actuar con justicia y equidad. Plantear un debate psicológico de cómo se inician los procesos mentales que motivan a las personas a conducirse como lo hacen es una tarea que debemos dejar a los profesionales. Vemos ejemplos de conductas que generan sumisión y, al mismo tiempo, producen en las personas que ostentan cargos y responsabilidades actitudes que terminan por ser despóticas. Estos procesos prolongan el *statu quo* de las anquilosadas instituciones y convierten a personas que incluso eran normales en sujetos cobardes, timoratos y mezquinos, cuando no en psicópatas o tiranos.

Cuando se estudian los periodos oscuros de la historia, aquellos en los que matar era tan rutinario como lo es hoy comer pipas, siempre se llega a la misma conclusión: nadie se siente culpable, siempre era otro el responsable que daba las órdenes, siempre era por obediencia. Hasta los procesos de Núremberg esto no se acreditó de forma empírica y sistemática.

Al margen de regímenes dictatoriales o experimentos sociales, son múltiples los ejemplos del día a día. Si tienes un problema en un restaurante de comida rápida, el empleado no sabe o no contesta, solo se remite al encargado, que tampoco aporta ninguna solución y no es capaz o no tiene forma de contactar con su jefe, quien ha abierto la franquicia. Evidentemente, este no está para escuchar las bobadas de un tipo incapaz de tomar una decisión que, en el peor de los casos, consistiría en dejar contento a un cliente dándole otra bolsa de patatas fritas más crujientes. No solo no te dará las patatas, sino que, con su nula creatividad, generará un conflicto innecesario, superior a la reclamación inicial. Dejará a un cliente descontento y, además, lo hará creyendo que defiende el sistema de su empresa, cuando, en realidad, si su jefe se enterara, lo despediría fulminantemente. Mal trabajador, mal decisor y peor ejecutor, sujeto a una cadena de mando mal entendida.

Esclavos sistémicos

Si eres funcionario, sabrás que cuando un jefe pide algo con un plazo de un mes, el inmediato subordinado distribuye la petición, añade algún requerimiento y reduce el plazo de entrega porque, antes de dárselo al jefe, quiere leerlo para poner su inservible granito de arena y decir: «Mire qué bien lo he hecho». Así, de arriba hacia abajo, un documento que bien podría haberse elaborado con un par de horas de trabajo y remitido en tiempo y forma, se convierte en una titánica tarea de decenas de horas de trabajo cuyo plazo de entrega se ha reducido para el pobre escribano de la parte inferior de la pirámide, que deberá redactarlo con la lengua fuera, *para ya*. Al final, el documento recorre el escalafón en viaje de vuelta, llega al jefe, que ni se acordaba de haberlo solicitado y que, en ese momento, no tiene tiempo de leerlo, y queda allí para siempre, tirado encima de una mesa, sin que nadie vuelva a utilizarlo jamás, archivado. Mal trabajador, mal decisor y peor ejecutor.

Lo más lamentable es que, probablemente, ese jefe, ese intendente, ese comisario principal o ese general ni siquiera habían pedido nada, solo habían hecho una pregunta retórica, como el que pregunta si va a llover mañana, pero su inmediato acólito, ávido de complacer, arrastrándose si hace falta, activó la enorme maquinaria burocrática de la organización, dando lugar a que una docena de funcionarios ocuparan una cantidad ingente de horas en una estúpida tarea sin retorno productivo alguno, en lugar de dedicarse a aquello para lo que se les paga: trabajar para el ciudadano.

El abuso de lo que es de todos para servir a unos pocos ha alcanzado cotas mayúsculas, pero no solo se han superado todas las barreras, sino que el ciudadano ha asumido con demasiada normalidad su función como esclavo sistémico. Se somete a las órdenes y dictámenes de cualquiera con demasiada facilidad. Somos nuestros propios carceleros, hacemos el trabajo sucio, imponemos penas más contundentes que las de la propia ley, condenamos a nuestro vecino al ostracismo social porque creemos que así cumplimos con un distorsionado pacto con la ley y el orden.

Como en la prisión de Zimbardo, como en las descargas del experimento de Milgram, el ciudadano encuentra comodidad al verse sometido siempre que se le permita ejercer —o crea que se le permite— en alguna medida, un mínimo de sádica autoridad. Y así están cómodos médicos, abogados, notarios, fontaneros, vendedores de la planta de caballeros de El Corte Inglés y policías. Sí, también policías. Pero precisamente por la formación adquirida en la protección de los derechos y libertades, como hacemos los que hoy estamos escribiendo estas páginas, son cada vez más los que despiertan del coma inducido por la liturgia del sistema y se plantan ante una autoridad que se ha apropiado de ese sistema para su uso, disfrute y beneficio. El ciudadano obedece, le han enseñado a hacerlo; es un indefenso aprendido. El policía aprendió a obedecer, pero, en realidad, le habían enseñado a servir y proteger. Esa es la parte del código de la Matrix que olvidaron reescribir.

El crimen, los procesos de violencia, de dominación o de adquisición de poder tienen sus propios códigos, sus propias reglas y mucho impacto en el modelo policial. En sociedades con un nivel delincuencial bajo, como lo eran las europeas hasta hace unas décadas, no hacía falta mucho más que la presencia del uniforme para resolver la mayoría de los conflictos y rebajar la tensión. En sociedades decadentes, donde la autodefensa ha pasado a estar proscrita, porque nos asusta, ya que no la hemos necesitado nunca y no estamos acostumbrados a ella, los espacios de impunidad son cada vez más amplios, y siempre van a ser ocupados por aquellos que tienen menos remilgos a la hora de usar la violencia para escalar en su estatus: primero individuos, luego bandas y al final organizaciones criminales. ¿Por qué? Ya lo hemos dicho; porque pueden, porque les dejamos, porque estamos muertos de miedo, paralizados entre la cruda realidad y el qué dirán. Igual que el barrio se convirtió primero en conflictivo y más tarde en una zona *no-go*, muchas zonas *no-go* acabaron asediando París, Bruselas o Copenhague, donde ya nadie está a salvo en ningún sitio.

Pierre, nuestro policía de París, fue testigo desde su coche patrulla de cómo todo se degradaba y lanzó una señal de alerta, pero nadie le hizo caso: «¡Dejadlo!, este está loco, todo va bien, creedme, que yo soy director general y me lo han dicho todos los prefectos con los que ceno cada viernes… antes de despedirnos hasta el lunes…». Hoy, los locos somos los autores de este libro —pero no solo nosotros, seríamos fácilmente identificables—. ¡Somos legión! Llevamos con la etiqueta de locos desde hace años, cuando empezamos a avisar, cuando lanzamos la señal de alerta a través de la asociación Una Policía Para el Siglo XXI. Ahora, cada día son más los locos que escuchan este mensaje, lo hacen propio y lo difunden.

No podemos enfrentarnos a la nueva realidad delincuencial con los viejos códigos y las viejas reglas. Los cuerpos policiales no pueden estar gobernados por mandos que llevan cuarenta años siguiendo las mismas líneas estratégicas y viendo cómo fracasan. Son parte del problema y no de la solución. Las academias oficiales también son parte de ese problema. En las academias hay déficit de profesores, pero en la Guardia Civil se niegan a que personal de la escala básica acceda a estos puestos independientemente de su titulación académica, experiencia o solvencia profesional. Prefieren a un teniente o a un comandante sin título universitario o sin formación específica en una determinada materia antes que a un cabo o un guardia que tengan un doctorado. El clasismo es tan rancio que a los oficiales se les otorga el título de profesores, pero a los agentes de la escala básica que cubren puestos de formadores, para los que no hay oficiales capacitados, se les denomina monitores o instructores.

Todo tiene su eco en la práctica profesional diaria. No podemos seguir enfrentándonos a la violencia desatada con el viejo «¡alto, policía!». Ya nadie obedece. Tampoco teniendo como único protocolo el uso de la *mínima fuerza imprescindible,* o estando sometidos al abuso constante del concepto de *proporcionalidad* para poner en cuestión cada situación en la que el uso de la fuerza se hace necesario. Los agentes estamos hartos de que jefes, periodistas, tertulianos y jueces evalúen desde la tranquilidad de su sofá las decisiones que un patrullero ha tenido que tomar en segundos.

No podemos seguir permitiendo que se cuestione mediáticamente cada una de nuestras actuaciones sin más rigor que el sesgo político, sin tener gabinetes de comunicación formados que las defiendan públicamente y que no hagan retroceder diez pasos el concepto de autoridad tras cada una de ellas, o que provoquen que más policías opten por la motivación evitativa. Si el espectro mediático y la propia cadena de mando cuestionan constantemente la autoridad del último decisor —el policía operativo—, este se lavará las manos y se pondrá de perfil cuando haya que tomar decisiones. Detrás de ese agente que se quita de en medio o que llega tarde a una actuación para evitar problemas, estás tú, querido ciudadano, están tus hijos y tu patrimonio. Nadie velará por todo eso desde un despacho.

El «¡aguanten!» como grito de precaución a través de la malla de comunicaciones de los jefes que el poder político puso por encima de los jefes de las unidades antidisturbios en Barcelona, por el miedo al *qué dirán,* durante los episodios de terrorismo urbano provocados por los cachorros de los partidos independentistas, solo sirvió para una cosa: para que quemaran la ciudad y se impusieran en ella los violentos, dejando a decenas de compañeros heridos, algunos de ellos de gravedad. Si las órdenes hubieran dependido de los mandos directos de unidad, la policía jamás hubiera perdido el control, las unidades de control de masas de Mossos hubieran dado apoyo inmediato y los GRS de la Guardia Civil —atados de pies y manos, viendo como sus hermanos de sangre recibían lluvias de pedradas— se hubieran plantado allí en segundos. Los malos hubieran salido corriendo y no habría quedado un solo violento sin abrochar. Para muchos de los compañeros de las unidades de control de masas de la Guardia Civil, los Mossos o la Guardia Urbana, esa actuación que no hicieron —que les impidieron hacer— ha sido uno de los momentos más frustrantes de su carrera; infinitamente más duro que cualquier lluvia de adoquines, palos y escupitajos. Hoy, dos años después, todavía hay calles que se cortan a diario con total impunidad. Nunca se debe dejar de actuar, de enfrentarse al caos, *para evitar un mal mayor*. No hay mayor mal que no actuar, nada trae peores consecuencias que permitir al caos imponerse.

La clave de la violencia está donde depositas el coste, en quien la ejerce o en quien se defiende de ella, sabiendo que quien se defiende también la va a tener que utilizar. En España el coste lo asume siempre quien se defiende, ya sea civil o policía, a quien se le exigen reglas como la proporcionalidad o la congruencia que el atacante no tiene, pero al que, además, se le hace luego pagar por las consecuencias de esa defensa. Esto es un edén para los criminales.

La proporcionalidad y los juristas de salón

Nos hemos referido con anterioridad al librero de setenta y ocho años de Ciudad Real. Todavía se encuentra en prisión provisional después de que en agosto de 2021 abatiera a un intruso con numerosos antecedentes al que sorprendió dentro de su finca con una motosierra en la mano. El hogar es el último reducto de seguridad que tiene el hombre, el sitio donde puedes relajar todas las tensiones de tu cuerpo y sentirte libre. Cuando alguien penetra en él sin permiso, se produce un golpe en la actividad cerebral que deriva en reacciones difíciles de entender para quien nunca ha sufrido un proceso similar. La violencia es una mezcla de procesos químicos, psicofísicos y neurofisiológicos; la respuesta a la violencia también. Hay gente que se cuestiona que, si después del primer disparo, este anciano pudo entrar a casa, recargar el arma y volver a disparar; también pudo llamar antes a la policía.

Cuando sientes amenazada tu vida, tu cuerpo se sumerge en segundos en una espiral de reacciones atávicas gestionadas por el cerebro que los policías y militares denominamos estrés de combate (estrés extremo). Esto no es volitivo, son impulsos (órdenes) que el cerebro manda al resto de órganos con una única misión: sobrevivir. ¿Y cuál es la manera más fácil de sobrevivir? Anular la amenaza. Estamos programados genéticamente para eso, no para ser proporcionales, y es eso lo que nos ha hecho perdurar como especie. La proporcionalidad es una cuestión de juristas de salón que creen que un hombre ante la presencia de la muerte tiene capacidad de racionalizar conductas y elegir.

El anciano de Ciudad Real no puede llamar a la policía porque en su situación de estrés agudo por pánico probablemente no recuerde ni el número y, si lo recuerda, al haber perdido la capacidad motora fina, le será muy difícil marcarlo. Sin embargo, sí puede recargar su escopeta porque forma parte de su memoria mecánica, la única que funciona en ese momento. Lleva cazando sesenta años y ha repetido el gesto de cargar miles de veces. Podría hacerlo, a pesar de su edad, en una discoteca atestada con la música a tope y una venda en los ojos. La memoria mecánica es la de las conductas aprendidas por adiestramiento constante, la que hace a los soldados de élite reaccionar en situaciones que paralizarían a cualquier mortal. Para haber podido llamar rápidamente a la policía y transmitir con eficacia el mensaje, debería haber entrenado la marcación de ese número concreto y la transmisión de ese mensaje miles de veces a lo largo de su vida.

Un problema habitual en las salas de emergencias cuando se recibe un aviso es que la mayoría de los informantes no saben comunicar su caso. Hablan a gritos o de forma incoherente y omiten información básica de la localización del suceso. Cuando se les interroga, muchos replican chillando que no les hagan preguntas y que envíen a alguien inmediatamente.

Un agente de policía que circulase con su familia y observara un accidente de tráfico informaría al 112 de la siguiente forma:

—Soy agente de policía fuera de servicio. Llamo para notificar un accidente de tráfico. Me encuentro en el kilómetro 80 de la A-2, en sentido Madrid, hay tres vehículos implicados y, aparentemente, varios heridos de gravedad. Aprecio al menos un conductor atrapado y se precisaría equipo de bomberos; puede haber algún fallecido. La calzada está cortada, sin posibilidad de paso y ya hay una importante retención.

A pesar de que se trata de un mensaje tan completo, a buen seguro la operadora de la sala necesitará alguna información adicional que el compañero facilitará si le es posible.

Sin embargo, en estos casos la llamada típica suele ser bien distinta:

—¡Oiga! Hay un accidente. Estoy en la carretera cerca de Guadalajara, hay muchos coches aquí y tiene mala pinta. Mandad a alguien rápido.

Los informantes suelen hablar de forma atropellada, tienen el pulso acelerado —normal si no se está habituado a ver calamidades—, son incapaces de facilitar datos concretos y se impacientan. Tanto es así que, muy rara vez, salvo testigos cualificados, los servicios de emergencia encuentran la incidencia en el lugar exacto donde se había notificado y su desarrollo acaba siendo parecido a lo que el informante había referido. Repetimos: informa de un siniestro una persona que no está involucrada, cuya integridad física no corre peligro y que, aun así, es incapaz de obrar con templanza. Ahora le pides a un señor mayor que encuentra a un hombre metido en su casa que actúe con moderación, templanza y buen juicio. Es imposible. No hay más que

escuchar la llamada de este anciano a la policía para comprobar
que sigue en estado de *shock*.

Por otro lado, asegurarse de la anulación de la amenaza
también forma parte del proceso. Todos hemos visto documentales de animales donde el depredador sacude violentamente a la
presa entre sus fauces a pesar de que esta ya está muerta. No es
que el depredador sea un sádico, es que sabe que, si comete un
error y no asegura la muerte de su presa, podría sufrir graves
heridas como respuesta o arriesgarse a perder un alimento siempre escaso. El anciano volvió a disparar aunque el delincuente
ya estaba en el suelo. ¿Qué pasa si no lo hace y el delincuente se
levanta sorpresivamente con un arma entre su ropa? Que muere.
El cerebro lo sabe, por eso sigue mandando impulsos de anulación de la amenaza aunque esta yazca en el suelo. Es algo que tú
no puedes controlar, es algo atávico. Puede controlarlo el sargento de marines Smith que lleva diez misiones a sus espaldas, ha
entrado en combate en decenas de ocasiones y que en su primer
tiroteo también se quedó bloqueado o disparó al bulto sin saber
lo que hacía, pero un señor de setenta y ocho años que vive tranquilamente en su casa, no.

Para que lo tengas más claro te vamos a plantear una situación bastante común. Si no una igual, seguro que has vivido
alguna vez algo muy parecido. Estás en tu casa durmiendo, son
las tres de la madrugada. Tu mujer, tu hija, tu hijo y tu gata están
en casa, durmiendo también; no tienes más familia, nadie más
de quien preocuparte. De repente, suena el teléfono. Te despier-
tas sobresaltado, tu corazón comienza a latir deprisa. Tu cerebro
entra en un modo de defensa básico y te plantea varias hipótesis
inconscientes: alguien se ha equivocado —y te prepara para ca-
brearte—, alguien te quiere gastar una bromita —y la preparación para ponerte de una mala leche importante es elevada— o,
y cuidado con esto, tu cabecita también te dice que la llamada
puede darte alguna información negativa —el cerebro se va a

preparar para soltarte una bomba de cortisol y adrenalina—. Tu cerebro sabe todo esto antes de que tú seas capaz de racionalizar qué está pasando, lo único que sabes es que estás asustado. Tu familia está a salvo, tú estás a salvo y, sin embargo, una simple llamada te ha puesto el corazón como una pandereta y tienes el cerebro tan activo que, cuando descuelgues y no haya nadie al otro lado porque ha sido un error, probablemente te costará volver a conciliar el sueño. Creo que no hará falta que te expliquemos cómo reaccionarías si son las tres de la mañana, suena el teléfono y tus hijos no están en casa porque han salido de fiesta con amigos o están volviendo de viaje en autobús después de un viaje de estudios. Los que nos hemos visto en la obligación de dar muchas malas noticias de madrugada sabemos bien lo que ocurre como para decirte que no quieres que te pase a ti.

Pues bien, ahora supón que abres un ojo y compruebas que hay un individuo dentro de tu casa. Tu mujer a tu lado, tu hija en su habitación, tu hijo en la suya y tu gata maullando de forma extraña. Si no tienes el teléfono en la misma mesilla de noche, dudamos mucho que, cuando tu cerebro te dé a elegir entre localizar el artefacto más contundente y próximo posible y el teléfono, decidas buscar el teléfono. Primero intentarás sobrevivir, defenderte y anular la amenaza. Será difícil que te pongas a repasar la ley para comprobar hasta qué límite te tienen que apalizar a ti y a tu hijo o violar a tu mujer y a tu hija para poder defenderte sin mesura.

El coste de una agresión violenta lo debe asumir el agresor, y no se le puede hacer un examen a quien se defiende sobre cómo se defendió, pues lo hizo con todos los medios a su alcance, como haríamos todos, porque así nos lo ordenaría el cerebro. Entre el bien y el mal no hay proporcionalidad posible, entre el bien y el mal la desproporción debe ser para el que actúa a favor del bien. Cualquier otra teoría nos aboca a que siempre pierdan los buenos, algunas veces la libertad y otras la vida.

En los últimos años se han multiplicado las noticias de condenas a personas que, después de llevar toda una vida ordenada, nos quieren hacer creer que se convirtieron de repente en asesinos sádicos, justo cuando alguien intentaba atentar contra su vida en su casa. Otro ejemplo conocido es el del policía local de Sevilla Casimiro Villegas, asaltado en su domicilio, de madrugada, por un clan criminal con el que mantuvo en calzoncillos una lucha salvaje en el salón de su casa mientras escuchaba a su mujer gritar en su cuarto. Le llegaron a pedir veinte años de cárcel por disparar a los agresores sin resultado de muerte, en lo que acabó siendo una condena de dos años y medio, la misma pena que a sus asaltantes, que lo dejó tras un proceso de ocho años con parte de su vida arruinada y un intento de suicidio, evitado *in extremis* por su esposa.

El sistema, como siempre a favor de los criminales, alegaba disparos por la espalda a los delincuentes. ¿Alguien cree que una persona es capaz de desescalar la tensión interna en apenas unos segundos solo porque vea huir a los agresores? ¿Qué pasa si huyen hacia un coche aparcado en el exterior y allí tienen armas o a más cómplices? ¿Qué pasa si no les disparo y vuelven a entrar? ¿Cuántas oportunidades tengo que darles yo a los criminales para que maten a mi familia, antes de que la ley me permita a mí matarles a ellos? La propiedad privada es la base de la libertad y una sociedad está abocada al fracaso cuando la ruina cae sobre quien no ha hecho otra cosa que estar en su casa, tranquilamente, sin ir a buscar problemas. No es justo que deba responder penalmente alguien que ha defendido su hacienda, su vida y la de los suyos.

Así, con un sistema a todas luces incongruente, tenemos a policías imputados por entrar en un piso ante la desobediencia y la negativa a identificarse de los que permanecían en su interior; un piso que solo se utilizaba para hacer fiestas nocturnas que desesperaban a los vecinos y no permitían dormir a familias con niños durante días, mientras los sinvergüenzas que celebraban esas fiestas están yéndose de rositas. Sin embargo, cuando quien entra en tu hogar, donde vives con los tuyos, es un asaltante, un criminal, acabas imputado tú, y cargas con la misma pena que los asaltantes, en el mejor de los casos. Todo muy lógico.

Tres reacciones humanas elementales

El ser humano exhibe tres reacciones básicas ante una amenaza que pueda implicar daño físico severo o muerte: parálisis, huida o combate. La primera te avoca a quedar a merced del criminal y en el peor de los casos a morir, la segunda no siempre es posible y tampoco asegura la supervivencia. En la tercera te mata el sistema. Los policías no pueden huir y no deberían paralizarse, así que, teóricamente, deben combatir. Como el combate está proscrito y penado, si no los mata el delincuente, los mata el sistema.

Esta reacción de combate del ser humano, policía o no, se denomina *estrés de supervivencia*, identificado como «reacción inmediata y súbita, programada filogenéticamente, cuya función es la de destruir o eliminar inmediatamente la fuente de la amenaza».[5] Cuando te atacan, dejas de dominar tu cuerpo, este pasa a fase atávica y se producen reacciones automáticas guiadas por impulsos cerebrales. Esos impulsos aportan capacidades de enfrentamiento o huida; te preparan para anular la amenaza:

- *Visión de túnel.* Se elimina la visión periférica. Tu cerebro solo te permite focalizar a tu enemigo, lo demás no existe.
- *Aumento súbito del ritmo cardiaco.* Esto produce que el bombeo de sangre a todo el cuerpo dote a tus músculos de

---

[5] Daniel García Alonso, *El enfrentamiento policial armado*, Netpol Seguridad S.L., Madrid, 2015, pág. 37.

más fuerza. Se paralizan para el ahorro de energía otros procesos que en ese momento dejan de importar, como la digestión, a través de la disminución de contracciones del estómago.

- *Producción de esteroides*. Se segrega cortisol, que llena tu sangre de glucosa, sobre todo en los grupos musculares grandes (brazos y piernas), los que se utilizan para huir o pelear.

- *Exclusión auditiva*. El oído se cierra, lo que aumenta la concentración. En muchos casos, un policía no llega a oír ni sus propios disparos.

- *Pérdida de la capacidad motora fina*. Dificultad para usar los músculos pequeños, y por lo tanto pérdida de destreza.

- *Pérdida de la capacidad motora compleja*, la que permite efectuar varias tareas a la vez en el día a día. El cerebro te prohíbe distraerte de tu tarea principal: anular la amenaza. Esto dificulta, a veces, que el policía que está desenfundando el arma pueda a la vez pedir apoyo por la malla de comunicaciones.

En sede judicial, se te pedirá que demuestres que tu actuación se adecuaba plena y escrupulosamente a unas normas que son imposibles de valorar bajo los efectos del estrés agudo. La proporcionalidad en la defensa de la vida no existe, es un mantra de juristas de salón en este Occidente buenista que no soporta la más mínima dosis de realidad empírica. Todo el mundo es desproporcionado en la defensa de su vida o en la de terceros a los que ama.

Toda la empatía con los criminales y con los sinvergüenzas, y ninguna con las víctimas o con los policías. Los eslóganes progres son ya aceptados incluso por gran parte de la derecha: «Justicia no es venganza», «penas más duras no reducen los delitos»; pero ¿de qué penas hablan? ¿Para qué delitos? ¿En qué estadios?

El objetivo básico de la pena —del latín *poenam*: castigo, tormento— no es acabar con la delincuencia, sino hacer pagar por lo que se ha hecho. Ese objetivo principal fue sustituido en los códigos occidentales por el de la reinserción en el mismo instante en que dejamos la política criminal en manos de políticos analfabetos. Cualquier psicólogo de prisiones sabe que hay delincuentes no reinsertables —algunos de los multirreincidentes y muchos de los sexuales—. Para esos, el *que se pudran en la cárcel* sí es una pena eficaz que, de paso, también evita que aumenten la delincuencia y el número de víctimas.

La premisa de que las penas duras no hacen reducir el crimen es falsa y la apelación a que en la Edad Media había penas de muerte y castigos corporales y eso no evitaba el delito, una estupidez. No se pueden juzgar épocas históricas fuera de sus contextos con los parámetros morales y sociales de la actualidad, pero lo que es evidente es que la imposición de códigos y penas supuso la llegada de la civilización y logró transformar un mundo salvaje, lleno de injusticas, en un mundo razonable con algunas injusticias.

Se suele apelar mucho a la leyenda negra de España en las Américas, y seguro que se cometieron abusos, atrocidades y que algunas veces se fue implacable en la imposición del orden ¿Quién lo duda? ¡Hace cinco siglos! Pero más seguro es que ese orden, canalizado a través de penas y castigos —los propios de aquella época—, acabó con un mundo de salvajes que se comían los cerebros de los niños de la tribu enemiga o los apilaban por cientos en torres humanas, como han demostrado los hallazgos documentales y arqueológicos. Es decir, que aquellas leyes, aquellas penas, con todas sus injusticias, civilizaron América y evitaron injusticias mayores y más numerosas. No parece probable que ninguna de aquellas tribus aborígenes estuviera pensando en fundar, a corto plazo, ninguna universidad.

Lo que no ha podido ser demostrado jamás en ninguna parte del mundo, en ningún momento histórico, es que rebajar o hacer más laxas las penas tenga impacto en la evitación del crimen. No imponer a un agresor sexual de niñas reincidente la cadena perpetua y sí limitar su pena a veinte años de cárcel ¿ha hecho descender las violaciones? ¿Dónde? ¿Cuándo?

En realidad, en las sociedades civilizadas con niveles delincuenciales bajos o medios, la cuantía de la pena apenas tiene impacto en la prevención general (evitación del crimen), por lo que parece evidente que ese no debe ser el motivo que nos guía al imponerlas y sí el de resarcir a la víctima, sin que eso pueda ser considerado venganza. Porque ahí sí, la cuantía importa. No es lo mismo decirle a una mamá, a la que le acaban de arrebatar a su niña pequeña, que el criminal que lo ha hecho se va a pudrir en la cárcel, que decirle que saldrá libre a los veinte años, cuando apenas tenga cuarenta, y si se porta medianamente bien, antes. Es una cuestión de justicia, de ética, de dignidad y, ¡qué demonios!, hasta de estética.

Sin embargo, en contextos de alta incidencia criminal, como era el Nueva York al que llegó William Bratton, sí que está demostrado que el endurecimiento de las penas y de la política criminal reducen el crimen exponencialmente. El *Zero Tolerance*[6] cambió la ciudad para siempre, y para bien.

En Estados Unidos, existen amplios sectores conscientes de que un sistema mal concebido puede ser más dañino que el propio crimen, por llegar a anular la capacidad de acción policial o amenazar con la muerte civil a los agentes que toman decisiones en situaciones muy exigentes. Cuando un juez o un fiscal que van a enjuiciar y acusar respectivamente al policía que acaba de abatir a un delincuente escuchan al letrado aportar pruebas forenses, todo parece sencillo.

—Señoría, la autopsia demuestra que el señor Smith murió de un disparo en el corazón, sin embargo, el agente John vació

---

[6] Tolerancia Cero es otro de los nombres con los que se conoce el plan desplegado en Nueva York contra el crimen a partir de 1994.

su cargador e hizo cinco impactos en la víctima, cuatro de ellos por debajo de la cintura.

Visto así, parece claro que el policía se excedió, que con los primeros disparos el sujeto pudo ser neutralizado. Desde esta perspectiva el disparo al corazón se antoja innecesario.

Y claro que era innecesario, pero eso lo sabemos después y, en cualquier caso, no cabe duda de que el agente no tuvo intención de disparar al corazón, nadie la tiene —salvo en las películas—. Pudo ser que el individuo perdiera estabilidad —lógico si tenía las extremidades inferiores afectadas—, se tambaleara y cayera. En ese momento, la trayectoria de la bala se encontró con el pecho del delincuente y se produjo la muerte. Innecesario, todo es innecesario. Innecesario es uno de los términos más reiterados en los informes y sentencias relativas al uso de armas de fuego.

En semejante contexto de enfrentamiento con un delincuente, el organismo del agente John debió sufrir necesariamente toda una tormenta de procesos químicos que implicarían modificaciones involuntarias importantes en sus capacidades habituales. No obstante, es juzgado como si se tratara de un psicópata, en cuya mente vacía de empatía no existe el bien y el mal, y se hubiera limitado a disparar por deporte. Solo alguien que haya pasado por eso sabe lo que se siente en ese momento; si es que es capaz de recordarlo con claridad. Lo primero que hace un policía después de abatir a un criminal es llamar a la ambulancia. ¿Conocéis a algún asesino que después de matar a su víctima llame a los servicios médicos?

Demostración a la americana

Un sistema mal concebido solo se puede contrarrestar con iniciativas para fomentar una conciencia colectiva de seguridad. A nuestros amigos de los cuerpos de seguridad americanos se les ocurrió una idea genial que deberíamos importar, pero claro, es un sistema relativamente costoso, y haría saltar por los aires todo el discurso progre de que la policía utiliza violencia gratuita e indiscriminada. Ellos inventaron un simulador, pero a diferencia de los habituales, este no sería un simulador para entrenar a los agentes, sino para concienciar a jueces, fiscales y periodistas.

Crearon una serie de entornos hostiles controlados en inmuebles abandonados —viviendas, fábricas o almacenes— y prepararon una suerte de juegos de rol. O sea, organizaban una jornada festiva, con algo de comida y una pequeña charla introductoria e invitaban a ciertas personalidades relevantes de la sociedad civil a los que se exponía a una actuación policial más o menos comprometida. La situación era la siguiente: a un fiscal de distrito o a una juez se le daba el papel de policía y se le explicaba que había recibido una llamada que avisaba de que un sujeto armado con un cuchillo y que acababa de matar a su esposa se había escondido en una vivienda. Era una situación de urgencia ya que dentro de ella había varias personas escondidas intentando que el malo no las viera. La orden era detener o neutralizar al autor. Para ello se pertrechaba a los invitados con armamento de *paintball* con una única carga de quince disparos —que es la habitual de dotación por cargador en las armas oficiales—, también se les facilitaba un pulsómetro con el fin de controlar su estado físico. Todos los participantes sabían que era un juego, que el malo no era un malo real, sino un policía disfrazado que portaba un cuchillo de goma —también con pintura para marcar las lesiones—. Sabían que el arma que ellos llevaban no podría producir ninguna lesión real ni por supuesto la muerte de ninguno de los allí presentes y, lo más importante, sabían que no había ninguna posibilidad de sufrir lesiones y mucho menos de morir.

Pues bien, los resultados fueron exactamente los esperados. Solo por enfrentarse al juego los participantes sufrieron aumentos de entre el 10 y el 20 por ciento en su ritmo cardiaco. Una

vez entraban al espacio en cuestión, el corazón les bombeaba
todavía más fuerte, todos superando las cien pulsaciones antes de
recibir el primer ataque o abrir fuego por primera vez. Al tratar
de repeler el ataque del agente que hacía de asaltante armado, la
totalidad de los jugadores abría fuego indiscriminado, de tal forma que la mayoría vaciaba por completo su cargador. Por supuesto, las balas de pintura impactaban en cualquier parte: en la
cabeza del asaltante, en un pie o un brazo, el estómago... Decenas de balas perdidas acabaron en el corazón de la silueta de un
niño escondido, en otra silueta de una señora detrás de la ventana, en las paredes, y hasta en el cuerpo del jugador que hacía de
policía. Sí, llegaron a dispararse a sí mismos.

Algunos mataron al asaltante o lo dejaron malherido, otros
no acertaron al malo, pero mataron o hirieron gravemente a
todos los personajes pautados como inocentes. Lo único que tuvieron en común todos es que, en la vida real, hubieran muerto.
Todos presentaron marcas de heridas mortales infligidas por el
arma blanca simulada.

Examinados después con unos sencillos test, ninguno fue
capaz de indicar cuántas balas había disparado, si habían acertado
a su objetivo o no. No recordaron una descripción del atacante,
no pudieron describir el entorno con precisión mínimamente
aproximada y, en su mayoría, no llegaron a ver la silueta del niño
al que habían matado o a la ancianita que los organizadores habían dejado sentada en el sillón. A veces, colocaban a un segundo
malo apoyado en la pared, que, armado con un subfusil automá-
tico, se limitaba a mirar y al que, estando a simple vista, tampoco solían ver.

El juego podía complicarse tanto como se deseara, con más
recargas, más elementos hostiles, menos luz, más equipamiento
policial... Este tipo de eventos se hicieron relativamente populares, pero nunca contaron con el apoyo de los departamentos de
policía o las administraciones, solo estaban organizados por sin-

dicatos de agentes o empresas de seguridad privada. Los civiles que participaron en ellos cambiaron radicalmente su forma de entender unas actuaciones policiales que, hasta esa fecha, solo podían interpretar por los informes escritos que recibían y las informaciones sesgadas aportadas por aquellos que jamás se habían enfrentado a situaciones de este tipo.

No es la actuación lo que suele cuestionarse, sino la perspectiva de la actuación. Por ello es tan importante crear conciencia y procurar un cambio en la mentalidad colectiva, sobre todo de aquellos cuya opinión influye en toda la sociedad. Es hora de crear un corporativismo bien entendido que apoye las actuaciones de los compañeros, independientemente del resultado, siempre en aras a sostener una presunción de inocencia que algunos medios, políticos y, lamentablemente, mandos policiales se niegan a reconocer, y empezar a denunciar otras prácticas que, aun legales y ajustadas a derecho, son inadecuadas e inmorales.

Si un individuo armado trata de lesionar o matar a otro, el policía debe estar facultado para eliminar la amenaza sin coste profesional, sin perjuicio de la investigación pertinente. De igual manera, el cuestionamiento de algunas órdenes cuya apariencia de legalidad es difusa, o la solicitud de aclaraciones respecto de algunas instrucciones o protocolos, no debería tener otra respuesta para el agente que las solicita que una aclaración, y nunca la apertura de un expediente disciplinario con intención de amedrentarle para que deponga su actitud.

El 80 por ciento del éxito en esta vida es actitud. La actitud se consigue y refleja cuando estás seguro de ti mismo, cuando no vacilas, cuando no dudas en hacer lo correcto. El coste para cualquier policía español que decida usar la fuerza —ya no decimos la fuerza letal— es, en términos mediáticos, disciplinarios y penales, insumible. Esto genera agentes cuyas dudas suponen vidas, muchas veces las suyas propias. También provoca miles de servidores públicos frustrados que quieren, pero no pueden, porque no les dejan, activando la motivación evitativa. Es el principio del fin, porque el poder lo ejerce quien puede, y si la policía no puede, lo harán las bandas criminales.

El quebranto continuo del principio de autoridad, el cuestionamiento permanente, sobre todo por líderes mediáticos de izquierdas, de cada caso de uso de la fuerza, casi siempre con vídeos manipulados y cortados, supone un coste personal y familiar para el agente que le retira del campo de batalla en muy poco tiempo. Hay comisarías de distrito de la Policía Nacional en Madrid donde el más veterano de los guerreros que salen a la calle en los zetas (radio patrullas), como primera línea frente al crimen, lleva tres años en el cuerpo. La gente asume el riesgo cuando este lleva aparejado el único coste del peligro inherente a la profesión, no cuando lleva concatenado una serie de procesos que en muchos casos conducen a la muerte civil, el abatimiento, las depresiones o el temido suicidio. La policial es la profesión donde más gente se suicida.

Nadie acepta jugarse la vida por un sistema que te cuestiona permanentemente. Y no se trata de *manga ancha* y todo vale. Nadie quiere policías que se extralimiten o corruptos. Los primeros que no los quieren cerca son sus propios colegas, porque ensucian su noble lucha. Son esos mismos compañeros los que les detienen. En España hay varias cárceles con módulos de internos especiales, F.I.E.S-4,[7] que están allí porque otros policías los han atrapado. Aquí nos referimos al policía que se va a jugar la vida por ti sin dudarlo y que está cuestionado constantemente por cualquier vídeo cortado de dos minutos en el que siempre se ve la parte represiva, pero casi nunca lo que pasó antes. Se juzga a más de 200.000 hombres y mujeres por cuatro imágenes con

---

[7] F.I.E.S-4: Ficheros de internos de especial seguimiento. Categoría 4: funcionarios de las FFCC de Seguridad y Funcionarios de Instituciones Penitenciarias.

excesos que se distribuyen por las redes. Mientras, los mandos ejercen represalias y castigos con aquellos que utilizan la fuerza. Así se ahorran muchas explicaciones y quebraderos de cabeza. Enfrentarse a la violencia tiene un coste político alto, así que para jefes y políticos cobardes es mucho mejor negarla y esconderla, y a eso se orienta todo nuestro sistema. *Todo va bien, aquí no hay nada que ver, somos uno de los países más seguros del mundo...*

Cuando William Bratton acudió como jefe de Policía a la comisaría con mayor índice de criminalidad de Nueva York, le preguntó al comisario cómo iban las cosas —pregunta retórica—, y se sorprendió al recibir esta respuesta:

—Todo va bien.

—¿Cómo bien? Si tiene la ratio más alta de violaciones y homicidios.

Dos cambios imprescindibles: de mentalidad y de mandos

Es en situaciones así cuando el mando policial le explica al recién llegado que allí no echan a nadie porque los homicidios suban o bajen, que la única manera de perder el trabajo es un escándalo, es decir, ir a enfrentarse a la delincuencia de verdad y tener la mala suerte de que se te muera alguien en alguna actuación. Ni hablemos si el fallecido pertenece a una minoría y se puede utilizar políticamente, con asociaciones pro derechos humanos que montan manifestaciones o a veces disturbios. Ahí es donde el sistema te machaca y te deja tirado, solo, como a una colilla. Tus amigos ya no son tus amigos. Nadie te conoce. Los dolores de cabeza comienzan y las explicaciones deben darse por miles. Esa coacción, en la que participa la mitad de la población, pone en peligro a diario la vida de tus seres queridos por el tremendo impacto que tiene en la actitud de miles de policías.

Bratton entendió desde el principio que había que cambiar muchas cosas, pero sobre todo dos: la mentalidad y a la mayoría de los mandos policiales. Hoy en España estamos en el mismo escenario, solo necesitamos un líder político valiente; tan valiente al menos como lo fue el alcalde Giuliani en Nueva York en 1994. Nuestro país está viviendo hoy la época más violenta en las calles desde la llegada de la democracia, los niveles delincuenciales aumentan exponencialmente y solo los maquilla la ingeniería estadística. En palabras de uno de los mayores expertos en procesos de violencia del mundo, el teniente coronel Dave Grossman:

> En esta nueva edad oscura hay un guerrero dispuesto a dar la talla. Mientras que cualquier otra criatura huye del sonido de las armas, el guerrero acelera para entrar en el tiroteo, porque el combate, la fobia universal humana, es su ámbito. El himno de los marines dice que, cuando lleguemos a las puertas del cielo, las encontraremos custodiadas por los marines de los Estados Unidos. Quizá el honor más alto al que uno puede aspirar sea custodiar esas puertas. Aquí en la tierra, el honor más alto al que un guerrero puede aspirar es el de custodiar las puertas de su ciudad y de su civilización en esta hora oscura. Para realizar esta tarea formidable, para tener éxito, el guerrero tiene que ser el señor de su ámbito: el ámbito del combate.[8]

Los señores del ámbito del combate en España son los criminales. ¿Por qué?, porque pueden, porque les dejamos. En condiciones normales, entre las muchas actuaciones que uno supera a lo largo de su carrera, siempre hay alguna que te marca como persona y profesional: aquella en la que pudiste hacer algo y no

---

[8] Dave Grossman y Loren W. Christensen, *Sobre el combate*, Editorial Melusina, Santa Cruz de Tenerife, 2014, pág. 300.

lo hiciste. En las condiciones actuales, tu carrera queda marcada para siempre por una actuación en la que pudiste mirar para otro lado, pero te negaste. Josema ha vivido dos tiroteos en su carrera. En ninguno abrió fuego. No fue necesario. No obstante, tuvo que hacer uso de su arma de fuego recientemente y todo lo que obtuvo, además del expediente, fue un desabrido comentario:

—Vallejo, ¿era necesario?

—Claro que no era necesario, mi capitán —contestó con rotundidad—. Tampoco era necesario que respondiera a la llamada de apoyo, pude quedarme en la oficina y no lo hice.

6
FUCK THE POLICE

La policía es como la medicina,
nadie la quiere cerca hasta que la necesita.
Anónimo (viejo dicho de comisarías).

El 25 de mayo de 2020 un delincuente común llamado George Floyd murió en el transcurso de una actuación policial. La muerte se produjo por asfixia mecánica, tras su detención por el agente de la Policía de Minneapolis Derek Chauvin, debido a una maniobra protocolaria de inmovilización a un sujeto que ofrece resistencia. Así quedó acreditado oficialmente en sentencia judicial y así lo han repetido hasta la saciedad los medios de comunicación y los ciudadanos en sus redes sociales.

Hasta aquí, seguro que conoces la historia al dedillo, porque la muerte de Floyd y su posterior utilización como símbolo de resistencia ideológica fue el único acontecimiento que apartó temporalmente la mirada de la pandemia covid, que en aquel momento alcanzaba cotas de mortalidad nunca vistas —o nunca mostradas— en la historia reciente.

Lo que nunca te contaron —y si lo sabes es porque trataste de informarte más allá de los medios de masas— es que Floyd iba puesto hasta las cejas de fentanilo y metanfetamina, y que tenía patologías médicas severas tales como arterioesclerosis e hipertensión.

¿El agente Chauvin lo inmovilizó contra el suelo? Sí. ¿El detenido le hizo saber que no podía respirar? Sí. Pero los que somos policías también sabemos que todos los delincuentes argumentan no poder respirar cuando se les inmoviliza con la técnica de la sentada policial. También sabemos que a un tipo de casi dos metros y más de cien kilos, que además se ha resistido, no se le puede soltar hasta que no está puesto a buen recaudo.

Hablar de estos temas es tratar con materia prohibida e inflamable. Son asuntos que es mejor olvidar porque dan mala fama a la policía y ponen en riesgo el *statu quo*. Es la inmediata conclusión que el gestor de turno obtiene cuando se producen hechos similares. El Dios de la Administración requiere un sacrificio para aplacar su ira, ese alguien ha de llevar uniforme. Todo estaba ya escrito.

Las imágenes son muy potentes, no hay duda. Un policía sentado encima de un indefenso hombre negro que no podía respirar y que, trágicamente, al final acaba muerto. Nadie en su sano juicio se puede alegrar de esa muerte y, desde luego, no el agente Chauvin, que al unir su destino al de Floyd, ha visto su vida arruinada. Sea como sea, sí hay gente que hace negocio con esa muerte. De esos os vamos a hablar.

¿Hasta qué punto fue culpable Chauvin? Si la Justicia ha estimado que lo es, nosotros no tenemos nada que oponer, pero sí que matizar. El ciudadano debe entender los protocolos de retención y posterior detención de un elemento que se resiste a la actuación policial.

Los tiempos en los que llegaba un picoleto, decía «¡alto!» y no se movía ni el viento han pasado a la historia. La época en la que aparecía un madero esmirriado como un ripio, con sus patillas y sus gafas de sol en medio de una pelea y todo el mundo agachaba la cabeza se han acabado. Las intervenciones policiales hoy en día son, en su práctica totalidad, llevadas a cabo con elementos muy hostiles. Para intervenir con ellos se utilizan los llamados planes de instrucción operativa. Cada cuerpo les da un nombre, pero en general podríamos denominarlos así.

Estos planes operativos oficiales son, para cualquier experto en técnicas de combate, un mero cubrir el expediente, donde no se enseña casi nada que sea realmente útil en la calle.
Cualquier episodio violento que llegue a los medios en el que
esté implicado un policía tiene un coste muy alto para el político de turno, incluso aunque el policía que usó la fuerza lo
hiciera con todas las de la ley. Así que no hay ningún interés en
formar a los agentes en procesos de violencia, es mucho mejor
dejar que te peguen y luego hacer declaraciones de respaldo
que tener que dar mil explicaciones porque hayas sido tú el que
ha pegado. Pero hete aquí que, en España, cada vez más agentes de campo reciben formación de excelencia en círculos privados, con instructores profesionales que sí se han jugado el
tipo en la calle. Y también cada vez más, sobre todo en algunas
policías locales, hay estamentos oficiales que comienzan a dejar
la formación en manos de verdaderos expertos, y no en quienes
redactan los manuales desde sus despachos. Esto sigue dependiendo más de la valentía del responsable de turno que del
modelo policial.

Los instructores más capacitados y que suelen protagonizar
la formación son habitualmente policías de las escalas básicas y
del entorno de la vigilancia privada, mientras que es casi imposible ver a un mando policial en alguna de esas jornadas impar-
tiéndolas o formándose. Llegado el momento, ninguna de esas
técnicas será refrendada por la superioridad si la cosa se pone fea.

No hay partes del cuerpo no vitales

La sentada policial de Chauvin era de manual policial, aquí se
practica también. En caso de producirse una desgraciada muerte
con motivo de una intervención similar, no dudes, ningún jefe
saldrá públicamente a apoyar la intervención. Habrá una vista

oral, se aportará documentación y veremos si el agente sale o no absuelto, pero de momento su carrera se parará en seco y, quién sabe, puede que también su vida social.

En la instrucción operativa te dicen que «ante un atacante armado con filo o arma de fuego, no dudes, dispara primero». Tú sabes que es una recomendación necesaria y sabes que es lo que debes hacer si quieres volver vivo a casa, pero también sabes que es mejor salir corriendo porque, en el mejor de los casos, que es cuando el malo acaba herido o muerto, y tú vuelves a ver a tu mujer, te espera la inhabilitación, la ruina económica o la cárcel. Tu jefe, que no ha estado allí, no apoyará una sola de tus decisiones. Si puede, te hundirá, lo que implicará para él una medalla. Antes, te habrá regalado los oídos con palabras vacías: «Tranquilo, no pasa nada. Cuéntame cómo fue la cosa y a ver qué podemos hacer». Se limitará a rellenar las casillas obligatorias del informe, que no falte ninguna, y jamás se pondrá en tu piel. Si le es posible, ni siquiera acudirá al lugar de los hechos, no sea que alguien le vea por allí y le pida alguna responsabilidad. Nunca se ofrecerá a respaldar ante la superioridad o la autoridad judicial tu actuación, aunque la crea ajustada a derecho. Si algún jefazo o político aparece por medio pidiendo responsabilidades, nunca sacará la cara por ti. Soltará cualquiera de las frases huecas que se emplean para estas ocasiones y allí acabará su trabajo: «Vamos a llegar hasta el final», y el final es tu final, aunque lleves veinte años en la calle jugándote la vida por los demás. No les importas un pepino, ni tú, ni los demás.

«El policía no ha respetado el manual y le ha disparado en una parte vital». El manual es cojonudo, dice que hay que apuntar a partes no vitales: un tobillo, la clavícula... ¿Hay alguna parte realmente no vital? No, no la hay. El mítico *disparar a las piernas* de las películas es una estupidez supina. En una situación de estrés agudo todo el mundo va a disparar al bulto, o sea, a la caja.[1] Por eso las siluetas de entrenamiento de cualquier galería de policía del mundo no tienen piernas ni brazos. El manual lo hizo el jefe, pero en la galería hay un policía operativo profesional; es decir, que sabe de lo que habla. Para colmo, en la pierna se encuentra la arteria femoral y una de las maneras más rápidas de morir que existen es recibir un disparo en ella. Da igual. En todas las teles verás tertulianos diciendo: «Debió disparar a las piernas».

El malo se movía y saltaba como un guepardo, esa es otra. Lo hacía con un machete en la mano en actitud amenazante, y el torpe del agente Martínez le disparó tres veces. Un proyectil impactó en el suelo, otro en la rodilla y el otro... ¡Qué malo era Martínez!, dio en el corazón. Martínez se pasó por el forro el manual que había refrendado alguien que nunca se enfrentó a un cuchillo que no fuera de goma y en ninguna otra parte que no fuera un tatami.

En la instrucción operativa se plantean ridículos y absurdos supuestos, en los que, por ejemplo, para probar la defensa extensible, el compañero tiene que simular atacar de una determinada forma y tú debes repelerle de otra previamente pautada. Cualquiera que haya estado en una reyerta sabe que un atacante nunca actúa de forma ordenada y coherente. Mientras sea el guardia el que llegue lesionado, no habrá problema, pero si el que llega al hospital con la cabeza abierta de un porrazo es el malo, rápidamente se abre la información reservada que indicará que el agente no ha respetado el manual operativo. Si no hay prensa o no se hace viral, tranquilidad, todo lo más una falta grave. Si sale en la tele y se abren diligencias, compañero..., estás perdido. El manual dice que no se debe golpear en la cabeza, pero el malo se agachó justo en ese momento, porque una pelea real es un esce-

---

[1] La parte más amplia del cuerpo donde es más fácil acertar, que va desde la cintura hasta el cuello.

nario anárquico, no reglado. Sí, sí. Pero el manual dice que no se debe golpear en la cabeza. El manual dice...

En el ya mentado juicio tras el 11-M, algunas de las frases más repetidas por los mandos que iban desfilando por el estrado eran «el protocolo de la comisaría general dice», «el manual de procedimiento dice», para intentar justificar su actuación. ¿Qué haría un jefe sin un manual?

El manual dice muchas cosas de imposible cumplimiento que después no hay juez que se trague. Su señoría tendrá en cuenta que el manual dice que la sentada policial es correcta y también dice que no debes liberar a un sujeto violento o potencialmente agresivo. Pero si le da un infarto mientras tanto, tú verás. Si se suicida un detenido, tú verás. Todo el mundo ha visto unas imágenes en las que un pobre hombre negro estaba inmovilizado en el suelo diciendo que no podía respirar, no le hiciste caso y estás solo y en prisión de por vida.

De los compañeros de Derek Chauvin, el agente Tou Thao, de origen asiático, fue demandado por brutalidad policial; los agentes Thomas Lane y J. Alexander Kueng, novatos en la profesión, fueron también despedidos del cuerpo. Tal vez no supieron, no entendieron la situación o confiaron en el agente veterano. En cualquier caso, metieron la pata y también se quedaron solos. Tres personas que habían elegido una profesión que implica arriesgar tu vida para ayudar a desconocidos de repente se habían convertido en asesinos natos a los que la muerte y el dolor ajeno parecían serles indiferentes. Igual que el policía local de Sevilla Casimiro Villegas, que se había convertido en un psicópata violento justo cuando un clan criminal asaltó su casa, e igual que el anciano de Ciudad Real se convirtió en un asesino a sangre fría justo en el momento en el que un delincuente reincidente entró en su finca y se hizo con una motosierra. ¿Nadie se hace preguntas? ¿Cómo es posible que, en apenas unos segundos, los buenos pasen a ser tan malos y los malos pasen a ser tan buenos? Repetimos: la violencia no se puede juzgar desde el sosiego.

No conocemos a Chauvin, tal vez es un tipo normal, tal vez un malnacido. Pero su caso, como tantos otros, estaba perdido en el tribunal de la opinión pública antes de empezar. Perder ante la opinión pública es perder ante el sistema, seas culpable o no. Y no decimos que Chauvin no lo sea; decimos que no puede serlo basándose en manuales, protocolos, vídeos sesgados o imágenes congeladas de su rostro en las que los *expertos en lenguaje no verbal* llegaron a afirmar que el policía disfrutó de la situación porque *se le veía en la mirada*.

¿Por qué ponemos como ejemplo un caso aparentemente tan claro como este? No deja de ser una forma de meterse en líos ante la crítica, cuando hasta los propios sindicatos de policía —poco sospechosos de falta de corporativismo— dieron soporte a la resolución judicial indicando que se había tratado de un juicio justo. Queremos ponerlo como ejemplo de cómo una acción policial rutinaria, que desgraciadamente acaba muy mal, se convierte en palanca de cambio social para promover la consecución de unos objetivos que ya estaban pautados mucho antes de que Floyd muriera.

Así, George Floyd no solo fue víctima de un policía, sino víctima de un sistema de poderes que usa a las personas como *kleenex*, prevaliéndose de las buenas intenciones y los mensajes simples de consumir para obtener fines espurios que poco tienen que ver con la bondad, la inclusión social o la lucha de clases. Sí, tranquilos, no nos hemos vuelto locos. Ha quedado acreditado judicialmente que el agente Derek Chauvin se excedió de manera criminal, y nosotros también lo pensamos. Aunque la sentada policial y el control sobre el sujeto eran correctos, un detenido debe permanecer el menor tiempo posible en posición de seguridad y, una vez reducido, debe ser trasladado de inmediato a dependencias policiales y recibir asistencia médica si así lo requiere. No fue así con George Floyd. Sin embargo, todo lo que vino después no tiene nada que ver con ese exceso, sino con la utilización de ese exceso para fines políticos y económicos.

Y la protesta cesó por arte de magia

Una muerte negligente o imprudente se convierte en bandera contra el racismo. ¿Qué tenía que ver la muerte de esa persona con el racismo? ¿Murió por ser negro o murió por ser un delincuente que topó con un policía negligente? La respuesta inmediata fue que murió por ser negro —lo de delincuente quedó obviado—, que topó con un policía no imprudente, sino directamente racista y que, además, ese tipo de muertes a manos de policías racistas ocurren a diario en todo el país. Y este argumento que nadie se atrevió a refutar —empezando por los mandos policiales— se convirtió en el único hecho que interfirió en la pandemia del coronavirus. En las manifestaciones, saqueos y disturbios —también a España llegaron— no hubo ni un solo contagio. En casa de tu madre comiendo el domingo, sí.

Los disturbios apoyados por el movimiento Black Lives Matter cesaron en el mismo momento en que Joe Biden llegó a la Casa Blanca. Por arte de magia, con la llegada de los demócratas al poder, ya no hay racismo en los cuerpos policiales de Estados Unidos. Todo está conectado, nada es espontáneo. Si has creído por un momento que el movimiento BLM es fruto de la casualidad, de la indignación legítima de la comunidad afroamericana en defensa de sus derechos civiles, no sabes de qué va esta película, que no es ni original, solo es el *remake* de un *remake*. La acampada de la Puerta del Sol, núcleo del movimiento *espontáneo* del 15-M, se levantó justo unos días después de que se celebraran las elecciones, y dejaron pasar esos días para que no se notara mucho de qué iba aquello. Aunque mientras que Obama paseaba por los jardines de la Casa Blanca también morían negros en acciones policiales y el movimiento BLM ya existía, no viste una sola noticia acerca de ello en televisión. ¿Las vidas de los negros importan? Pues parece ser que depende más del cuándo que del cómo.

La historia siempre se repite. Podríamos conducir el Delorean de McFly, el de *Regreso al futuro*, y viajar al pasado para a saludar a Martin Luther King o escuchar largas disertaciones de Malcolm X y veríamos que nada ha cambiado. No hay ningún movimiento social, ninguna reivindicación justa ni causa épica que no haya sido fagocitada por el *establishment* de turno para obtener sus fines.

Antes del BLM, ya se apostó por radicales puestas en escena, como la de los Panteras Negras a finales de los años sesenta del siglo pasado. Estos grupos de *jóvenes comprometidos* llegaron a ser el soporte paramilitar armado de un movimiento que se decía pacífico, pero que llevó altas cotas de violencia a las calles de Estados Unidos. Los Panteras, o como se denominaban a sí mismos, *grupos de autodefensa de la gente negra*, nacieron en 1966 como patrullas de vigilancia ciudadana, pero no para proporcionar seguridad a sus barrios, que eran auténticos paraísos criminales —*Gangsta paradise*, como se denominaron a inicios de los noventa—, donde los homicidios, las muertes por sobredosis y las violaciones eran continuos, sino para vigilar el comportamiento de los policías[2] con los ciudadanos negros.

En el inicio, su grado de jerarquización orgánica fue muy elevado, pero conforme necesitaron una red de apoyo fuera de lo

---

[2] Las patrullas ciudadanas dedicadas a la vigilancia de las intervenciones policiales se denominan *copwatching* y, a diferencia de los años setenta, ochenta y noventa, cuando estaban formadas por miembros de minorías étnicas o colectivos históricamente descritos como discriminados o desfavorecidos, hoy están compuestas por ciudadanos con alto nivel de arraigo e implicaciones políticas en la acción vecinal demócrata.

local y se expandieron a nivel nacional e internacional, se convirtieron en una organización criminal más con ciertos elementos autónomos, dedicada a la extorsión y al tráfico de estupefacientes. Hoy ha desaparecido en su forma y nombre, pero no en
su espíritu, pues ha ido reciclándose y mutando hacia diversas
corrientes de movimientos identitarios. Solo queda su parafernalia, su estética romántica de boina negra, abrigo o cazadora
negra y botas militares.

¿Estaban ante una sociedad segregada y racista? Sí, abierta-
mente. ¿Existía violencia policial indiscriminada? Sí, indudable-
mente. ¿Era necesaria una respuesta social contundente? Sí, sin
ambages. Pero esa respuesta en forma de movimiento social culminó en un repertorio de acciones calcadas a aquellas que pretendían erradicar, incluyendo conductas de supremacismo negro
y violencia que jamás han sido condenadas y que se han roman-
tizado y convertido en símbolo.

El factor religioso

Esta es siempre la clave, la creación de símbolos. Malcolm X no
era sino un orador más, el segundo en influencia tras Martin
Luther King, pero a diferencia de este, el discurso de Malcolm X
era radical y racista. No vamos a analizar las corrientes de los
movimientos civiles en Estados Unidos, pero diremos que, siendo coetáneas, estaban bien diferenciadas. Luther King buscaba la
igualdad de derechos desde la creencia en el pacifismo, la no
violencia y la serenidad; Malcolm X creía que el hombre negro
era superior y entendía la relación humana entre blancos y negros como un conflicto solo resoluble por la vía de la lucha armada. King entendía el mundo como un conjunto integrado de
individuos, descartadas etnias, razas o ideas, y Malcolm X abo-
gaba por comunidades segregadas. En pocas palabras, Malcolm X

era un racista y supremacista declarado, pero hoy puedes llevar una camiseta con su imagen, como puedes llevar la del Che, sin ningún tipo de problema.

Desde el cristianismo, Luther King sostuvo un activismo de enorme influencia y trascendencia con una actitud conciliadora y constructiva. En cambio, Malcolm X se radicalizó al integrarse en la Nación del Islam, haciendo gala de una postura netamente victimista, sin valorar las posibles alianzas con otros líderes mucho más moderados, con los que quizá su liderazgo habría quedado más diluido, pero muy reforzada la causa de los derechos y libertades de los afroamericanos.

Solo cuando se desencantó de la Nación de Islam, por desavenencias sobre la vida disoluta de su líder, empezó a mostrar actitudes más conciliadoras con otros movimientos pro derechos civiles. Ayudaron al cambio sus viajes por África y Europa, donde se dio cuenta de que su antiguo racismo no había sido otra cosa que una suerte de etiquetas aprendidas, pura doctrina de otros actores interesados en el sostenimiento eterno del conflicto. Se dio cuenta de que blancos y negros podían convivir perfectamente, eso sí, siempre que fueran musulmanes, cristianos no, gracias. Se convirtió al sunismo y cambió su esquema mental. Imaginamos que de haber vivido lo suficiente, se hubiera dado cuenta de que incluso blancos y negros no musulmanes también podían convivir en paz. Probablemente en esas estaba cuando, *los suyos*, sus antiguos hermanos de la Nación del Islam, lo enviaron con Alá.[3] No desperdiciaron la ocasión de echar la culpa a los blancos.

---

[3] Si bien la autoría intelectual de la Nación del Islam quedó probada, solo uno de los autores se reconoció culpable desde el principio. De los otros dos condenados existieron dudas razonables, lagunas y vicios procesales en la investigación que solo en 2021 se admitieron. Los reos fueron exonerados tras pasar 20 años en prisión.

Martin Luther King no tuvo una muerte mejor, pero sí más oscura. Como ocurre en la casi totalidad de los magnicidios, la leyenda supera a la historia y, hasta hoy, aunque se condenó a un hombre blanco como autor, el debate sobre la autoría de su muerte sigue vivo.

Ambas muertes produjeron desórdenes por todo el país, paradójicamente mayores tras la muerte de King. Era una época relativamente más sencilla en cuanto a estos disturbios. No se acompañaban de macrocampañas de *marketing* ni de *hashtags* en redes sociales. Violencia, caos y una delgada línea azul. Hoy es lo mismo, pero no es igual. Existe la misma línea azul, pero cada vez es más fina. La violencia y el caos se desatan con métodos cada vez más perfeccionados y, por primera vez en la historia, lo soporta una inconmensurable máquina dotada de ingentes recursos sociales y financieros dedicados a sembrar cizaña y miedo y a crear presión social y cultural, que en EE.UU. y otros países ha tomado la forma de cultura de la cancelación.

Para explicar esto repasaremos algunas de las actuaciones policiales célebres que han recibido acusaciones de racismo o que han acabado en muerte de alguno de los participantes por parte de la policía, tratando de señalar algunas motivaciones menos evidentes, detrás de la violencia y los eslóganes.

El caso de Rodney King

Por no remontarnos a viejos y escabrosos sucesos de un tiempo oscuro en el que, realmente, la vida de un negro no valía nada y en el que la policía americana abusaba sistemáticamente de los derechos de las minorías, vamos a acudir a hechos más próximos, empezando por uno de los primeros sucesos que desencadenaron los modernos disturbios sociales: el caso de Rodney King en la ciudad de Los Ángeles, en 1991 y 1992.

Si buscas algo de información, solo verás que Rodney era un taxista negro con algunos problemas legales en su pasado, que, al ser identificado por la policía tras un problema de tráfico, recibió una gran paliza por motivos racistas. Las imágenes del momento de su detención, grabadas con la cámara recién estrenada de George Holliday, videoaficionado que se encontraba junto a su esposa Eugenia, dieron la vuelta al mundo. Pero vayamos por partes y contemos las cosas como son. No quitemos ni pongamos, es la única forma de obtener conclusiones válidas.

Rodney era un exconvicto en libertad condicional, con antecedentes por violencia y consumo de alcohol y estupefacientes, que en el transcurso de una actuación policial fue perseguido a gran velocidad durante un largo trayecto en el que generó situaciones de altísimo riesgo y en las que solo la suerte impidió que nadie resultara herido o muerto. Cuando iba a ser detenido, se resistió y trató de arrebatar el arma a una agente, entonces, el resto de policías le propinaron una paliza. Las imágenes, grabadas por casualidad por una pareja, se hicieron, como se diría hoy, virales. Sí, le dieron una paliza, eso dijeron los medios. Una vez un sujeto se encuentra controlado, no hay ninguna excusa para ejercer la fuerza. Pero analicemos las cosas en su contexto.

Un grupo de policías con formación de los años ochenta y experiencia en una de las zonas delincuenciales más calientes del mundo, incluso hoy, recibió un aviso por parte de una patrulla de autopistas de California en el que se notificaba la persecución de un vehículo que circulaba a gran velocidad, bajo posible influencia de alcohol o drogas y que, a pesar de las múltiples advertencias, no se detenía. Una vez lograron parar al vehículo, el sujeto se resistió a la detención, y fue golpeado con las defensas reglamentarias y sufrió también dos descargas de pistola eléctrica.

La secuencia de vídeo solo permite ver a unos agentes que están rodeando a un individuo que *no hace nada*, tirado en el suelo y que está siendo golpeado. Pero la Policía de Los Ángeles venían de sufrir dos episodios violentos en intervenciones de tráfico en las semanas anteriores: en uno, los dos patrulleros resultaron gravemente heridos por disparos de Mágnum 44 antes de poder abatir al infractor. En el segundo —una parada rutinaria para control de alcoholemia—, la cosa acabó peor, una agente de prácticas acabó asesinada a tiros. Fue la primera agente femenina muerta en acto de servicio del Departamento de Policía de Los Ángeles.[4]

Ponte en el lugar de los agentes y, sin tratar de justificarlos, solo imagina que el tipo con antecedentes violentos, que ha intentado robar el arma a tu compañera y que ha conducido como un psicópata, está ante ti, no sale del vehículo y, cuando por fin consigues extraerlo jugándotela, no obedece a la orden de «¡al suelo y manos a la vista!». Es difícil de comprender si no trabajas en esto. Aun así, no estamos diciendo para nada que la actuación fuera la correcta, solo queremos aportar datos para que seas tú el que juzgue, para que no juzguen por ti.

¿Debieron tirarse encima de él, reducirlo, inmovilizarlo y detenerlo? Según el testimonio de los agentes, lo primero que hicieron para intentar reducir a King fue aplicar la técnica del manual de instrucción operativa del departamento conocida como the swarm (enjambre), que consiste en rodear al sujeto hostil y que cuatro policías anulen cada una de las cuatro extremidades de este. Para eso, hay que conseguir que el sujeto esté en posición decúbito prono (boca abajo). El plan del manual salió mal, porque la enorme fuerza del sospechoso hizo que los cuatro policías salieran proyectados.

Antes, y según la versión de los agentes, King había conseguido agarrar —literalmente por el trasero— a la agente femenina de la patrulla de autopistas de California que inició la per-

---

[4] Agente Tina F. Zapata Kerbrat, que realizó su última guardia el 11 de febrero de 1991 en la ciudad de Los Ángeles. Dejó marido y dos hijos.

secución, Melanie Singer, y al tratar esta de proteger con las manos su arma, el sospechoso comenzó a realizar gestos obscenos con su cuerpo. La tensión creció porque el compañero de patrulla de Melanie era a la vez su pareja. Entonces, el sargento Koon, al mando, decidió utilizar la pistola eléctrica para una descarga que debilitara a King, después de ordenar a la agente Singer y al resto de policías que enfundaran sus armas para desescalar de una fuerza letal a una no letal. Sorprendentemente, King volvió a intentar levantarse, así que aplicó otra descarga... pero volvió a ponerse en pie. Los agentes estaban absolutamente seguros de que su pesadilla estaba bajo el efecto de las drogas —un análisis posterior dio negativo, pero no fue concluyente—.[5]

A partir de aquí, comienza la grabación de la escena por parte del videoaficionado George Holliday, residente de unos apartamentos al otro lado de la calle. En las imágenes se ve que King tiene los dos dardos de la pistola eléctrica clavados y que está rodeado por cuatro agentes, los que habían intentado sin éxito practicar la maniobra de reducción de enjambre del manual operativo. Es aquí donde empieza la escena para los millones de personas que han visto el vídeo.

El Sr. Holliday vendió la cinta al canal de televisión KTLA Channel 5 por 500 dólares, en la que fue, quizá, la peor operación comercial desde la venta de la isla de Manhattan por 26 dólares en 1626, ya que el vídeo se convirtió, junto al de la ex-

---

[5] El análisis por el uso de PCP, una sustancia psicoactiva alucinógena, la droga que los agentes creían que había consumido King, dio negativo, pero el doctor Giannetto, encargado del análisis, testificó que puede ocurrir cuando el sujeto tiene altos niveles de alcalina en orina. Era el caso de King. También puede producirse un brote por el consumo de días anteriores (aunque no lo hayas consumido ese día), si has estado sometido a una actividad física fuerte o estresante. Para comprobarlo, tendrían que haber sometido al detenido a un segundo análisis, pero los abogados de King se negaron.

plosión del Challenger y el asesinato de Kennedy, en uno de los más vistos de la historia de Estados Unidos.

Aunque en un primer momento se produjo la absolución de los agentes, tiempo después, dos de los policías —el sargento Stacey Koon, al mando del servicio, y el agente Laurence Powell, el que más golpes propina— serían condenados a 30 meses de prisión, y Rodney King obtuvo una indemnización de casi 4 millones de dólares que fundió en poco más de quince años, no sin dejar un reguero de nuevos antecedentes por violencia de género, drogas y alcohol hasta que murió en 2012, ahogado, debido precisamente a sus adicciones.

¿Qué ocurrió después del veredicto? Lo de siempre. Y siempre recurrimos a ese *lo de siempre* porque así es siempre. Vandalismo, saqueos, homicidios...

Los defensores de la libertad, la tolerancia y el respeto racial protagonizaron disturbios que se saldaron con 64 muertos confirmados —aunque se estiman, por secuelas posteriores, muchos más—, casi 3.000 heridos contabilizados estadísticamente en urgencias, además de aquellos que no precisaron tratamiento quirúrgico, no fueron detectados por pequeñas lesiones o no se presentaron para evitar detenciones y, finalmente, más de 12.000 detenidos. Eso en daños personales. Si hablamos del coste material, superó los 1.000 millones de dólares. Vehículos, comercios, equipamientos y edificios enteros ardieron durante días.

Lo que siempre se obvia en el relato del caso Rodney King es que en el vehículo viajaban otras dos personas, ambos amigos del conductor y casualmente también negros —Freddie Helms y Bryant Allen—, que fueron extraídos del mismo e introducidos en el coche patrulla sin necesidad de ningún tipo de fuerza o violencia. Con King fue diferente porque se resistió de forma activa. Y tampoco se dice que, fuera del plano de la imagen y por lo tanto invisibles en el famoso vídeo, en la labor de custodia de los dos detenidos que no ofrecieron resistencia, había más poli-

cías, uno de ellos negro. ¿Pudo haber evidente falta de formación en esos policías y también alto nivel de estrés y miedo? Seguramente. ¿Hay una paliza a un hombre que está en el suelo?
Parece que sí. Lo que resulta muy dudoso es que hubiera intención racista. Pero claro, si eliminas ese componente, la batalla
cultural no tiene soporte.

Al día siguiente de la actuación policial, Rodney King
atendió a los medios desde el centro de detención al que había
sido trasladado. Salió a escena en silla de ruedas, pero ya se sabe
que, a pesar de lo espectacular de las imágenes, el parte médico
de urgencias contemplaba textualmente en el apartado «valoración»: *PCP Overdose* (sobredosis de PCP, aunque hemos visto
que luego daría negativo) y *facial lacerations, superficial* (laceraciones faciales, superficiales). En la parte de «condición de alta del
paciente», se escoge la casilla: *fair* (buena). A pesar de que todos
los periódicos hablan de huesos rotos, la única herida grave, de-
tectada veinticuatro horas después, tras hacerle una placa, es la
del pómulo, producida seguramente por un golpe contra el asfal-
to. El informe del doctor que emitió el parte de urgencia sobre
el consumo de drogas de King también se vería luego alterado
en los análisis.

En esa rueda de prensa improvisada todos parecen saber
cuál es su papel en la historia, excepto el propio King, que aún
no se había sentado con sus abogados para trazar una estrategia
que va a marcar el futuro de la acción racial de los Estados Unidos en las siguientes décadas. Una de las primeras preguntas da
comienzo al plan diseñado:

> Periodista: *What kind of things did you hear from the officers? Did
> you hear any kind of slurs at all?* (¿Qué tipo de comentarios oíste
> por parte de los agentes? ¿Oíste algún tipo de calumnias?).
> King (parece no entender): *What do you mean? What
> slurs?* (¿Qué quieres decir con calumnias?).

Periodista: *Where there any kind of racial comments made at all?* (¿Se hicieron comentarios racistas?).

King: *Oh, racial? No, I didn't, no, I didn't hear any.* (¿Raciales?, no, no, yo no escuché ninguno).

Un año más tarde, durante el juicio, una vez interiorizada la estrategia, el mismo King denunció haber oído cómo le llamaban *nigger* (negrata) repetidas veces.

En realidad, el incidente poco tuvo que ver con la raza. De haber sido ese el motivo, la paliza la habrían recibido los tres detenidos y no solo uno. El alcalde de la ciudad de Los Ángeles en aquellos días era un antiguo policía de la ciudad, Tom Bradley, negro. El sargento al mando de la intervención, Stacey C. Koon, escribiría en su libro de memorias sobre lo ocurrido aquellos días que fue de los primeros alumnos de su instituto que aceptó sentarse con una persona negra cuando comenzó la integración en las escuelas. Caprichos del destino, aquella chica negra con la que compartió pupitre se apellidaba también King, Rochelle King.[6]

Rodney circulaba bajo influencia del alcohol y tal vez también drogas, y huyó a velocidades superiores a 180 kilómetros por hora, puso en riesgo a decenas de personas y ocupó gran cantidad de recursos policiales en su detención. Una vez salieron a la luz las imágenes, la acusación se *olvidó* de los cargos por alcohol, la conducción temeraria, la resistencia y el quebrantamiento de su condicional, y se centró en acusar a los policías. 3,8 millones de dólares para Rodney King en indemnizaciones, 1,7 millones de dólares para sus abogados, cientos de millones de dólares en coste para la ciudad, todos los policías despedidos y arruinados por no poder sostener sus defensas y una ciudad arra-

---

[6] Sgt Stacey C. Koon y Robert Deitz, *Presumed Guilty. The Tragedy of the Rodney King Affair*, Regrery Publishing, Washington, 1992, pág 87.

sada por el fuego. Delinquir no tiene coste, trabajar sí. Aquellos agentes no lo hicieron bien, pero en ningún caso tan mal como nos contaron. No hubieran tenido ningún problema si se hubieran limitado a esperar que tuviera un accidente y matara a dos o tres personas. Después, lo hubieran recogido muerto a él y a aquellos a los que hubiera matado, y a casa a dormir con sus familias. Si es que hubieran podido dormir. Este es el modelo: si no haces nada, no te pasa nada.

Vamos a suponer que aquellos policías eran racistas. Poco probable, habida cuenta de que los dos amigos de King, también negros, no tuvieron ningún problema. ¿Eliminaría eso los cargos atribuibles al autor de los delitos? ¿Es justificable la comisión de cualquier tipo de acto bajo excusa o pretexto de situación social o racial? Parece ser que sí. No importa el delito si te acoges al confortable abrigo del racismo, el clasismo o la lucha de clases; se perdonan tus pecados y la acción de la justicia se dirigirá hacia el banquillo contrario.

Fueron 52 los golpes con la defensa policial que recibió aquel día el protagonista de nuestra historia. ¿Muchos? Si pudieras contar a cámara lenta los golpes que deben propinarse a algunos sujetos para que depongan su actitud, te asombrarías. Si te ha tocado darlos, ya sabes que hay individuos que son irreductibles. Para los ojos que observan desde el salón de casa, sin la miseria, el estrés y el miedo de la actuación en la calle, 52 golpes son muchos y entendemos que así se perciba. Esos vídeos tienen un impacto brutal, por eso queremos cámaras, para que seas testigo de algo que también te va a impactar: lo que vemos y vivimos a diario antes de que el habitual espontáneo decida mostrarte un vídeo sesgado de dos minutos y comprendas que, muchas veces, 52 golpes no son suficientes. También para que escuches nuestra respiración desde que comienza el aviso de radio y las luces del vehículo se encienden, hasta que todo acaba.

Lo que hay detrás de todo eso

A pesar de las apariencias, como decimos, el informe forense solo detectó contusiones, laceraciones y una fractura en un lado de la mandíbula. Sin embargo, King demandó a la ciudad por huesos y dientes rotos, daño cerebral, trauma psicológico...

Pero no nos desviemos de la cuestión. Tratamos de hablar de los movimientos sociales cuyos intereses no están nada claros y cuya acción solo se despliega en determinados escenarios políticos. ¿Qué hay detrás de movimientos como el Black Lives Matter?

En la época de King no funcionaba con ese nombre, pero como en el mayo francés, el 15-M o cualquier movimiento civil moderno, el nombre y las proclamas no dejan de ser una suerte de marcas comerciales para dar reconocimiento global al suceso. En Los Ángeles del 91 y 92, existía un movimiento anónimo que no sostenía razones tan presuntamente nobles como las del BLM. Había odio, mucho odio. Y no precisamente hacia el hombre blanco ni hacia sus supuestas motivaciones raciales.

La tensión se desató entre bandas rivales y, sobre todo, contra la comunidad coreana con la que esas bandas llevaban casi una década en lucha por el control del territorio. Allí estuvo la verdadera pelea, pero de esa no se habla. Los coreanos estaban haciendo dinero a espuertas en los barrios de negros y, además, obligaban a cerrar a los comercios de afroamericanos por no poder competir con los precios de los asiáticos. Las agresiones de ciudadanos negros a coreanos eran diarias, algunas salvajes. El propio Rodney King contaba entre sus antecedentes con un asalto violento a una tienda coreana donde golpeó con un bate en la cabeza a su propietario antes de robarle. Era el pan de cada día, y los coreanos comenzaron a armarse. ¿A que esto no te lo contaron? Si te hablan de coreanos contra africanos, el problema racial adquiere otra dimensión y no puede reducirse con simpleza a policías blancos contra ciudadanos negros. En 1991 el rapero Ice Cube, de raza negra, lanzó al mercado la canción *Black Korea,* un alegato contra la población asiática que había llegado a los barrios negros de su ciudad, en el que recitaba consignas que alentaban directamente a la violencia:

> ... *So pay respect to the black fist or we'll burn your store right down to a crisp, and then we'll see ya cause you can't turn the ghetto into black Korea...*
>
> ... Así que ten respeto al puño negro o vamos a prender fuego a tu tienda hasta que se fría, y luego ya veremos, porque no vais a convertir el gueto en una Corea negra...

Quien con palabras tan cariñosas se expresa hacia miembros de otra comunidad fue, como tantos otros raperos negros, uno de los abanderados de la lucha contra la discriminación racial en aquellos días. Para ellos, las canciones eran un negocio. Si no fuera tan serio y no hubiera implicado vidas, daría risa. Obviamente, Ice Cube era más de Malcolm X que de Luther King. Imagina que se presenta en escena un rapero blanco de Hollywood Hills y se queja porque los negros están convirtiendo su barrio en un *nigga hills*; sus letras le hubieran llevado directamente a prisión.

En fin, que O'Shea Jackson —así es como se llama Ice Cube—, exmiembro del grupo NWA[7] y compositor de *Fuck the Police,* uno de los himnos rap más conocidos de la historia, fue, entre otros, un importante referente público en los hechos de Los Ángeles, dada la fama que había alcanzado su grupo y porque se había criado en uno de los barrios en conflicto. Racista para con los asiáticos, millonario para con los pobres vecinos negros del sur de la ciudad y luchador de clase racial contra el

---

[7] Niggaz With Attitude. Grupo pionero en el llamado gangsta rap, disuelto por desavenencias entre sus miembros por los ingresos de *royalties.*

poder opresor del hombre blanco, no dudó en abandonar el grupo cuando creyó que no recibía suficiente dinero en concepto de *royalties*. Su radicalización y activismo más comprometido coincidieron con su conversión a la disciplina de la Nación del Islam. Comprometido con cualquier causa progre, sigue hoy activo como productor y actor y no ha tenido ningún problema en abandonar el gueto que le vio nacer y mudarse a una de las más exclusivas zonas del país. Logro capitalista basado en su esfuerzo, por el que le damos la enhorabuena.

Como otros muchos raperos norteamericanos, ha hecho del mensaje de la violencia un lucrativo negocio. A diferencia de sus excompinches del barrio, que andaban a tiros y peleas, Jackson no era tonto, y vio en el mensaje de las letras —la música es solo la excusa— una forma provechosa de cambiar el mundo, su mundo, más concretamente. El *establishment* lo reconoció con rapidez como a uno de los suyos y lo abrazó. Lo más que podía provocar un personaje así eran disturbios y muertos. A los poderosos eso ni les va ni le viene. Más disidencia controlada.

Si el rap es una de las vías de difusión del mensaje disruptor —letras violentas que alentaron disturbios en Estados Unidos y más tarde en Francia o Alemania y que, en poco tiempo, es probable que los alienten aquí—, resulta difícil comprender que no se preste atención al camino delincuencial que algunos sectores sociales inician convencidos por el contenido mesiánico de las rimas de sus ídolos. Ídolos que, en muchos casos, hace tiempo que solo creen en los ceros de su cuenta bancaria mientras millones de jóvenes los imitan convencidos de que la libertad llegará bajo la revolución contra las élites, sin saber que están trabajando para ellas.

En América era el rap de la pobreza, la raza y la etnia y terminó por ser el rap de la violencia; en Europa también empezó igual, pero está derivando en la llamada a la conversión al islam y a la lucha armada. En España aún nos encontramos en la absoluta indefinición y casi es mejor así, porque en el momento en que, como en nuestros países vecinos, los autores se identifiquen con determinados grupos sociales y, sobre todo, religiosos, veremos lo mismo que en París y Marsella. Mientras, los sociólogos siguen diciendo que los jóvenes de tercera generación ya no van a la mezquita ni comulgan con la fe de sus abuelos.

Ningún problema parece existir en que tus hijos escuchen *Fuck the Police*, en que oigan que *La rage de voir autant de CRS armés dans nos rues* (hay rabia por ver a tantos CRS[8] armados en nuestras calles) o aprendan que a*nticapitalistes, alter-mondialistes, ou toi qui cherche la vérité sur ce monde, la résistance de demain (...Ins-ha'Allah...) à la veille d'une révolution mondiale et spirituelle, la rage du peuple* (anticapitalistas, altermundialistas,[9] o todo aquel que busca la verdad sobre este mundo, la resistencia del mañana, si Alá quiere, en la víspera de una revolución global y espiritual; la rabia del pueblo).

Sí, nuevamente el islam, *«Insha'Allah»*, y lo pronuncia una joven, Keny Arkana, que se denomina *no rapera,* sino *contestataria social.* De origen argentino pero criada en lo peor de Marsella, lo mismo denuncia que todo es islamofobia que grita sin mesura en contra de cualquier judío que asome la nariz. Telonera habitual de Manu Chao, anticapitalistas y a la vez globalistas, todo al mismo tiempo y pontificando humildad de clase con la cartera llena. No falla. Detrás de ellos, hordas de adoctrinados que com-

---

[8] Compagnies Républicaines de Sécurité. Equivalentes a los grupos de control de masas (antidisturbios) de los GRS (Grupos de Reserva y Seguridad) de la Guardia Civil o la UIP (Unidades de Intervención Policial) de la Policía Nacional.

[9] Íntimamente relacionados con los movimientos antifascistas, son una suerte de grupos heterogéneos que defienden un mundo sin fronteras (global) y a la vez se hacen llamar antiglobalistas por negar las dinámicas y sinergias internacionales del capitalismo.

prarán cualquier discurso siempre que contenga alguna de las etiquetas comerciables en este nuevo siglo: ecologismo, feminismo y, por supuesto, el manido antifascismo, y que lo defenderán hasta la muerte —la tuya—, si es preciso.

En Estados Unidos mataron a tiros a Tupac Shakur y a Notorious BIG por algo mucho más prosaico que los convencimientos morales del nuevo siglo, y nos parecía entonces que eran cosas de película, asuntos de bandas que solo pueden ocurrir en historias de celuloide como el *Colors*[10] de finales de los ochenta. En Francia liquidaron de la misma forma al rapero Samat en el *parking* de un McDonalds, delante de un montón de familias, hace poco más de dos años, y al otro lado de los Pirineos ni nos enteramos.

Todo es muy feo. Envidias, drogas, guerras de bandas y egos. Puede que te preguntes qué importancia tiene la muerte de un rapero francés de medio pelo para que sea noticia. Su importancia es que, al igual que en Francia se tomaron a broma las dinámicas de algunas facciones del movimiento hip-hop importado de Estados Unidos y su deriva violenta, en España nos tomamos a la ligera algunas inercias que el rap está empezando a adquirir en Europa, cada vez más radicales no solo en la forma, sino en el fondo. Los chavales del barrio están escuchando ese mensaje. Están oyendo que hay que reventar el sistema, que hay que *joder al policía* y asaltar el poder con las armas, que deben atender sabe Dios qué estúpidas guerras entre grupos rivales y, por si fuera poco, en la tele ensalzan como héroes a esos militantes de la *working class*, que dicen haber nacido en un barrio obrero, mientras sus padres, a los que llaman fascistas, aburguesados u obreros tontos de derechas, se levantan a las cinco de la mañana para poder costearles la factura del móvil y el patinete eléctrico.

---

[10] Película de 1988 protagonizada por Sean Penn y Robert Duvall.

En 2021 un rapero madrileño con síndrome de Asperger, Isaac López, fue asesinado a puñaladas por miembros de una banda latina, pero como era un español, con la peculiaridad de sufrir un trastorno del espectro autista y, además, era esquizofrénico, cosido a cuchilladas por la espalda por unos menores de origen extranjero, pues aquí no ha pasado nada. Son cosas de películas, son cosas que a nadie le interesa que salgan a la luz pública y, si salen, hay que procurar que se olviden rápidamente. Seguro que su madre no lo olvida. Isaac, como muchos otros, fue víctima de la desinformación, de creer que esos amigos del parque, que tienen costumbres diferentes, son inocentes e inofensivos muchachos. Se juntó con quien no debía y cuando se dio cuenta de que estaba rodeado de arañas, e intentó despegarse de su tela, acabó devorado.

Esos medios que te dicen que los *chiquillos traviesos del parque,* que pasan los días con sus gorras planas, su chándal y su reguetón, yendo y viniendo del agujero donde guardan la *merca,* son inofensivos y que la policía los acosa porque es racista, son los mismos que fabrican ídolos, te prohíben escuchar el mensaje del político del partido que no les interesa o te advierten de que tengas cuidado con ese videojuego en el que se simula ser un militar en combate.

A los cuatro años te dicen que no le compres el Playmobil policía, que lleva pistola y puede influir negativamente en su desarrollo. A los diez años te dicen que no le dejes ir a la feria del ejército, que allí hay soldados y pueden influirle negativamente inculcándoles posiciones belicistas. No puede ver la desolación de las serenas muertes de sus abuelos por covid, pero está obligado a ver la masacre de Ucrania, cabezas reventadas, niños y perros muertos. Te acusan de negligente por dejarlo solito en casa con dieciséis años o la orientadora te recomienda apuntarlo a un taller de *gestión de emociones*, porque parece que está estresado. Sin embargo, sí tiene madurez suficiente y está preparado para

ver la serie *Narcos*, matanzas y torturas de cárteles en YouTube,
La *casa de papel*, *El juego del calamar* y, si es preciso, para abortar sin
que su madre se entere.

Racismo «institucional» y otros racismos

A finales de los años setenta las grandes capitales de Estados Unidos se enfrentaban a tasas de criminalidad espeluznantes. Los
Ángeles no era una excepción. Asolada por el tráfico de drogas
y las guerras de bandas, el centro de la ciudad era un hervidero
racial. En 1984 se celebrarían las Olimpiadas y el equipo de la
alcaldía vio necesario un cambio radical. Sí, lo habéis adivinado
—y con esto volvemos al modelo policial—, la única forma de
convertir una ciudad sin ley en un lugar medianamente habitable
para todos los ciudadanos, no solo para los que viven en las *hills*,
y seguro para los turistas, era a través del trabajo de las mujeres y
hombres de azul. También la transformación de las grandes urbes norteamericanas a partir de 1994, que comenzó en Nueva
York, vino de la mano de un cambio en el modelo policial.
Cuando solo se atiende a la intervención social, procesos de
aculturación y estrategias socioeconómicas —Francia, Suecia,
Inglaterra—, siempre ha ido a peor.

Al entonces jefe de Policía Daryl Gates, del que si buscas
información solo encontrarás críticas y atribuciones de incompetencia profesional, le fue encomendada la tarea de asegurar las
zonas centro y sur de Los Ángeles. El centro lo ocupaban ma-
yoritariamente politoxicómanos y delincuentes de baja estofa.
La zona sur, la ocupaban gánsteres afroamericanos e hispanos.
En un esbozo de lo que años después haría Bratton en Nueva
York, Gates trató de solucionar problemas, no en hacer descender índices de criminalidad a base de trampas estadísticas. Se
llevó a cabo la operación Hammer y con ella se consiguieron

espectaculares descensos porcentuales en la delincuencia. Como a Bratton, le llovieron quejas de racismo y brutalidad policial. Tras más de cuatro décadas de servicio —que en un cuerpo policial americano es un auténtico récord—, Gates dejó de ser el jefe de Policía después de los incidentes por la detención de Rodney King.

Gates nunca tuvo problemas mientras, a diario, en las calles, bares y tiendas de la ciudad se cometían atracos y homicidios. Nunca los tuvo cuando fue designado para controlar la delincuencia y cuando se cumplieron los objetivos políticos estipulados. Pero sí comenzaron a llover las quejas y su cabeza fue la primera que rodó cuando el escándalo afectó al sistema. Ejemplos como este sirven de advertencia para todos aquellos jefes que escuchan demasiado la voz política que les susurra hacia dónde deben dirigir sus pasos profesionales.

Los negros atracaban las tiendas de los coreanos a punta de pistola, los coreanos recibían a balazos a los negros que entraban a sus tiendas a robar, los hispanos «volcaban»[11] la droga de los negros y los negros ametrallaban los barrios hispanos. ¿Cuestión racial? Sí, pero no como nos la contaron. Entre bandas de hispanos se mataban y entre bandas de negros, también.

Aquellos americanos, como los nuevos franceses o alemanes de tercera y cuarta generación, no se reconocían si no era bajo la bandera de sus abuelos o tatarabuelos. Así, al igual que ahora en Europa los descendientes de turcos, argelinos o marroquíes se quedan con la bandera del país de sus ascendientes antes que con la del país que les vio nacer si sus selecciones de fútbol se enfrentan en un partido, los descendientes africanos e hispanos no eran capaces de sentirse americanos cohesionados. Un sudanés no era lo mismo que un nigeriano, un hondureño no era lo mismo que un colombiano. Y aunque todos los negros

---

[11] Robar la mercancía a otro traficante o banda.

fueran ya afroamericanos, llevaran varias generaciones en el país y no supieran situar en un mapa la tierra de sus ancestros, las diferencias de origen eran cuestión insalvable. La pertenencia a la banda sustituyó a la pertenencia a la tierra, que es lo mismo que pertenecer a la tribu. Se odiaban y mataban a diario y nunca interesó a nadie esa sangre, no hubo disturbios. Resultó herido Rodney King en una actuación policial cuestionable y ardió la ciudad entera. La culpa de todo solo podía ser de la policía y su racismo institucionalizado.

Lo que llaman racismo institucional no es otra cosa que la máxima expresión del trato igualitario que los agentes del orden dispensan a la población. Si cometes una infracción o un delito, eres objetivo de la acción policial. Si no, nadie se mete contigo. Lo que llaman racismo del sistema no es más que la aplicación de la ley. Aquello que impide a los individuos desajustados comportarse como lo hacían antes, en una sociedad más desordenada, o como aprendieron de una crianza tal vez disfuncional. Racismo institucional, lo llaman. Es cuando la policía no les deja hacer lo que les da la gana, no les deja vender droga, quemar un coche, pintar una pared o sobar a una muchacha en un bar. En el racismo se amparan cuando sus entornos sociales han procurado que, ni de lejos, se acerquen a las costumbres de la sociedad a la que eligieron venir porque la suya les negaba cualquier oportunidad.

La niña negra a la que mató una coreana

Trece días después del incidente de Rodney King, la tensión acumulada de años entre coreanos y negros llegó a un punto de insuperable crueldad. Una joven de quince años, Latasha Harlins, fue asesinada de un tiro en la cabeza por una dependienta coreana tras un forcejeo, al creer esta que la chica afroamericana iba a robar una botella de zumo que había introducido en su mochila. La grabación de la cámara de seguridad de la tienda demostró que llevaba un billete en la mano para pagar y que, cuando Latasha recibió el disparo, estaba de espaldas a la propietaria, saliendo ya de la tienda. La tendera, por su parte, alegó temer por su vida, que había sufrido intentos de atraco antes y también que la pistola se disparó por error, cosa plausible si se ve detenidamente el vídeo y se conocen los errores más habituales en el manejo de armas por personas no expertas en situaciones de estrés. La pericial demostraría que el arma estaba manipulada para que apenas hubiera que hacer presión a la hora de apretar el gatillo, y así facilitar su uso a alguien con menos fuerza. No parece muy creíble que una mujer trabajadora, sin antecedentes, se levantara aquella mañana con ganas de disparar a una niña de quince años, pero aun así, estamos hablando de la muerte de una niña, una niña inocente, de un disparo por la espalda y en la cabeza, por el mero hecho de que su ejecutora pensó que iba a robar un zumo, cuando además llevaba el billete en la mano. En un caso así, puedes llegar a entender que toda una comunidad salga a la calle para mostrar su indignación. E, incluso, que en un contexto de gran tensión acumulada, sin poder encajar el hecho, se produzcan disturbios. Sí hubo unas cuantas concentraciones —estas sí, espontáneas— convocadas por familiares y vecinos que acabaron con altercados frente a edificios públicos, pero nada comparado con los disturbios que vendrían después en el caso Rodney King. Las masas actúan con violencia sistemática solo cuando el *establishment* lo ordena. Son sus perros de presa.

Comoquiera que la cosa todavía era susceptible de empeorar, empeoró. En el juicio por la muerte de la joven Latasha —celebrado antes que el de Rodney King—, y a pesar de que el jurado recomendó una sentencia por homicidio voluntario de hasta dieciséis años de cárcel, la juez encargada del caso, Joyce Karlin, hija de un alto ejecutivo de la Warner, rebajó la pena a trabajos en beneficio de la comunidad y multa. Es decir, la homicida no entraría en prisión. La juez justificó su decisión: «Este es un momento para curar heridas, no es el momento de la retórica, que no sirve a otro propósito más que a echar gasolina al fuego. Como echar gasolina a un fuego que ya está ardiendo. Mi opinión es que la Sra. Du no es un peligro para la comunidad, y que no hay peligro de reincidencia. Sé reconocer a un criminal cuando lo tengo delante, sé reconocer a alguien que representa un peligro para la comunidad cuando le veo. Cuando no le veo, trato a esa persona de manera diferente a un criminal».[12]

Ahora ya sí. Cualquier ser humano entendería un brote de rabia violento en la comunidad negra de Los Ángeles al comprobar que la autora material de los hechos quedaba libre. Aunque hubo manifestaciones de rabia e impotencia, Los Ángeles no ardió. De hecho, algunos líderes de ambas comunidades se reunieron y abrazaron en actos públicos para tratar de buscar soluciones al conflicto.

Los disturbios no comenzaron hasta medio año después, cuando llegó la sentencia absolutoria para los policías que habían apalizado a Rodney King. ¿Cómo es posible que los ciudadanos no salgan en masa a destrozar la ciudad ante la muerte de una inocente niña, pero sí ante una paliza a un criminal convicto y peligroso que acabó con heridas leves? Pues es posible porque la víctima nunca importó, ni el color de su piel, ni su sexo. Lo único que importaba era cuánta política y cuánto negocio se podían hacer con su muerte. Para eso, el foco había que ponerlo en el victimario: la niña negra murió a manos de una coreana. Difícil colar lo del racismo. En el caso de King, el delincuente fue golpeado por policías blancos —aunque había uno negro, no sale en el vídeo— y con eso bastó para lanzar el discurso del racismo institucional. El Partido Demócrata, representante del

---

[12] Recogido en el documental de National Geographic *LA 92*, min. 26:24.

llamado progresismo que domina casi todo el aparato mediático en Estados Unidos, necesita los votos de las minorías, que en EE. UU. se cuentan por millones, así que solo tiene que escoger el incidente preciso y convertirlo en una historia de cine épico, en una canción romántica, en un rap lleno de rabia, en un mural de denuncia. El mensaje debe entrar directamente en los corazones de los americanos sin pasar por la cabeza. Controlar el relato para manejar las pasiones. ¿Cuántas veces habías visto el vídeo de la paliza a King y cuántas el asesinato de la niña en YouTube? ¿Conocías el nombre de Latasha Harlins antes de leerlo aquí?

En Estados Unidos se producen unos 15.000 homicidios al año, pero el *establishment* de la izquierda solo utiliza uno; o ni siquiera eso, a veces basta con un herido como King. Más del 90 por ciento de los negros asesinados lo son a manos de otros negros,[13] pero no conocerás sus nombres ni sus historias a menos que el *establishment* pueda hacer negocio político y económico con ello.

Los policías en Estados Unidos afrontan unos cincuenta millones de interacciones anuales y reciben de media sesenta mil agresiones, algunas bastante peores que las de Rodney King, con la diferencia de que estos las sufren cuando van a atender alguna emergencia en la que hay terceros en peligro, y King la sufrió tras cometer varios delitos borracho y resistirse a la detención. Alrededor de 170 agentes de policía mueren anualmente en acto de servicio,[14] de los que un tercio, aproximadamente, es asesinado por criminales. Todas esas personas fallecidas tenían hijos,

---

[13] Según datos del UCR (Uniform Crime Reporting) del FBI, en el 55 por ciento de los homicidios cometidos en Estados Unidos en 2019, el autor era de raza negra, a pesar de que la población negra solo representa el 13 por ciento del total del país. El 91 por ciento de los negros asesinados lo fueron a manos de otros negros.

[14] Datos de The Officer Down Memorial Page.

padres, hermanos... y, al contrario que King, dedicaron su vida a hacer el bien, no a hacer el mal. Nadie les recuerda, se equivocaron de mundo.

Lo que pasó después de la paliza a Rodney King ya os lo hemos contado, las cifras son estas: 64 seres humanos asesinados y más de 3.000 heridos. Decenas de tiendas de coreanos inocentes vandalizadas con saqueos, incendios y palizas a los propietarios. Decenas de tiendas de comerciantes que no eran coreanos, también inocentes, vandalizadas, saqueadas, incendiadas y con sus propietarios, muchos de ellos hispanos, también linchados. ¿Cuestión racial?

El pueblo americano presenció en directo cómo ardía la ciudad a vista de pájaro, gracias a los helicópteros con cámaras de algunos medios de comunicación y de la propia policía. Así pudieron ver cómo varones de raza negra sacaban por la fuerza a un camionero, Reginald Denny,[15] de la cabina de su vehículo, para acabar dándole una paliza que encoge el corazón, y que le dejaría secuelas de por vida muchísimo más graves que las de King. Este camionero era un simple trabajador que no había hecho ningún mal a nadie, un hombre inocente que recibió patadas por todo el cuerpo cuando ya estaba inerte, para finalmente ser rematado con un objeto contundente arrojado sobre su cabeza. ¿Quién se arrodilla por Reginald? Nadie.

Fidel López, guatemalteco, también fue sacado a la fuerza de su vehículo por varones de raza negra, tampoco había hecho nada. Su paliza desgarra el alma a cualquier persona con un mínimo de corazón. Le agreden, le cortan la oreja, le abren la cabeza con una radio de coche, le roban todo el dinero que lleva, lo desnudan, lo humillan y comienzan a pintar su cuerpo, que yace inerte en el suelo, con pintura negra, incluidos los genitales. ¿Quién se arrodilla por Fidel? Nadie.

---

[15] Documental *LA 92*, min. 59.05.

Otros ciudadanos negros ayudaron a llevarse a Fidel y Reginald fuera del alcance de los violentos, y les salvaron la vida.
Policías blancos detuvieron a los cuatro policías de la paliza a
King. ¿Cuestión racial? Pero ¿de qué raza? Ya sabes, nada discute el mensaje.

En el año 2020, cuando George Floyd murió, el presidente
Donald Trump había logrado reducir las tasas de desempleo entre la población negra en porcentajes históricos. Aquello dio pie
a que algunas encuestas vaticinaran un aumento del 3 o 4 por
ciento del voto de esa comunidad para Trump; y eso, en un país
con 35.000.000 de ciudadanos de raza negra aproximadamente,
son muchos votos. Así que entró en escena George Floyd y toda
la película que viene detrás de la utilización calculada de su
muerte. Los compañeros de Chauvin, el asiático Tou Thao y el
mulato J. Alexander Kueng eran peligrosos para el discurso oficial, piedras en el camino de un plan mediático perfecto. El 24
de enero de 2022 comenzó el juicio contra Thao, Alexander
Kueng y Thomas Lane sin apenas cobertura mediática. El resto
de los 21.500 asesinados ese año, el más violento en décadas, no
existe. Niños asesinados, negros y blancos; agentes emboscados
en acto de servicio por bandas criminales, inocentes que salieron
un día a trabajar y no volvieron a ver a sus hijos, tenderos que
trabajan doce horas al día y mueren en un asalto violento. No
tendrán canciones, ni películas, ni murales, ni grafitis, ni asociaciones subvencionadas recordándolos. Un delincuente reincidente violento sí. Por eso, para el *establishment* y la izquierda es
tan importante controlar y subvencionar la cultura. Si controlan
el relato, dominan la situación. Si les robas el relato, no tienen
nada. Solo si damos la batalla cultural que hemos rehusado durante décadas podremos salir de esta.

Como acabamos de explicar, las víctimas son lo de menos
para quien utiliza el dolor con fines políticos, el rendimiento que
se le puede sacar a la muerte viene dado por el victimario, y en

el caso Floyd había mucha tajada que cortar: un policía blanco con el pelo rapado... ¡que empiece el *show*! Trump como objetivo, firme defensor del eslogan «ley y orden». Al otro lado la izquierda, que intenta acabar con Trump, y de paso con la policía.

Anarquía en Capitol Hill

Con la excusa de la cuestión racial, aprovechando que el Pisuerga pasa por Valladolid, el 8 de junio de ese año 2020, grupos antisistema de extrema izquierda decidieron cerrar una parte de Capitol Hill, un barrio de Seattle, y convertirlo en *zona de resistencia*. La policía no podría entrar. Había que demostrar que eran los cuerpos policiales los causantes de la violencia. Adoptaron el modelo de autogestión, de inspiración anarquista. La zona se llamó primero CHAZ (*Capitol Hill Autonomus Zone*), y más tarde adoptó el nombre de CHOP (*Capitol Hill Occupied Protest*).

Todo ocurrió con el apoyo de la alcaldesa progresista de la ciudad, Jenny Durkan, que llegó a calificar el acontecimiento como una «fiesta de barrio» y dialogó con los nuevos gestores de la zona, a los que mandó recursos sanitarios portátiles y comida rápida. También ocurrió ante la pasividad de la jefa de Policía, Carmen Best, de raza negra. La comisaría de la zona pasó a ser un edificio ocupado denominado *No Cop Co-op* (cooperativa sin policía), y la asamblea vecinal, compuesta por cuatro idiotas con mucho tiempo libre, la mayoría hijos de papá con dinero que no tenían que ir a trabajar a diario para ganarse el pan, validó la idea de dejar atrás cualquier tipo de vigilancia policial.

Un mes duró el campamento en el que, gracias a la ausencia de los malvados racistas y fascistas agentes del orden, una zona altamente tensionada se convertiría en un paraíso terrenal de paz y amor. La alcaldesa izquierdista Durkan, quizá al creer que iba a hacer historia con un nuevo Mayo del 68, pudo pensar: «Si este experimento sale bien, puedo hacerme muy famosa, y, tal vez, quién sabe, puedo llegar a ser la primera mujer presidenta de Estados Unidos», así que su ambición y arrogancia, sumadas a la cobardía de una jefa de Policía escogida por ella para servir a su discurso y no a los ciudadanos de Seattle, dio lugar a una selva sin ley ni orden donde a los pocos días ya había denuncias de robos, palizas y agresiones sexuales, y donde la violencia sobre la mujer creció exponencialmente. No vamos a cansarnos de repetirlo: no hay espacios intermedios entre el orden y el caos, una vez superada la delgada línea azul, solo hay caos.

El día 20 de junio, solo doce días después de comenzar el experimento, Lorenzo Anderson, un joven de diecinueve años de raza negra, fue asesinado a balazos. Se detuvo —pendiente de juicio— a Marcel Long, otro joven, también de diecinueve años, también de raza negra.

El día 29 de junio Antonio Mays Jr., de dieciséis años y raza negra, murió tiroteado supuestamente por el servicio de seguridad de la zona, que, lógicamente, no estaba formado por policías, sino por matones puestos a dedo por los cabecillas del movimiento, sin que hasta hoy se hayan realizado todavía detenciones. En ese mismo tiroteo resultó herido de gravedad otro joven de catorce años, también de raza negra.

Después de la segunda muerte en un mes, de varios tiroteos, y de un sinfín de delitos violentos, y tras haber remitido una carta a los vecinos en la que, visto el panorama, ya se preparaba para eludir su responsabilidad argumentando que ella no era culpable de nada, la jefa de Policía dijo *enough is enough* (ya es suficiente) y dio orden de entrar y recuperar la zona. Ni ella ni la alcaldesa asumieron responsabilidad penal alguna por los hechos. La jefa de Policía dimitió después de ordenar la intervención policial y asegurar el terreno; la alcaldesa, ni eso.

Suponemos que nunca habrás visto a la abuela de Antonio Mays Jr. llorar y preguntarse por qué la vida de su inocente nieto valía menos que la de un criminal como Floyd. Eso es porque apenas salió en algún medio local y en algún programa de la Fox, la única gran cadena norteamericana que no domina la izquierda. También suponemos que jamás habrás visto una sola declaración del padre de Lorenzo Anderson. Tal vez tenga algo que ver con que la primera vez que le entrevistaron en la cadena Q13 News, filial de la Fox, dijo: «Todavía no sé nada de la alcaldesa, pero increíblemente, Donald Trump me ha llamado. El presidente de los Estados Unidos me ha llamado hoy».

Dos chavales inocentes no cambiaron el curso de la historia, dos criminales culpables, sí. La izquierda domina la cultura, la universidad, el cine, la televisión... todo; y por lo tanto domina el relato, escribe la historia futura y reescribe a conveniencia la pasada. Dominan y controlan ese relato en todas partes, en Estados Unidos, Reino Unido y aquí también.

En Estados Unidos, ocultan la procedencia étnica de los autores de determinados crímenes y delitos, lo que es grave, pero en Reino Unido, por ejemplo, fueron mucho más lejos. Durante casi dos décadas, desde finales de los noventa hasta 2013, escondieron los abusos sexuales que inmigrantes de origen paquistaní perpetraron sobre más de dos mil niñas y niños menores de edad, a los que drogaban, alcoholizaban y forzaban a prostituirse. Hechos terribles que toda la comunidad conocía y que ninguna administración —la policial incluida— se atrevió a atacar por miedo a consideraciones racistas. El diputado laborista Dennis MacShane reconoció, sin que eso supusiera ningún coste político, que «no se quería remover la nave multicultural»[16]. Este diputado acabaría en prisión por otros hechos delictivos de tipo económico, pero nunca por una dejación de funciones de tal calibre como permitir la violación de cientos de menores. Nue-

---

[16] «Rotherham report "reduced me to tears", says MP who exposed abuse decade ago», *The Guardian*, 30 de agosto de 2014.

vamente, la corrección política se cobraba la integridad física y psíquica, cuando no la vida, de los más desvalidos. Los que intentaron hacer algo recibieron el *pack* completo de acusaciones de racismo y xenofobia.

En España, más de cien manadas han secuestrado o violado a niñas en los últimos años, pero tú solo conoces los nombres de los integrantes de dos de ellas. Bueno, conoces los nombres y toda su vida. La primera la formaban cinco españoles heterosexuales blancos, uno de ellos exmilitar y otro guardia civil. ¿Para qué quieres más? Tenemos el lote completo. Ahí había que poner toda la carne en el asador. También eran ultras de fútbol, lo que habitualmente se relaciona con la extrema derecha. Ya está, era una oportunidad que no se podía dejar pasar. El último argumento, el de ser ultras de fútbol, decayó un poco en los días sucesivos. Alguien se dio cuenta de que el grupo al que pertenecían, los Biris del Sevilla, son ultras de extrema izquierda, que suelen hacer *tifos* con la silueta del Che Guevara. El nombre de la peña es un homenaje al delantero Alhaji Momodo Njie, de raza negra y nacido en Gambia, que jugó en el Sevilla en la década de los setenta, apodado Biri. Así que por ahí podía hacer aguas la estrategia política, que era lo único que importaba, por lo que no se profundizó mucho más en el tema. Pasaron de ser ultras de fútbol, a ser aficionados al fútbol en general, así, sin más.

La segunda manada, de la que pudiste ver rostro, nombres y apellidos en todos los medios, fue la compuesta por los jugadores de fútbol de la Arandina. El resto de chicas violadas en manada deben de tener menos derechos, o igual tuvieron la mala suerte de nacer en un país con demasiada gente sin dignidad.

¿Volvemos a Los Ángeles?

La realidad es que, en 1992, debido al trabajo policial, las bandas locales se encontraban sumamente mermadas y con escasa capacidad operativa. No faltaban jóvenes que desearan incorporarse a sus filas, pero la recompensa era poca y las detenciones y entradas en prisión, muchas. El armamento del que disponían había sido incautado en su mayor parte y las redes de distribución de estupefacientes estaban desmanteladas. El vídeo de Rodney King permitió la reorganización de toda la estructura criminal aprovechando el velado sostén de las asociaciones pro derechos civiles, detrás de las cuales, al finalizar las manifestaciones, y amparados por una masa que les entendía como desfavorecidos y oprimidos, aprovechaban para entregarse al saqueo, la destrucción y, por supuesto, la venganza contra su grupo étnico rival. Volveremos a escribirlo: el racismo es una expresión cultural universal, no es exclusivo del hombre blanco.

El jefe de Policía Daryl Gates sí cometió un error, y fue el de no reprimir con implacable contundencia los primeros disturbios que se produjeron tras la emisión del vídeo de la detención de King. Nuevamente por causas políticas y para evitar nuevas acusaciones de brutalidad policial contra las etnias, se dejó de perseguir el delito. No actuar para evitar males mayores. Los políticos, allí y aquí, no tienen ni idea. No actuar siempre es el mal mayor.

La ciudad quedó arrasada, volvió a reproducirse el histórico mensaje de que cualquier delito puede cometerse si se ampara bajo el paraguas de una causa y es cometido por gran cantidad de personas. De nuevo, como ya sucedió con el mayo francés, treinta años después sufrimos las consecuencias con hechos similares adaptados a los tiempos que nos toca vivir. Desgraciadamente muere un hombre negro —George Floyd— a manos de la policía, y parece que la única solución válida es sembrar el terror y la destrucción. Un terror producido por hordas salvajes de supuestos concienciados dirigidos por millonarios que beben champán mientras ven por la tele la catástrofe, y apoyados por acomodados vecinos cuyos barrios no están ni cerca de la olla a presión del gueto.

Black Lives Matter

Es la disidencia controlada. Los grandes poderes político-econó-micos forman el *establishment*, que nunca quiere que las cosas cambien, porque para ellos las cosas van muy bien, y un cambio puede hacerlas ir a peor, así que lo mejor es controlar a los disidentes y que estos se maten entre ellos. Vecinos contra vecinos, vecinos contra policías, que también son vecinos. También es provechoso el saqueo de comercios de otros vecinos: la lucha entre iguales como estrategia de las élites. A ellas todo esto ni les roza, sus zonas residenciales de lujo no son arrasadas nunca y la única disidencia que les preocupa es la de las ideas, por eso no la financian. Al BLM sí, todos los conglomerados económicos y las grandes empresas de Estados Unidos financian un movimiento al que solo le importan las vidas de los negros..., pero no las de todos los negros ni en todos los momentos.

Una vez cogió inercia, el movimiento BLM no dudó en sostener acusaciones contra cualquier acción policial sospechosa de racismo, no importaba qué antecedentes ni de qué clase tuviera la presunta víctima de la *violencia policial*. Todo individuo, por el hecho de ser negro, se encuentra en situación de indefensión ante la fuerza de la ley. De cualquiera de sus acciones es inocente y el policía, ese malvado y demoníaco ser,[17] pasa a ser responsable de ejecutar el dictamen de la maquinaria racista.

Aun siendo ya un movimiento tremendamente popular, el punto de inflexión para BLM llegaría en 2015, con la muerte de Sandra Bland, de veintiocho años, que fue detenida por un agente de la patrulla estatal de Texas al cometer una infracción de tráfico. Sandra desobedeció y faltó al respeto al agente en

---

[17] Malcolm X definía así, «demonio», al hombre blanco. Llamaba «poseídos» a los negros que trataban de integrarse en las comunidades blancas. Sobre todo a aquellos que solicitaban el ingreso en los cuerpos policiales.

reiteradas ocasiones y llegó a agredirlo. Mientras esperaba sentencia previa, se suicidó en prisión tres días después del suceso que desencadenó su detención.

De Sandra dicen que era una mujer sana, buena persona y buena estudiante, algo que no dudamos. Sin embargo, al igual que en otros tantos casos defendidos por movimientos activistas, olvidan comentar que Sandra Bland acumulaba varios antecedentes por exceso de velocidad, por conducir sin seguro, por circular ebria, por posesión de drogas y por hurtos en comercios. Sandra no era una santa ni murió fruto de una intervención policial. ¡Qué importaba! Mujer joven, negra y además miembro activo del BLM. Causa perfecta para lanzar a las calles la indignación dirigida y popularizar el primer *hashtag* viral de BLM, el #*SayHerName*, con el que, en la época del feminismo, se daba un paso más, el del feminismo racial, tratando así de crear conciencia sobre un nuevo ítem rentable, el de las mujeres negras víctimas de brutalidad policial. Finalmente, Black Lives Matter alcanzaría el reconocimiento mundial tras la muerte de George Floyd y hoy es un auténtico *lobby* de presión en Estados Unidos y en toda la comunidad internacional, sumándose a la acusación particular en cualquier caso de muerte de un ciudadano negro producida en acción policial.

Pero BLM no es un movimiento en contra de prácticas poco éticas o violentas llevadas a cabo por motivos raciales o étnicos —de ser así abarcaría todo el espectro de las etnias y clases tradicionalmente excluidas—, BLM solo se centra en personas negras. Así que, aun soportado y apoyado por gentes de toda condición económica y social, su acción solo se dirige a los negros. ¿A todos? Con muchos matices. BLM se define como grupo interseccional, lo que viene a ser lo mismo que un grupo que abarca a toda la comunidad LGTB y *queer* negra, discapacitados y, en general, *negros oprimidos por la sociedad heteropatriarcal*. Se define también como movimiento marxista, antifascista y anticapitalista. BLM es un movimiento que se ha declarado rupturista con las antiguas tradiciones de los movimientos pro derechos civiles, repudia la asidua asistencia de sus mayores a las iglesias cristianas, pero apoya las *primaveras árabes* y, ¡oh sorpresa!, la adhesión a un islam contemporáneo, que no es sino el islam más tradicional, radical y rancio pero con Twitter e Instagram. Ya ves, más de lo mismo. Pura cultura *woke*[18] puro NOM.[19]

Es apolítico, pero se sostiene fundamentalmente en las bases demócratas y fue uno de los grupos de presión más beligerantes contra la elección y reelección de Trump. Anticapitalista, pero nutrido de las aportaciones millonarias de grandes corporaciones y donantes privados, sobre todo blancos; y utiliza además todas las claves del mercado para distribuir su *merchandising* y obtener jugosos rendimientos como marca registrada. Antifascista, pero apoya públicamente dictaduras como la de Cuba o la de Venezuela y no admite disidencia dentro de sus filas.

Curiosamente, en muchas marchas o manifestaciones de BLM, hay más blancos que negros. Sus dirigentes y activistas con *carnet* son negros, pero sus principales valedores por influencia en Estados Unidos son blancos. Fuera del país, en Europa, BLM no existe como organización establecida o registrada, pero sus simpatizantes son mayoría de origen caucásico e hispano.

Black Lives Matter es uno de los movimientos más perniciosos para la acción policial, no solo en Estados Unidos, sino en todo Occidente, por cuanto acusa a las fuerzas del orden de ser poco menos que sicarios al servicio de un sistema racista, y contamina con la difusión de esta ideología todo el pensamiento colectivo.

---

[18] «Estar despierto». Una corriente bien extendida en muchas universidades americanas, relacionada con el activismo y la censura de hechos o acontecimientos históricos y culturales percibidos como injusticias sociales, particularmente las que, según sus integrantes, afectaron a sectores de población debido a su etnia.

[19] Nuevo orden mundial.

Tanto es así, que las agresiones a agentes se han multiplicado y los incidentes de faltas de respeto o negativas a la identificación han crecido exponencialmente. Esta situación, favorecida por la cobarde inacción de políticos y mandos policiales, puede ser reconocida por cualquier agente que patrulle hoy en Estados Unidos, y también en nuestro país. Las tensiones entre policías y ciudadanos en procesos de delincuencia o, sencillamente, incursos en acciones policiales rutinarias, aumentan por pura influencia mediática. Aun de forma inconsciente, muchas personas que no tendrían ningún problema en ser identificadas o colaborar con las fuerzas de seguridad comienzan a ser educadas en la cultura del rechazo a la autoridad. No viene del BLM, es anterior, pero activistas de este tipo contribuyen a crear un clima en el que cualquiera acaba por sentirse parte de un grupo de población excluido, estigmatizado o en minoría. A partir de ahí, adoptan posiciones de resistencia activa contra la ley. Es decir, cuanta más gente se niegue a identificarse, más intervenciones violentas habrá por meras identificaciones, y por lo tanto más denuncia social para su relato. Es un bucle, ellos crean la violencia y luego la utilizan políticamente.

Transformar a las fuerzas de seguridad en una válvula de presión frente a la sociedad es el sueño de todo villano que se precie. Las nuevas tiranías se muestran benevolentes, se esconden tras un discurso inocente, hablan de víctimas y de personas vulnerables; invocan valores indeterminados como los derechos humanos, la democracia, la solidaridad o el bien común. Señalan como amenaza a quien se escapa a su control y tratan de silenciarlo explotando sus debilidades, a menudo con denuncias infundadas. Por eso, desde las instituciones, lo realmente democrático sería disponer de una comunicación distribuida y no, como hasta ahora, centralizada. Es precisa una comunicación menos propagandística y más técnica, con datos y hechos, sin ideologías. Destinada al conocimiento de los sucesos que afecten al ciudadano y no a transmitir el mensaje de moda.

Una tiranía necesita toneladas de estupidez, oficinistas acomodados y obedientes, tertulianos que hablan mucho y no dicen nada, narcisistas que usan el uniforme para ligar en Tinder, de *postureo* en Instagram o que hacen monerías en Tik Tok, y, a ser posible, que la estupidez sea *trending topic* en Twitter para distraer la atención mientras cuelan su agenda oculta por la puerta de atrás. Es de esperar que de entre los cientos de miles de funcionarios que visten uniforme, aparezcan algunas decenas dispuestos a hacer el payaso en las redes sociales, pero lo que es inasumible es que sean los propios cuerpos los que, desde sus perfiles, llenen la red de vídeos infantiles, con contenido absurdo, bailes, caritas sonrientes y *memes*. Más que *memes*, memos. Los perfiles de Tik Tok de la Guardia Civil y la Policía causan bochorno entre sus agentes. Los miembros del cuerpo dedicado a una tarea tan necesaria como la comunicación, que debería ser hoy una herramienta de seguridad de primer orden, no pueden pasar el día bailando y haciendo gestos pueriles en una red social. Si reciben esa orden, el mando en cuestión debería ser cesado inmediatamente y los agentes destinados a trabajar en una unidad operativa, donde buena falta hacen.

El trabajo policial no está reñido con una buena comunicación, desenfadada si es preciso, pero el objetivo, al menos no el principal, no pueden ser más *likes* y más seguidores. Ni se puede perseguir a quienes damos una visión de la criminalidad distinta de la oficial. En redes sociales, con nuestro nombre y apellido, damos la cara cuatro. Y así nos va.

El nuevo BLM: Blue Lives Matter

Afortunadamente hay un nuevo BLM en Estados Unidos, que también se está reproduciendo por todo el orbe: las vidas de los policías —los hombres de azul— también importan: *Blue Lives*

Matter. Pero decir esto también es considerado racista y supremacista, como decir *White Lives Matter* o, sencillamente, *All Lives
Matter*. Si no entiendes que Black Lives Matter sí es válido, pero
no así lo demás, es que tu *histórico privilegio blanco* no te deja verlo,
y así todo. Probablemente, decir esto también sea considerado
argumentario racista y candidato a la cancelación.

El movimiento no admite disidencia y repudia públicamente a cualquiera que sea crítico con el mensaje, aunque sea negro.
Deroy Murdock, influyente periodista negro, fue amenazado
públicamente por afirmar que «la idea de que los policías de Estados Unidos están disparando a inocentes simplemente por ser
gente negra es una de las mayores y más mortíferas mentiras de
hoy en día». Pobre del que discuta...

¿Cuánto hay de verdad en el mantra de que la policía en
Estados Unidos es racista? Pues hay varias formas de comprobarlo. Una es viajando y comparando modelos policiales, algo que
los autores de este libro hemos hecho, y otra —que también
hemos hecho— es leyendo y estudiando. Como resumen, podríamos decir que la policía americana sí fue racista. Profundamente. Pero en el mismo grado o quizá algunos puntos menos
que la sociedad de la que provenía. Sociedad que abolió la esclavitud hace poco más de ciento cincuenta años y que impidió el
acceso a estudios universitarios a los negros hasta hace poco más
de sesenta. Esto también forma parte de la batalla cultural. Los
españoles que, hace ya siglos, fundamos universidades sin restric-
ción de acceso, permitimos que nos den lecciones de trato igualitario y respetuoso con las minorías aquellos que extinguieron
la totalidad de los pueblos indígenas de sus territorios.

Estudios llevados a cabo en los años sesenta y setenta evi-
denciaban una gran brecha de género en los cuerpos de policía
americanos. Era lógico. El acceso de la mujer había estado prohibido hasta pocos años antes y después fue relegada a tareas
administrativas. En aquella época no era algo que preocupara

demasiado. Solo en la actualidad, con el ascenso del movimiento feminista de tercera ola, ha comenzado a atenderse esta brecha. La inquietud estaba entonces en el acceso de las minorías. Como hemos explicado, el movimiento por los derechos civiles estaba en auge y se temía una gran revuelta social auspiciada por la infiltración de elementos comunistas en los *lobbies* por la lucha racial, que aprovecharían la situación para crear desestabilización. Por supuesto, en Estados Unidos también hubo comunistas. Los hubo y los hay, claro, cada día más. Gran parte de estos movimientos nacen del ideario marxista.

A raíz del movimiento pro derechos civiles, la ratio de diversidad en la policía llegó en los años 80 al 22 por ciento, muy lejos de la representación proporcional de las minorías. Aunque se promovieron campañas para aumentarla, no tuvieron inicialmente demasiado éxito. Hablamos de un país que hasta hace medio siglo segregaba espacios. De esta guisa, nos plantamos en los ochenta y noventa con los disturbios de Los Ángeles y, en general, con los que se producían en cualquier ciudad media norteamericana. Estados Unidos contaba con una policía eminentemente blanca, de origen norteuropeo, también de Irlanda e Italia, y nativa (colona) en el sur, todos ellos con baja formación académica.

A finales de los noventa y tras los grandes disturbios raciales que no volverían a reproducirse hasta la actualidad con la llegada del BLM, las administraciones se pusieron a la tarea de aumentar la contratación de minorías y mejorar el régimen de formación policial. Es necesario explicar que, allí, el trabajo de policía puede ser temporal, que los *sheriffs* son cargos electos o que la contratación puede hacerse a dedo y por reclutamiento —algo impensable en Europa—. En algunos departamentos la veteranía y los derechos plenos se adquieren a los ocho años y es raro encontrar un policía con más de veinte de servicio. En resumen, el sistema de gestión de la Policía de los Estados Unidos no tiene nada que ver con el europeo, pero tiene el mismo tipo de problemas en la parte operativa. Como hemos dicho, la profesión es universal.

Llegados al siglo xxi, con una pléyade de políticas de integración en marcha y avanzados los flujos migratorios de un mundo que ya es global, encontramos un país en el que las llamadas minorías ya no lo son. Aunque el 65 por ciento de la población estadounidense se categoriza como blanca, la realidad es que incluye a población procedente de Oriente Próximo y Medio o del norte de África. En esa categoría estadística entran iraníes, polacos o argelinos. Incluso italianos o españoles, aunque dependiendo de la elaboración pueden llegar a aparecer como «hispanos no negros». En muchos estados y ciudades hay más negros, hispanos o asiáticos que blancos.

En ese *totum revolutum*, y para evitar suspicacias acerca de la integración de las minorías en los departamentos policiales, se instauró el llamado *point-difference*, ratio que mide la diferencia entre la presencia de minorías en los cuerpos policiales respecto a su representación en la población total. No es un dato fácil de acreditar y su actualización es compleja. En 2013, la media era 24,5 y decrecía rápidamente. Hoy se encuentra por debajo de 19 y podemos decir que la diversidad en la Policía de Estados Unidos es un hecho.

Hay departamentos que están por debajo de esa ratio y otros que están por encima. O sea, hay policías llenas de blancos, otras llenas de hispanos y otras llenas de negros. Todo depende de la población general. La Policía de Los Ángeles tiene mayoría hispana y la de Fargo (Dakota del Norte), por ejemplo, solo tiene blancos. Las policías de Atlanta, Detroit o la de Nueva Orleans están llenas de negros y la de Miami está llena de hispanos de procedencia cubana. En todos los departamentos de policía, sin excepción, se han reportado incidentes racistas. Es más, se han reportado víctimas negras ante patrullas compuestas por agentes negros y también se han catalogado como incidentes racistas.

¿Ha habido incidentes y hay policías racistas? Sí. Los ha habido y habrá, pero acusar al sistema policial de racista es injusto e infundado. Como paradigmático tenemos el caso del Departamento de Policía de Washington, a menudo salpicado por reportes de racismo, que tiene una ratio más elevada de agentes negros que la media de su población.

Por otro lado, encuestas y estudios muestran que la población general y la población blanca muestran un nivel de confianza en las instituciones y en los cuerpos policiales mucho más elevado que la ciudadanía negra: un 42 por ciento de la población blanca encuestada afirma tener un alto nivel de confianza en su policía y un 39 por ciento manifiesta tener bastante confianza en sus actuaciones. Solo un 14 por ciento de la población negra manifiesta tener alto nivel de confianza en su policía, y bastante confianza un 41 por ciento. De todas formas, en general, los ciudadanos afroamericanos desconfían profundamente de sus policías e instituciones. Es importante señalar que los americanos, en términos universales, indican un nivel de aceptación y valoración de sus cuerpos policiales muy por encima del sistema de Justicia o de administración política.[20] Más o menos como en el resto de las democracias consolidadas.

La ciencia policial americana es muy compleja porque no es un país socialmente cohesionado. La gran variedad de procedencias y costumbres ha construido un país tremendamente diverso y también cultural y económicamente desigual. Es difícil estudiar el porcentaje de delitos reales cometidos por las diferentes etnias basándonos en su nivel académico o económico porque tales estudios siempre son acusados de tener sesgo racista. No es una cuestión sencilla.

---

[20] El Pew Research Center dispone de multitud de estadísticas en ese sentido.

En Estados Unidos, salvo mínimas excepciones puntuales que deben ser y son perseguidas, el racismo no es un problema en los cuerpos policiales. Hablar de racismo institucional en la policía es, sencillamente, la excusa para no abordar cuestiones más importantes como la educación y la deslegitimación de la autoridad, y permitir las acciones violentas contra las intervenciones policiales en las que se ven involucradas personas de minorías. La utilización política de algunas de esas acciones, como ya hemos comentado, genera evidentes réditos económicos y políticos.

Estas discusiones que ahora nos suenan tan lejanas, propias de otras latitudes, deberemos afrontarlas en los próximos años en España. Lo que allí empezó como meros problemas de integración que no se quisieron atender, el avance de una delincuencia que no se quiso ver y las mismas pequeñas pugnas entre jóvenes que empezaron por cobrar un dólar en las canchas de baloncesto, y que terminaron por convertirse en guerras de bandas para controlar las zonas de distribución de drogas y armas, son claves que no pueden maquillarse en la estadística hasta que estalle una pelea a machetazos en la puerta de tu casa.

Un paso más: Defund The Police

Pero esto del BLM no iba a acabar aquí, había que dar una vuelta de tuerca porque, en el fondo, la cuestión racial es una excusa, un medio para un fin: establecer una nueva sociedad global aparentemente gestionada por las bases —el pueblo—, que cree que pinta algo en la dirección de su destino, pero que está controlada y dirigida por élites voraces que precisan —más aún— capital económico para sus fines.

El caso es que, a raíz de los disturbios de Mineápolis, nació otro movimiento subyacente, el Defund The Police. Como de costumbre, los activistas habían encontrado la solución al problema. Quitad los fondos a la policía, reducid su presupuesto y, por arte de magia, se acabará todo mal. Ya no habrá disturbios raciales porque no habrá muertes de negros a manos de la policía y la delincuencia, que como todos sabemos solo es consecuencia de la falta de oportunidades debido a la escasez de fondos para políticas sociales, desaparecerá de las calles.

No salió bien. No ha salido nunca bien en ningún sitio y en ninguna época.

La capacidad socioeconómica es solo un factor más a la hora de entender la criminalidad, ni siquiera el más importante, y desde luego no es, como nos quieren vender, «el factor». Por eso, cuando la solución de la criminalidad solo se limita a las políticas sociales en esquemas de aculturación, la cosa siempre va a peor. París, Marsella o Bruselas son testigos irrefutables de la veracidad del argumento. Cuando se pone atención a la transformación del modelo policial, acompañado de todo lo demás, se obtiene el éxito que cosechó el Departamento de Policía de Nueva York a partir de 1994, y por imitación del modelo, el resto de grandes ciudades americanas en esa década. El año 2020, con los movimientos Defund The Police y la inversión del dinero que se detraía a los departamentos de policía en políticas sociales y de integración gestionadas por activistas, ha sido el más violento en décadas en Estados Unidos.

Fue la cobardía de los administradores locales y la dejación de los jefes de los departamentos policiales afectados lo que permitió no solo que los disturbios y saqueos se reprodujeran por todo el país, sino que, como ocurrió en la acampada de Sol durante el 15-M o durante la pantomima de referéndum catalán, se autorizara que grupos organizados, sin legitimidad alguna, se apoderaran de espacios públicos, los declarasen ocupados y autogestionados, y suplantaran a las autoridades civiles en una suerte de microgolpes de Estado. Eran la disidencia controlada del poder.

Se trataba de engañar a la parte intelectualmente más endeble de cada generación para que crea que están allí para cambiar las cosas, cuando en realidad su único papel es asegurar que todo siga igual. Todo ello mientras se comenzaba a hablar de pasaportes covid y restricciones de derechos para aquellos que se resistían a la vacunación. Estábamos asistiendo en tiempo real a la destrucción de los estados nación y al nacimiento de los primeros impulsos autocráticos, pero a la vez globalistas en su ideología de base, que de no encontrar oposición en las fuerzas del orden, habrían dado lugar a sociedades caóticas regidas por sistemas tribales muy similares a aquellos que criticamos en naciones fallidas o en las zonas *no-go* que comienzan a proliferar en Occidente.

Dejar la organización de la sociedad a *la asamblea*, donde niños pijos juegan a hacer la revolución sin haber salido nunca de la cafetería de la *facul*, solo es otra forma más de suicidio colectivo. En Seattle tardaron un mes en entenderlo. El papá del joven negro Lorenzo Anderson Jr. lo sabe. La abuela del joven negro Antonio Mays Jr. lo sabe. Tú quizá no lo sepas, pero el plan es repetir el experimento cada vez que sean necesarios los votos. No dudes que dentro de pocos años habrá otra revolución, otra voladura controlada para que nada cambie. Las pequeñas rebeliones populares que preceden a las revoluciones son teatros de operaciones controlados. La asamblea no es un método para la gestión democrática, sino un método para controlar al disidente, para ver quién levanta la mano y lleva la contraria al líder.

Los disturbios, el constante acoso y cuestionamiento de cualquier acción policial, los continuos episodios de agresión y resistencia a los agentes y el Defund The Police no tardaron en surtir efecto también dentro de las fuerzas del orden. En un país en el que encontrar un trabajo es tarea relativamente sencilla y donde ser policía es realmente una vocación de servicio, los niveles de frustración produjeron el abandono masivo y el vaciado de gran parte de las plantillas de los cuerpos locales. No había efectivos para cubrir las demarcaciones y solo el despliegue de la Guardia Nacional mantuvo cierta seguridad en un clima de tensa calma. Como sabemos, ciudades como Seattle fueron desposeídas de la autoridad civil y propugnaron un movimiento que iba más allá de la desprovisión de presupuestos en seguridad: el *Abolish The Police*. Los policías simplemente desaparecieron de un día para otro al verse abandonados por los políticos al cargo y por unos jefes de policía incapaces de emitir un discurso agresivo contra el poder que los había dejado vendidos.

Las zonas autogestionadas *No Cops Allowed* duraron lo que tardaron varias activistas en ser agredidas sexualmente por sus compañeros *aliades* feministas y no hallar respuesta policial; lo que duraron los fondos cooperativos que nadie aportaba; y lo que duraron las donaciones de los trasnochados vecinos progres, alimentos y productos de primera necesidad inmediatamente saqueados para su posterior venta.

Pero si las zonas autogestionadas eran un problema, no lo fue solo en su ámbito interno, sino también en su entorno. Aquellos espacios se situaron en los centros administrativos, que se degradaron en días. En pocas semanas, las zonas aledañas, sin control policial, comenzaron a depauperarse también. La consecuencia, como ya has podido adivinar, es que los vecinos con más posibilidades empezaron a huir. Ahora sí, las consecuencias de abandonar a la policía también les afectaban a ellos. Ahora sí, había que actuar con la máxima contundencia, pero ya no había nadie para hacerlo, habían despedido a la mitad de los agentes y la otra mitad se había marchado. Quedaban cuatro locos de azul. Detrás del orden, solo hay caos...

Por supuesto, y como pasa en todo el mundo, los vecinos con menos posibilidades económicas para marcharse sufrían las consecuencias de los experimentos de aquellos a los que, sorprendentemente, habían votado en masa. Curiosa humanidad.

En marzo de 2022 Amazon anunció que cerraba sus oficinas en Seattle, donde trabajaban 1.800 personas, por el aumento exponencial del crimen violento y el peligro permanente para sus empleados. Ya sabes, las agencias de paquetería no reparten en esas zonas, las cadenas de comida a domicilio no sirven, las empresas se marchan…

Antes, también en marzo, pero de 2021, en Chicago, un muchacho de trece años llamado Adam Toledo huía de la policía pistola en mano. Tras una persecución, se detuvo, se giró hacia el agente que le seguía y fue inmediatamente abatido. Los BLM intentaron convertirlo en un mártir, pero esta vez, a excepción de sus incondicionales, ya nadie les creyó. Volvieron a sus pancartas, soflamas, incendios y saqueos, pero cada vez son más los ciudadanos que comienzan a comprender los procesos mentales por los que pasa un policía cuando ve que su vida corre peligro y asumen que contra la violencia de las calles solo cabe el fuego de la templanza de la ley.

La nueva realidad nos muestra un mundo falsamente diverso, no porque no sea plural, sino porque no lo es en la forma en la que tratan de hacerlo entender. HBO o Netflix proponen un sinfín de documentales con conciencia social y sobre grandes injusticias con las minorías, desde casos de sofisticado racismo velado a *ejecuciones* policiales por motivos racistas o xenófobos. Pocas veces se muestra un documental de la vida de las víctimas de crímenes llevados a cabo por minorías o de la desgracia en la que ha caído un policía que debió enfrentarse a un negro o hispano que intentó matarle. ¿Sabéis por qué no es así? Porque, en realidad, el racismo solo está en los ojos del acomplejado que mira a las personas con la condescendencia progre del que las entiende como víctimas por el mero hecho de haber nacido negro o hispano, y cree que el policía tendrá hacia él un trato diferente. No, amigos, el policía no ve colores, ve ilícitos penales o infracciones administrativas y actúa en consecuencia. Si el autor es negro, blanco o viene de Marte, no le importa a nadie salvo a los que tratan de obtener de ello rédito político o económico. Ellos son los verdaderos racistas.

Ovejas, lobos y perros pastores. La historia de Darrel Wilson

Si has leído el libro *Sobre el combate*, del teniente coronel Dave Grossman, uno de los mayores expertos en combate militar y policial del mundo, es posible que recuerdes la división de la sociedad en tres tipos de personas. Por un lado, están los que no tienen capacidad para la violencia, ciudadanos normales que viven su vida sin interferir en la del prójimo; esos son las ovejas. Por otro están los que sí tienen capacidad para la violencia y ninguna empatía con el resto de seres humanos; esos son los lobos. Por último, están los que sí tienen capacidad para la violencia y a su vez sienten una tremenda empatía por sus semejantes; eso son los perros pastores, los policías. Mermar la capacidad de actuación de los últimos, hacer que sientan miedo a la hora de llevar a cabo sus intervenciones, señalarlos mediáticamente para destrozarles no solo a ellos, sino a sus familias, no constituye solo el principio del fin de los perros pastores, que pasarían a ser holgazanas mascotas, sino que sobre todo supone el fin de las ovejas, solas frente a los lobos. Y los lobos son implacables. Pero se produce una paradoja en esta historia, definida magistralmente por César Pérez Gellida, escritor de novela negra:

> Lo curioso y paradójico es que desde el punto de vista de las ovejas, no es el lobo sino el perro pastor el que representa el peligro, porque este, en su afán protector, no hace otra cosa que ladrarles y morderlas para que obedezcan. Lo hace por el bien del rebaño, sí, pero eso la oveja lo desconoce porque, si

aparece el lobo y el perro pastor consigue ahuyentarlo, la oveja no llega a percibir la sensación de peligro. Si la suerte cambia de bando, la opinión de la oveja ya no contará porque estará en el estómago del lobo.[21]

Es probable que no conozcas la historia de Darrel Wilson, pero este policía de Ferguson (Misuri) fue el primer gran *hit* del movimiento Black Lives Matter poco después de su creación. El 9 de agosto de 2014, el policía local Wilson hacía una patrulla en solitario en el turno de mañana, cuando escuchó el aviso de un robo con violencia en una tienda. Los sospechosos eran dos jóvenes negros, el posteriormente fallecido Michael Brown y su compinche Dorian Johnson. La cámara de seguridad de la tienda mostraba a Michael intentando robar un paquete de cigarrillos y cuando el dueño del local pretende pararlo, le agrede y se va con su amigo... y con los cigarrillos.

A mediodía, el policía Darrel Wilson vio a dos jóvenes negros que caminaban por la carretera y decide parar a su lado, ni siquiera se baja del vehículo, solo les conmina para que se suban a la acera. No piensa en ese momento en el robo radiado durante la mañana.

Michael, en lugar de obedecer la orden, insulta al joven policía y sigue caminando con su compinche por la carretera. Es entonces cuando Wilson observa un paquete de cigarrillos igual al sustraído en la tienda en las manos de Michael, así que frena el vehículo policial y pide a los dos hombres que se detengan.

Cuando el agente intenta descender del coche e identificar a los sospechosos, Michael comienza a golpear la puerta de este con fuerza, la fuerza de alguien con 160 kilos y 1,95 de altura. El policía le grita entonces a Michael que se retire e intenta abrir, pero como respuesta recibe a través de la ventanilla una batería de pu-

---

[21] César Pérez Gellida, *Astillas en la piel*, Suma, Madrid, 2021, pág. 302.

ñetazos del joven negro de dieciocho años. El agente sigue atrapado sin poder salir del vehículo y, al temer por su integridad física,
ante la potencia de los puñetazos en la cara y la cabeza, que podrían dejarlo inconsciente, decide extraer su arma de fuego, pero
no dispara, solo amenaza a gritos con hacerlo si su atacante no se
retira. Entonces el joven intenta arrebatar el arma al policía, y se
produce el momento de mayor tensión, cuando se teme por la
vida, cuando las reacciones del cuerpo humano dejan de ser racionales y pasan a ser instintivas, de supervivencia. Efecto túnel, cortisol, adrenalina, glucosa en la sangre... todo lo que ya sabes. La
violencia como combinación de impulsos químicos y neurofísicos.

En el forcejeo se producen tres disparos. Darrel Wilson cree
que va a morir, pero todavía no hay nadie herido a pesar de que
el asaltante está con medio cuerpo dentro del vehículo, porque
la pistola está en manos de los dos, y no la controla ninguno. El
tercer disparo hace estallar el cristal de la ventanilla y también
hace que el agresor retroceda por primera vez. Wilson cree que
lo peor ha pasado, pero no. El joven vuelve a abalanzarse sobre
el policía y le golpea una vez más en la cara. Wilson lanza un
cuarto disparo que se va lejos condicionado por el golpe, pero
que hace huir de nuevo a la mole que le está atacando.

Por primera vez, Wilson puede descender del coche policial
y perseguir al atacante a la carrera. Apenas siete metros después,
Michael se da la vuelta y acomete de nuevo al policía. Este retro-
cede a la vez que dispara, sabe que si le deja acercarse puede intentar quitarle el arma por segunda vez y eso podría significar no
volver a ver a sus seres queridos. No sabe cuántas veces más dispara ni cuántas balas impactan en el objetivo, porque el gigantesco asaltante sigue corriendo hacia él hasta que, mientras le
acomete, parece agacharse para tirarse a sus piernas al estilo de
los *tackle* de rugby. Finalmente, Michael Brown cae muerto.
Tuvo muchas oportunidades para no acabar así, y fue su actitud
la que le llevó hasta ese final, no la del policía.

En este momento de la historia, no hace falta ser muy listo para saber que Michael Brown es el lobo y Darrel Wilson es el perro pastor, a pesar del empeño en cambiar roles de la prensa en los días siguientes con titulares del tipo: «Un policía blanco abate a un joven negro por un paquete de cigarrillos».

Toda la pericial, la analítica forense y las testificales confirman la versión del agente. Los impactos de bala dentro del vehículo, las quemaduras por arma de fuego en las manos de Michael Brown, las evidencias de ADN y sangre de Michael dentro del coche, los restos de pólvora que quedan en las manos de una persona que ha estado en contacto con el arma —tan importantes para resolver juicios por asesinato—, y las declaraciones de las personas que, muertas de miedo, llamaban en los siguientes días, pidiendo permanecer anónimos; héroes del barrio que sí vieron el enfrentamiento y que no podían soportar el remordimiento de ser testigos de cómo se linchaba a un inocente. Lo único que tenía Brown era una pléyade de testigos falsos que según aparecían las periciales fueron reculando con excusas del tipo: «Bueno, yo en realidad no lo vi, pero me lo contó un vecino», vecino que, a su vez, solo sabía de la noticia lo que habían dicho en la tele.

¿Qué testificaron los testigos falsos? Pues la versión dada desde el mismo lugar de los hechos por el compinche de Michael, Dorian Johnson. Dorian logró escapar del escenario del crimen y no fue localizado hasta días después. La situación psicofísica en la que queda un ser humano como el policía Darrel Wilson después de luchar por su vida y abatir a otro hombre ni siquiera le permitió reconocer al compinche entre la multitud. Sí lo haría la cámara de videograbación del robo. Lo que sí hizo Dorian antes de escabullirse fue ofrecerse al primer cámara que apareció en el lugar y contar su versión de la historia, que pasaría a ser la oficial en toda América y también en el resto del mundo. El compañero de Michael dijo haber sido testigo de cómo un policía blanco asesinaba a sangre fría a su amigo, y todavía dijo

más, manifestó que Michael jamás se resistió al agente de la Policía de Ferguson, que alzó las dos manos al aire y gritó «no
dispares». Es decir, que fue una ejecución. La maquinaria se puso
en marcha, la verdad dejó de importar. La izquierda ya tenía su
relato y pensaba exprimirlo hasta el final, siempre politizando el
dolor y la muerte.

Policía blanco mató a joven negro. Ya estaba. Una vez más la
verdad dejó de importar, solo quedó el relato, y en el relato siempre mandan ellos. Comenzaba la guerra contra la policía en Estados Unidos, que tenía como final de trayecto el Defund The Police para trasladar el control de las calles a los movimientos sociales,
todos dominados por la izquierda. Última parada, Seattle.

Dispuestos a creer cualquier cosa

En los días siguientes a la muerte de Michael Brown, lo de siempre: robos, saqueos, quema de vehículos, tiroteos… todo en manifestaciones lideradas por la organización BLM. Hasta el presidente Obama puso en valor la labor de la organización en la
defensa de los derechos de los ciudadanos de raza negra. Raperos, jugadores de baloncesto, actores, cómicos… todos con ca-
misetas con la expresión *Don't shoot* (no dispares) y con el gesto
de levantar sus brazos al aire. No les bastaba con ser millonarios,
también querían ser *iconos de la libertad*. La vanidad, la arrogancia, también forma parte del juego.

Pero las historias de épica impostada fabricadas por la izquierda, sus asociaciones y sus medios suelen tener un problema, no
están basadas en razones lógicas. ¿Quién en su sano juicio se puede
creer que un chaval recién casado que llevaba años de policía, sin
tacha, se levanta una mañana y decide arruinar su vida y la de su
familia ejecutando a un hombre que clama piedad con los brazos
en alto? Así lo creen millones de personas de izquierdas, una ideo-

logía que ha convertido su caladero de votos en una especie de secta dominada por la madre de todas las batallas, la cultural —dictadura cultural en este caso—, en el cine, en la universidad, en los platós de televisión… en todas partes. Las mismas que se tragan que a un diputado de Podemos le han detenido tres veces por el mismo delito sin razón alguna, porque él *solo pasaba por allí.*

En los días siguientes al tiroteo, por miedo a que aparecieran los verdaderos testigos de la intervención, se encontraron notas en los apartamentos del barrio que amenazaban a todo aquel que osara salirse de la historia contada por el compinche de Michael en televisión. Los testigos que sí estuvieron tuvieron que declarar en calidad de protegidos. Los que no estuvieron salían todos los días a la calle con el propósito de encontrar un reportero al que contarle la mentira ya convertida en verdad indiscutible y obtener así su minuto de gloria.

El país solo escuchaba los falsos testimonios y ardía de cólera. La Justicia trabajaba con todas las pruebas para conocer la verdad. La historia contada por los temerosos testigos que querían permanecer en el anonimato cuadraba con todas las pruebas periciales y de analítica forense. La historia de Dorian y el resto de supuestos testigos no había por dónde cogerla. Se determinó que ni siquiera se podía abrir un proceso penal contra el agente Darrel Wilson, porque no había ni el más mínimo indicio de actuación delictiva y sí sobradas evidencias científicas y testificales de que la historia contada por el agente era la verdad.

Te preguntarás, querido lector, por qué te soltamos este rollo a estas alturas, después de hablarte de tantos otros casos. La respuesta es sencilla. Porque aquí está todo: la victoria del mal sobre el bien, que convierte en mito al criminal y en demonio al hombre de uniforme, tu vecino, aquel que daría por ti la vida sin dudar el día que estés en peligro.

En 2019, la senadora Kamala Harris, a la postre vicepresidenta de la administración Biden que destronó a Trump, manifestó durante la campaña electoral: «El asesinato de Michael Brown cambió para siempre Ferguson y América. Su trágica muerte hizo visible la necesidad imperiosa de una conversación pendiente y de un movimiento a nivel nacional. Debemos luchar por una mayor rendición de cuentas y equidad racial en nuestro sistema de justicia». El relato quedaba fijado. Con la complicidad de los medios afines, se crea un subconsciente colectivo muy parecido al de las sectas, donde jamás se discute el relato, por muy estúpido que sea, y al que se puede volver una y otra vez, da igual el tiempo transcurrido, y aunque la verdad acreditada difiera por completo.

Son los movimientos de inspiración marxista, capaces de quemar ciudades enteras, los que marcan el paso con cualquier pretexto, aunque su falsedad sea notoria y pública, a una sociedad que, aterrada, decide agachar la cabeza. La izquierda se mueve como pez en el agua dentro del conflicto, por eso su ideología es una invitación al conflicto permanente. Por ese medio pueden cambiar el sentido de unas elecciones y llegar al poder, pueden impulsar estrategias de adoctrinamiento bajo el paraguas de la coacción, pueden señalar disidentes hasta que el coste de disentir sea tan alto que ya nadie disienta.

No solo los policías somos señalados, también los jueces, algunos periodistas, y tantos otros. Esto es algo universal, Estados Unidos solo marca el camino. En España cada vez que un juez se ha atrevido a investigar un hecho que pudiera perjudicar a la gigantesca maquinaria de la izquierda, ha sido señalado y acosado, como aviso —cabeza de caballo en la cama— para que el siguiente no se atreva. Nuestro país tiene el dudoso honor de protagonizar el mayor caso de corrupción de la historia de la Unión Europea, tanto en dinero desfalcado como en imputados. Cientos de millones de euros desviados durante años en administraciones socialistas en Andalucía con la complicidad de los sindicatos. ¿Qué hicieron estos? Convocaron una manifestación en la puerta del juzgado para insultar y acosar a la juez Alaya, que instruía el procedimiento. Los policías detestamos tener ovejas negras en nuestras filas. Las detenemos y las ponemos a disposición judicial. Visto lo visto, los sindicalistas llegan a acosar y rodear a la juez que los investiga.

Controlar el relato implica controlar las emociones. Controlar las emociones posibilita controlar a las masas. Controlar a las masas es controlar la coacción, tanto física como psíquica: el chantaje emocional. Para todo lo anterior la izquierda necesita ser la dueña de la calle: «Las calles serán siempre nuestras». Por eso su primer objetivo es la anulación de los antidisturbios, las unidades de control de masas y encargados de velar porque las calles sean de sus legítimos dueños: todos los ciudadanos. Por eso se quieren cargar la Ley de Seguridad Ciudadana y, por eso, una de las primeras medidas que trató de llevar a cabo desde 2015 a 2019 el alcalde de Zaragoza, Pedro Santisteve, salido directamente del activismo de izquierdas, fue la de desmantelar la UAPO[22] de la Policía local. Las manifestaciones del BLM, como las de Rodea el Congreso, no buscan un fin, son un fin en sí mismas. El objetivo marcado en la pancarta es solo la excusa.

Y, al final, el gran negocio de la violencia va inseparablemente unido al gran negocio de la seguridad. Millones de euros que circulan cada vez que la izquierda decide utilizar la muerte. Millones para sus asociaciones, que son *necesarias* porque después de lo de Ferguson ya es evidente que la policía es racista. Si dices que no, ahí están ellas para señalarte y arruinarte la vida —solo BLM recibió casi 90 millones de dólares en donaciones en 2020—.[23] Millones en publicidad para sus tentáculos mediáticos gracias al

---

[22] Unidad de Apoyo Operativo, encargada entre otras funciones de tareas de orden público.

[23] Aaron Morrison, «Black Lives Matter Opens up About its Finances», AP NEWS, 23 de febrero de 2021.

incremento en los índices de audiencia que genera la cobertura de cualquier suceso de este tipo. Millones que se mueven a través de grandes empresas de producción con raperos que cantan contra las injusticias del sistema. Hollywood está haciendo millones con sus películas basadas en historias de policías racistas. Es todo un puñetero negocio, controlado por una mafia.

Recuerda, el 90 por ciento de los negros asesinados en Estados Unidos, lo son a manos de otros negros. Mueren cada año más personas a consecuencia de la caída de un rayo, que afroamericanos desarmados a manos de la policía —aunque «desarmado» no significa «no peligroso», como demuestra el caso de Darrel Wilson—.

Allí y aquí, el negocio del victimismo es un filón de primera magnitud para la política y para la economía de algunos. ¿Cuántas películas tiene Miguel Ángel Blanco? ¿Y Ortega Lara? Ninguna. Las historias de las verdaderas víctimas no tienen *glamour* ni posibilidad de rédito. Vende más la historia del verdugo repugnante que la biografía del ciudadano honrado al que se le arrebató la vida o la libertad. No obstante, este tipo de cine español que mitifica a delincuentes cada vez vende menos, si bien todavía conforman un sustrato ideológico indiscutible.

El mito de Puig Antich

En el año 2006 se estrenó en España la película *Salvador,* que narra la historia del último ejecutado por el método del garrote vil del franquismo, Salvador Puig Antich. Salvador era un anarquista miembro activo del grupo armado MIL[24] que, en 1973, asesinó a un policía de la Brigada Antiatracos de Barcelona durante una operación para su detención. Todo el mundo conoce

---

[24] Movimiento Ibérico de Liberación, Grupos Autónomos de Combate.

al asesino, tiene canciones, documentales y hasta película con su nombre. ¿Alguien sabe el nombre del policía asesinado? Quizá lo oigas hoy por primera vez, te lo vamos a decir nosotros.

Francisco Anguas, nacido en Sevilla, era un joven subinspector de la Policía Nacional que esperaba un ascenso para poder pagar su hipoteca y casarse. Tal y como ha trascendido en los perfiles del funcionario, era culto, aficionado a la literatura y el cine. Tenía veinticuatro años cuando fue asesinado. Durante el forcejeo para su detención, logró arrebatar la pistola que el criminal, atracador de bancos reincidente, llevaba en la parte delantera, pero no vio una segunda arma de fuego que Antich llevaba en la espalda. Anguas cayó fulminado por tres balazos de Antich. Sus compañeros lograron reducir a Antich, que quedó malherido. A pesar de la muerte de su compañero, los policías no se tomaron la justicia por su mano y trasladaron al asesino con vida hasta un hospital. El joven policía no tuvo tanta suerte. Una vez más lobos y perros pastores, el bien contra el mal, el orden contra el caos. Ganó el caos.

La izquierda ha fabricado toda una serie de teorías que pretenden hacer creer que fueron los policías los que mataron a su compañero por error —el relato—, y luego fueron tan torpes de dejar al único testigo de aquello vivo, a pesar de que estaría más que justificado que hubiera aparecido muerto. En lugar de rematarle, los malvados policías franquistas llamaron a una ambulancia. El joven anarquista debía de llevar dos pistolas seguramente por error, las cogería pensando que eran de juguete y quería gastarles una broma a sus amigos.

El propio compinche del asesino aquel fatídico día de verano, Jean Marc Rouillan, dejó claro que la película sobre la vida de Antich era pura fabulación, y que ellos ya habían decidido matar antes de ser arrestados llegado el momento. Lo cuenta así:

Todo, todo salió mal. Aquel día Cri Cri (Jean Claude) y yo teníamos una cita con el Petit (Santi Soler) y nos habíamos

quedado en Barcelona con Puig Antich, a pesar de que sabía-
mos que teníamos la Brigada Político Criminal[25] detrás nuestro (*sic*). Nos quedamos porque teníamos que ayudar a otros
compañeros a marchar. Aquel día tuvimos problemas mecá-
nicos con el coche y llegamos tarde a la cita. Al llegar, el Petit
estaba en la acera ante el bar y Puig Antich bajó a comprar
tabaco mientras nosotros hacíamos una vuelta con el coche
para asegurar la zona. Fue en aquel momento que todo de
policías (*sic*), los rodearon y se empezaron a disparar tiros. Al
bajar del coche y coger posición apuntando detrás de los ar-
bustos, pude ver un cuerpo a tierra extendido, que supuse
que era de un policía.

Cri Cri traía dos pistolas, yo traía dos pistolas y Salvador
también traía dos. Todavía recuerdo las suyas: una de fabricación alemana y una Star. Habíamos hablado muchas veces
y Puig Antich era uno de los que afirmaba que en caso de
detención se enfrentaría a la policía. No era ninguna consigna del MIL (Movimiento Ibérico de Liberación), era una
opción personal y Puig Antich la había tomado. Hay quien
dice que es inocente y yo ignoro si fue él precisamente el
autor de los disparos que mataron el policía. Eso sí, en todo
caso, y lo dudo bastante, si es inocente lo fue por casualidad.
La pistola Star era una pistola muy poco segura, que en aquellos tiempos usaba la policía armada (los grises) y que enseguida se disparaba y lo hacía en forma de ráfagas. Yo creo que
esto es el (*sic*) que pasó.

Todo el mundo que cree que Salvador es inocente se equi-
voca y va en contra de sus convicciones. Los compañeros del

---

[25] El delincuente alude a la Brigada Política para intentar dar cobertura
moral a sus crímenes, pero es mentira. Francisco Anguas pertenecía a la Brigada Antiatracos, no a la Político-criminal. Estaban investigando atracos de
bancos.

MIL íbamos siempre armados y todo el mundo estaba muy seguro de disparar a la policía. Lo había hecho Oriol Sugranyes, Jordi, yo mismo… todos nos enfrentamos en un momento u otro a la policía. Yo creo que Puig Antich decidió hacer una resistencia individual y disparó, como todos habríamos hecho.[26]

Para la opinión pública interesada es irrelevante que hasta su criminal compañero de armas ese día ratifique la versión policial. Su compañero ya no cuenta, los jueces tampoco, los policías tampoco, las pruebas tampoco. Nada importa, ellos reescriben la historia y la difunden a placer. Los disparos en el cuerpo del policía son en la misma zona y lineales, lo que indica ráfaga y no varios tiradores, pero da igual. Nadie cuestiona el mensaje. El asesino convertido en héroe, el policía en un fantasma invisible del que, seguramente, nunca habías oído hablar hasta hoy.

Necesitan cuestionar cada actuación. Necesitan cortar cada vídeo para manipularlo y conseguir que siempre se vean los últimos segundos de la intervención, la parte represiva. Eliminan la parte de la foto que no les interesa y te dejan ver la parte que sin el todo es pura manipulación.

Por eso la izquierda quiere que nos graben, pero nos prohíbe grabar. Por eso los policías aceptamos que nos graben, pero pedimos también grabar, para defendernos. Y por eso solicitamos que las grabaciones, todas, vayan directas al juzgado y no a las redes sociales. En el juzgado se hace justicia, en Twitter linchamientos.

Por qué no quieren que grabemos

¿Se imaginan a un cirujano que está operando a vida o muerte con la familia del paciente dentro del quirófano que está graban-

---

[26] Entrevista a Miquel Toll, *alasbarricadas.org*, 16 de junio de 2015.

do con móviles y amenazando con un «como no salga de esta te linchamos»? Bueno, pues nosotros trabajamos así. Y no nos quejamos, solo pedimos que en las grabaciones se vea toda la escena, no solo una parte cortada, y que esta sea valorada en un juzgado. Ni siquiera lo pedimos por nosotros, lo hacemos para proteger a nuestras familias, que también lo sufren.

¿Por qué el ministro Marlaska no nos deja grabar, pero sí deja que nos graben? Porque si les quitas el relato no tienen nada, solo la vil mentira. El relato del malvado policía que no tenía otra cosa que hacer que detener a un diputado o a un rapero que *solo pasaban por allí* se sostiene únicamente si no llevamos cámara, y solo en las redes y medios, no en un juzgado. Por eso es allí a donde llevan la batalla y no quieren que el hecho quede en manos de una Justicia a la que también tratan de deslegitimar. Ningún cabo suelto, nada que pueda cuestionar el mensaje.

Y si Marlaska es responsable por acción, no lo son menos los anteriores ministros de gobiernos populares, pero estos por omisión, por su absoluta dejación y desinterés. Todos estos fenómenos de subversión y alteración de la paz social vienen gestándose desde hace décadas, favorecidos por la pasividad de la clase política.

Se niegan a que usemos cámaras individuales por la bien sencilla razón de que, como pasa en todos los cuerpos de policía del mundo que las usan, quedaría acreditada la necesidad y oportunidad de neutralizar a sujetos armados o violentos. El uso de las *body cam*, tan extendido en los últimos años, no nace curiosamente de un requerimiento de los agentes del orden, sino de las asociaciones pro derechos civiles americanas. Convencidas de que los policías atentaban indiscriminadamente contra las minorías, lucharon durante años, desde el momento en que la tecnología lo permitió, para que los agentes fueran auditados mediante la equipación de cámaras individuales. Pues bien, esas cámaras son hoy la principal prueba de cargo contra los delincuentes y la principal herramienta de liberación de la carga penal, cuando no plenamente exculpatoria, para los policías. El discurso está virando ahora por parte de las asociaciones y cuestionan el uso de cámaras porque, dicen, atenta contra la indemnidad moral de las personas incursas en actuaciones policiales. ¡Fantástico!

Los policías no se hacen agentes del orden para luchar contra cacerías mediáticas y persecuciones políticas, sino para luchar contra el crimen, contra los criminales. Los enemigos, para miles de agentes, no están solo en los callejones oscuros, también están en los parlamentos, en los medios de comunicación y en las cúpulas de los cuerpos. Los perros pastores que nos negamos a ser atados con una cuerda a un poste resultamos peligrosos para el sistema. No se trata de impedir que investiguen una actuación criminal de un uniformado, eso lo hacemos también nosotros dentro de nuestras competencias; es que vilipendian cualquier actuación que no confluya con sus intereses ideológicos, con vídeos cortados e información sesgada. Pueden convertir una mentira en una verdad sucia, cruel e inapelable solo dominando la propaganda, tal como hicieron en el caso del policía de Ferguson Darrel Wilson en Estados Unidos, o aquí en España con casos como el de Roquetas o como el del diputado de Podemos Alberto Rodríguez o los raperos Hassel y Valtonyc, dos niños pijos con mucho tiempo libre y pocas ganas de trabajar, que se creen gánsteres de algún suburbio de Baltimore. Macarras de alfombra roja y chupa de terciopelo que tras varias detenciones pretendieron convertir su causa criminal en una causa por la libertad de expresión. ¡En España!

Los autores de este libro hemos cubierto conciertos en feriales donde se insultaba con impunidad a partidos políticos que tenían su carpa a apenas diez metros del escenario, hemos oído insultos al rey, a nosotros mismos mientras procuramos su seguridad, hemos visto quemar banderas... Los insultados siempre eran de *derechas*, los que blasfemaban, siempre niños pijos haciendo de malos que confunden las fiestas patronales de Getafe con el *downtown* de Detroit.

Todo lo que ha ocurrido en la vieja Europa, todo lo que ha pasado en Estados Unidos, todas las lecciones no aprendidas acerca de las estrategias que allí se han desplegado, debería servir como base y fundamento para armar toda una panoplia de recursos que protegieran a nuestra nación de un tsunami que va a tragarnos más pronto que tarde, pero hasta hace muy poco tiempo nadie había decidido dar la batalla de las ideas. Te hemos contado varias historias del otro lado del charco, batallitas que nos sirven para mostrarte cómo los grupos de presión construyen su relato, pero suponemos que ya sabes que en España también tenemos nuestras propias productoras de ficción... ¡Ríete de Netflix! Vamos a por una de las más sangrantes.

Las andanzas de Rodrigo Lanza

En 2006 unos simpáticos okupas disfrutaban de una fiesta en un edificio del barrio del Born, en Barcelona. Ruidos, gritos, vomitonas... Los vecinos, hartos de la situación, llamaron a la policía, que se presentó allí de inmediato. Si estuviéramos en un país serio, la policía hubiera recibido orden de desalojar a toda la gente que estaba haciendo imposible el descanso y la vida de los vecinos, pero como de costumbre, era mejor tener a varias dotaciones de brazos cruzados, esperando a que los jóvenes finalizaran la fiesta, antes que entrar en el inmueble. Todo para evitar males mayores, siempre para evitar males mayores.

Después de horas, en las que los vecinos siguieron perdiendo su derecho al descanso, los policías aguantando tirados en la calle y los incívicos pasándolo en grande, un grupo de individuos se acercó al lugar para entrar al edificio e incorporarse a la fiesta. Entre ellos, estaba un sujeto despreciable cuyo nombre seguro conoces: Rodrigo Lanza Huidobro. Okupa y de sobra conocido por los servicios de información, Rodri era un tipo que vestía el uniforme cutre habitual de antisistema, rastas, *pier-cings*, dilataciones y pantalones ajustados. Lógicamente, los policías les impidieron el paso, cosa que no gustó a Rodrigo y a sus amigos, que decidieron armarse con palos y piedras y atacar a las patrullas que custodiaban el lugar.

Los agentes tuvieron que parapetarse y retroceder, no tenían refuerzos y, por supuesto, tenían miedo a utilizar fuerza letal contra un grupo numeroso de agresores. En un momento de la acción, Rodrigo lanzó una piedra a uno de los policías y lo dejó seco en el suelo. Mientras estaba inconsciente, los agresores se reían: «Perro, cabrón…». Para el policía, Juanjo Salas, y para su familia —mujer y cuatro hijos—, la vida ya nunca sería igual. Juanjo estaba en el suelo, pero a los agresores no les importaba nada; las piedras, las botellas y los palos seguían cayendo sobre los agentes.

Los hechos finalizaron con la detención de Rodrigo Lanza y de Patricia Heras, entre otros participantes. Entraron en prisión y Patricia se suicidó más tarde durante un permiso. Pero la historia no podía ser tan sencilla de contar y había que montar todo un espectáculo circense para que Rodrigo, niño acomodado, hijo de otra conocida militante en círculos de la extrema izquierda, quedara como un buen muchacho víctima de otra de esas *conspiraciones policiales* que, al parecer, tanto se dan en España y que siempre sufren *los mismos*.

Enseguida se articularon todos los recursos posibles para procurar una buena —y carísima— defensa basada en las patrañas habituales. «Rodrigo y Patricia no estaban allí», «hubo torturas», «falsificación de pruebas…». Se rodó un documental llamado *Ciutat morta*, que es un auténtico atentado al sentido común y que trata de reescribir toda la instrucción policial y judicial, blanqueando la imagen de un delincuente habitual del que no sería la última vez que tendríamos noticias. Básicamente, relatan la historia de la siguiente manera: Rodrigo y Patricia iban dando un paseo en bicicleta, se cayeron y fueron al hospital a curarse de las heridas. Allí fueron detenidos solo por su forma de vestir. Nunca estuvieron en el lugar de los hechos y lo que golpeó al policía en la cabeza fue una maceta que se cayó sola de un alero. En la comisaría torturaron a Rodri y a Patricia, los condenaron injustamente y la pobre muchacha, víctima de la presión del sistema, acabó suicidándose.

Como el poder de la izquierda es abrumador, el documental recibió varios premios, entre ellos el Ciutat de Barcelona. Se exhibió en multitud de espacios, incluso se programó en TV3 en horario de máxima audiencia. Más preocupante que eso, se prescribió en facultades de ciencias sociales de toda España. Los mismos profesores que pasan el curso pontificando sobre la necesidad de ser rigurosos y contrastar las fuentes, aceptaban como verdad absoluta la versión de un delincuente convicto sin pararse a leer una sentencia notablemente prolija que dejaba en pelotas las payasadas argumentadas por los acusados y su disfuncional entorno.

En esta historia comparecen todos los elementos posibles. Está el entorno administrativo más propicio, la ciudad de Barcelona. Está el espacio de desorden que da paso a la zona de confort criminal, el *movimiento okupa*. Están los políticos y mandos cobardes, que no permiten que sus guerreros se enfrenten al delito con todas las herramientas. Está la propaganda: medios, políticos y asociaciones posicionados siempre con el desorden. Y están los moscones, muchos moscones, los activistas habituales presentes en cualquier película de indios en la que se cuestione nuestro Estado de Derecho. Está Gerardo Pisarello, amigo de Juan Carlos Monedero y hoy en la Mesa del Congreso de los Diputados. Está el infame Gonzalo Boye —abogado condenado por colaboración con ETA—, defensor de Rodrigo Lanza y también defensor de Puigdemont y del presunto rapero Valtonyc. Está una pléyade de asociaciones que difunden una versión que no se puede discutir y que, cada aniversario, celebran los hechos y homenajean a los autores del crimen.

No faltó nadie. Activistas del mundo de la *cultura* y otros metidos a políticos como Ada Colau, o periodistas como Julia Otero y medios como *Público*, que daban voz y pábulo a las fabulaciones de Rodrigo y su mamá, y a su postura como víctimas. A Juanjo Salas nadie le dio voz. Quedó mudo para siempre. Otro de los rostros que aparecía en el documental era el de Jaume Asens, abogado que más tarde sería teniente de alcalde de Colau, actualmente en el Congreso de los Diputados del país al que desprecia por el grupo En Comú Podem. En el documental llegó a afirmar que la «supuesta neutralidad de los jueces y de la policía es falsa». Asens fue también firmante de la petición de indulto total para Hasél y para Valtonyc, porque, según él, habían sido condenados solo por ejercer su libertad de expresión.

Por supuesto, tampoco faltó Pablo Iglesias a la cita con la mentira y la desvergüenza. El que después sería una de las máximas autoridades de este país se reunió con los afectados en este caso. ¿Y quiénes eran los afectados? Pues desde luego no la familia del policía que quedó tetrapléjico, sin la posibilidad de sostener a ninguno de sus cuatro hijos nunca más, sino la familia del delincuente. El relato sostenido en el falaz documental se utilizó para que Colau ganara las elecciones a la alcaldía de Barcelona en 2015 y, un año más tarde, la asociación Iridia, presidida entonces por Mariana Huidobro, madre del criminal Rodrigo Lanza, recibía miles de euros en subvenciones de dinero público del Ayuntamiento de Barcelona, que utilizaría, entre otras cosas, para realizar informes contra los policías nacionales y guardia civiles que sofocaron el intento de golpe de Estado en Cataluña —hoy todavía hay unos cuantos imputados—.

El patrón es evidente y reiterativo. De haber sido un incidente cualquiera, hubiera tenido poca o ninguna repercusión, pero al estar implicados elementos pertenecientes a los instru-

mentos habituales de la izquierda —asociaciones vecinales y pro
derechos, movimientos antisistema, casa de cultura y juventud—, había que aprovechar la desgracia ajena para obtener algún tipo de rédito. ¿Resultado? Barcelona se ha degradado más
si cabe desde que Colau la gobierna, los apoltronados chupópte-
ros en asociaciones y medios siguen buscando paladines antisistema a los que elevar a los altares y Rodrigo Lanza salió de la
cárcel, se instaló en Zaragoza y le faltó tiempo para matar a un
vecino del barrio, Víctor Laínez, por llevar unos tirantes con la
bandera de España. Esta vez, el apoyo político fue tímido. Los que
tanto interés tuvieron antes por darle soporte, cuando eran cuatro
pelagatos que ocupaban sus horas haciéndose ver en manifestaciones, ya habían llegado a las instituciones. Iglesias, Colau, Asens,
Pisarello... Todos estaban ya colocados. Ahora se quedó su mamá,
Mariana, solita, gritando en el desierto mediático que su hijo *es un*
buen muchacho, víctima de las conspiraciones policiales, y apoyando
en Twitter a toda la gentuza de la que tiene noticia, agresores de
guardias civiles y mujeres en Alsasua incluidos.

Tu hijo, Mariana, no es un buen muchacho. Es un don nadie y un cobarde que se disfrazaba para jugar a integrarse en el
mundo antisistema y después otra vez para presentarse a juicio,
pulcro y limpio, sabedor de que siempre ha tenido un lecho bien
mullido al que regresar. Demasiadas veces se ha librado y Dios
quiera que acabe respondiendo. A diferencia de él, nosotros,
como autores de este libro, solo podemos desearle cosas buenas.
Que abandone ese disfraz y medite. Su comportamiento se ha
llevado por delante muchas vidas, las de Juanjo y su familia, con
su mujer Rosa a la cabeza, verdadera heroína del cuento, la de
Víctor Laínez y la de Patricia. Sí, también la de Patricia, que
aunque acabó voluntariamente con su vida, de no haber andado
con él, no se habría visto envuelta en este drama.

Este episodio también nos trajo uno de los momentos más
infames de la televisión en España, protagonizado por tres pe-

riodistas: Jordi Évole, Antonio Ferreras y Javier Sardá, que durante dos días hablaron del documental para presentar como víctimas a los verdugos, llegando a insinuar estupideces como que a Patricia Heras se la había detenido «solo por llevar el pelo cortado como Cindy Lauper». Ni se molestaron en leer la sentencia que dejaba claro que las lesiones referidas por los detenidos no eran compatibles con una caída de bicicleta y sí con una pelea, o que el propio conductor de ambulancia reconoció haberlos recogido en los alrededores de los hechos y desmintió que Patricia llevara una bici. La verdad les importaba un pimiento a esos tres periodistas, así que no se leyeron la sentencia. Lo que importaba era cuánta política se podía hacer con el drama, por más que el verdadero drama era un padre de familia tetrapléjico, un policía honrado.

El caso de Juanjo Salas es el paradigma de la manipulación mediática y la evidencia de que hay una maquinaria millonaria de ficción dedicada a destruir la sociedad de orden que tanto nos costó crear. Pero no es un caso aislado, hay más casos sonados, ejemplos del abandono que sufrimos los policías.

El drama de San Cristóbal

En noviembre de 2021, en San Cristóbal de los Ángeles, en Madrid, un sintecho armado con un cuchillo de cocina amenazaba al personal de un centro de salud y a transeúntes de la zona. «No era peligroso», dicen ahora. «De vez en cuando increpaba a las personas, pero nunca pasaba nada». Esta vez debió de ser diferente, porque varios vecinos, los mismos que luego no quieren saber nada o se suman a las acusaciones de brutalidad, llamaron a la policía atemorizados.

El sujeto, un extranjero de cuarenta y cuatro años, hizo caso omiso a los agentes que le pedían que arrojara el arma al suelo y se abalanzó sobre uno de ellos, intentando apuñalarle. El agente y sus compañeros repelieron la agresión disparando hasta en siete ocasiones, y alcanzaron al agresor en dos de ellas, de tal suerte que, aunque intentaron reanimarlo y solicitaron apoyo del SAMUR, falleció. A partir de ahí, y antes de conocerse ningún dato, se activó la implacable maquinaria mediática para culpar a los policías de un problema que ellos no habían creado.

Ya ves que no hace falta acudir muy lejos para asistir a las burdas manipulaciones mediáticas, las tenemos a docenas en casa. Ese barrio, históricamente obrero, y ahora denominado multicultural, esto es, devastado por la delincuencia, el paro y la okupación, es la imagen perfecta del fracaso de las políticas de urbanismo, las políticas sociales y las de integración. La culpa del deterioro de una zona que bien puede derivar en *no-go* parece corresponder a la policía, que bastante tiene con jugarse el tipo como para aguantar los insultos y los comentarios en las redes y medios.

Algunos testigos, de esos que obviamente no han visto nada, pero quieren participar, hablaban de asesinato. Los tertulianos que no se han visto nunca en una de esas afirmaban que en el vídeo que ellos habían visto, y que casualmente solo había registrado el momento en el que el policía neutraliza la amenaza, «el agente agredido actuaba con cierta normalidad». ¿Cómo querían que lo hiciera? ¿Dando gritos? Hubieran dicho entonces que estaba muy alterado y, si se tercia, hubieran dicho incluso que iba drogado. Afirmaron también que disparar dos veces a un hombre con un simple cuchillo es desproporcionado, que con un disparo a partes no vitales hubiera bastado. Catedráticos de sofá, ignorantes que piensan que en situaciones de elevado estrés mental se puede disparar a alguien a la mano con la que porta el cuchillo o que el objetivo se quedará inmóvil. Si el muerto hubiera sido el policía, no tardarían en encontrar mil y una explicaciones para justificar al asesino, pero no son capaces de entender por qué un policía se ve obligado a disparar después de muchas advertencias.

Que nos acusen de lo que quieran. Siempre mejor muerto el malo que el bueno. En octubre de 2013 Román David Gómez, agente de la Guardia Civil, resultó gravemente herido —hoy está parapléjico— en un atraco a un Mercadona en la localidad de Yuncos (Toledo). Los atracadores, sin mediar palabra, intentaron asesinar al guardia civil y a su compañera. Al primero, no le dio tiempo ni a extraer el arma. Su compañera, paralizada dentro del vehículo, como ella misma reconoció, no pudo hacer nada más que sentir que iba a morir antes de desplomarse por el estrés.

Lo estás leyendo y, desde la comodidad de tu casa, lector, puedes pensar que es falta de preparación policial y desconocimiento del procedimiento, y sí, en parte lo es. Si eres compañero, también habrás sacado tus conclusiones sobre la actuación de ambos. La primera, que ninguna actuación debe valorarse como rutinaria, y la segunda tiene que ver con todo lo que venimos diciendo desde la primera página. Si el guardia hubiera salido con el arma en la mano y su compañera hubiera pedido refuerzos, parapetada, y no hubiera habido atraco, seguro que habría aparecido algún iluminado diciendo que no estábamos en el salvaje oeste y que esos guardias habían visto demasiadas películas. Si el guardia hubiera abierto fuego primero y el arma del atracador hubiera sido simulada, los tertulianos habituales habrían pedido su cabeza y los políticos de izquierda habrían hablado de ejecución extrajudicial. Los jefes hubieran acudido prestos a abrir el correspondiente expediente gubernativo para *depurar responsabilidades* y los dos pobres guardias no habrían recibido apoyo alguno. La realidad es que el guardia acabó en una silla de ruedas y su compañera de baja psicológica. No pasa nada. Homenajes, loas y vítores. Todo arreglado.

Juan Cadenas

El caso que resume de la forma más gráfica todo lo que está mal, la mastodóntica vergüenza que es este sistema policial, judicial y social, lo ejemplifica el suceso vivido por el policía local de Puerto Serrano (Cádiz) Juan Cadenas. En una noche del invierno de 2015 observó a uno de los delincuentes habituales de la zona, perteneciente a un clan especializado en gran variedad de delitos, haciendo lo único que sabía hacer, producir caos. Aquella noche conducía un vehículo de forma temeraria por las calles del pueblo y se saltó la orden de «¡alto, policía!» que le dio Juan. En palabras del agente, que reconoció de inmediato al delincuente: «Podría haber mirado hacia otro lado cuando vi la matrícula, y ya está. Pero no lo hice». No lo hizo porque era un guerrero, era del 10 por ciento dispuesto a cambiar las cosas.

No cobraba, le debían ya ocho nóminas, pero estaba de servicio. ¡No en mi guardia! Inició la persecución, lo detuvo y lo llevó a dependencias policiales. Allí dio aviso para que una patrulla de la Guardia Civil acudiera en apoyo. No llegaron a tiempo. Los hermanos del detenido, conocidos como *los Cachimba*, y como si de la película *Assault on Precinct 13* se tratara, entraron en la comisaría con gran violencia para liberar al detenido, rociaron con *spray* de pimienta a Juan y a su compañero, le clavaron un cristal de 20 centímetros en un ojo y le seccionaron el cuello.

Juan sabía que tenía que disparar, sabía que lo iban a matar. Pero pensó en su mujer, en su hijo y en el bebé que esperaba, y sabedor de que, si reventaba de un tiro en la cabeza a alguno de aquellos salvajes, que era lo que se merecían, arruinaría su vida y la de los suyos, se quedó bloqueado, no utilizó su arma y el resto es historia. Está vivo de milagro, nunca más será policía, ha perdido un ojo y tendrá secuelas de por vida. Él percibirá solo la mitad de su salario por incapacidad total, pero el delincuente que le agredió recibirá el cien por cien de una pensión no contributiva que pagaremos todos porque, pobrecillo, tiene derecho a reinsertarse en esta maldita y antipática sociedad que le excluyó, le negó toda clase de oportunidades y le llevó por el camino de las adicciones y el delito.

Policías que no cobran cuando deben o que cobran miserias; delincuentes con múltiples antecedentes que pasean por la calle imitando al diablo sin cortapisa; patrullas de la Guardia Civil que no llegan nunca a tiempo porque no hay personal para prestar servicio de seguridad ciudadana debido a la organización manifiestamente arcaica del cuerpo; y unos agentes incapacitados legalmente y por indefensión aprendida a hacer uso de su arma de fuego. ¿Quién es el responsable de todo esto? ¿Qué jefe da explicaciones disciplinarias por organizar servicios sin disponer de las patrullas necesarias mientras a él no le faltan escribientes en su oficina de mando?

Juan es un héroe convertido en monigote de un sistema podrido, como tantos otros héroes que ya no prestarán el valioso servicio que prestaban. En muchos casos, desgraciadamente, porque los dejan lisiados o los matan; en muchos otros porque el modelo los expulsa de la vida civil. Un héroe como el mosso de Cambrils, que tras abatir a cuatro terroristas que habían sembrado de muerte y destrucción La Rambla de Barcelona, en lugar de tener una plaza en su pueblo y ser el protagonista de una película, tuvo que abandonar su profesión, pelear por lo que era suyo —el reconocimiento que merecía y que jamás recibió, y una exigua pensión—, después de haberse jugado la vida y salvar las de docenas de inocentes.

En estas manos estamos. Somos marionetas de élites sin escrúpulos que someten a los que hacemos guardar el orden y aseguramos el imperio de la ley a toda clase de sofisticadas vejaciones, que van desde la imposibilidad de la conciliación familiar —pues en cuerpos como la Guardia Civil aún es imposible conocer el servicio con antelación y aun así está sometido a continuos cambios—, a las continuas responsabilidades disciplinarias cada vez que algún jefe lo estima conveniente o hay una queja, aunque sea sin fundamento, pasando por la muerte civil del policía que, en una desgraciada actuación iniciada por el delincuente, tiene la mala suerte de lesionar o matar a alguno de estos sujetos antisociales e indeseables.

Hay miedo a actuar y no solo en situaciones de riesgo físico. No nos enseñan a disparar, a ser proactivos en el uso de la fuerza cuando esta es necesaria. Nos enseñan a ceder y retroceder, aun a riesgo de nuestra vida y la de terceros, a no disparar, incluso cuando es la única opción. A ser cobardes, a pensar en el régimen disciplinario, en el juez, en la separación cautelar del servicio, en el pago de responsabilidades con el patrimonio propio, en la inhabilitación como funcionarios... Lo repetiremos mil veces si es preciso: hay menos problemas si muere el policía que si muere el delincuente.

Como puedes comprobar, la batalla contra el delito y el crimen está en la calle. Los vigilantes de seguridad, los patrulleros Z, los policías locales, mossos, ertzainas, guardias urbanos, forales, policías portuarios y guardias civiles de los pueblos perdidos de nuestra nación se afanan a diario para que tú puedas pasear y dormir tranquilo. No obstante, la batalla real, la de las ideas, la batalla contra el Defund The Police, el Abolish The Police y cuantos otros eslóganes o mantras se inventen, está en los despachos de las jefaturas y direcciones generales, en los escaños autonómicos y en el Congreso. La primera batalla se gana cada día, la segunda se pierde cada vez que aparece una noticia falsa o un documental mendaz y nadie planta cara al relato y, sobre todo, cada vez que un político o jefe acomplejado se niega a comparecer en el frente, escondiéndose en la retaguardia. Esto va a cambiar, ya está cambiando. Lo vamos a cambiar nosotros, los policías de a pie. Solo necesitamos que aparezca un líder que se atreva. Un político sin complejos que venga a partirse la cara, no a darnos discursos vacíos que siempre acaban en ciudades que arden.

EL OCASO
DE UNA CIVILIZACIÓN

*¿Cómo puede morir un hombre mejor que enfrentándose
a su terrible destino, defendiendo las cenizas de sus padres
y los templos de sus dioses?*
THOMAS MACAULAY, SOBRE HORACIO COCLES

Los gatitos y el leopardo

Desde el fin de la Segunda Guerra Mundial, Europa disfrutó de relativa paz durante décadas, aunque no siempre acompañada de libertad. Tras el fin de la Guerra Fría y la caída del muro de Berlín asistimos a una cierta armonía y estabilidad en Europa, dolorosamente rota con la guerra de Yugoslavia. Mientras escribimos estas líneas, la guerra de Ucrania amenaza con romper para siempre la paz y el equilibrio europeo.

Pocos años después de extinguida la URSS, aunque el comunismo había desaparecido en casi toda Europa como régimen político viable, persistió cierto prestigio de los movimientos de raíz marxista que justificaban la «lucha armada» en forma de atentados terroristas, guerrillas, insurgencia o violencia callejera. Era un pequeño quiste que nunca fue del todo saneado y que, precisamente por parecer localizado y de fácil extirpación, no contó con la atención y el cuidado necesarios. Como cuando te sale un bulto al que no das importancia hasta que aumenta de tamaño y afea tu cuerpo. Ese bulto, que no mereció una visita al doctor hasta que empezó a tener mala pinta, se convirtió en un tumor —«¿por qué no vino usted antes a verme?»—— y entre que no tenías prisa y que no te dieron cita para dermatología hasta un año más tarde, lo que era un diminuto puntito se convirtió en un cáncer.

Como la leyenda urbana de la pequeña lagartija que se convirtió en un enorme caimán y acabó en las alcantarillas de una gran urbe, en nuestras ciudades está creciendo un nuevo fenómeno en medio de la vida aparentemente tranquila de nuestras calles y pone en grave peligro la convivencia social. Es más prosaico que la amenaza de una guerra, que la pandemia, que la teoría de una conspiración que termine con nuestro orden mundial. Es un problema básico, sencillo, como de andar por casa: es la delincuencia y la insurgencia de baja intensidad que, a fuerza de ser ignorada, acaba aumentando su tamaño hasta convertirse en un leviatán.

Los que nos leéis de vez en cuando conocéis la teoría de Josema sobre los gatitos y los tigres. Como casi todas las teorías y políticas que funcionan, está basada en el sentido común: ¿qué ocurre si metemos a un leopardo en una jaula de tigres? La respuesta es muy sencilla, será devorado inmediatamente. El leopardo —un felino temible— no tendrá ninguna oportunidad, y su potente musculatura será desgarrada del primer zarpazo que le dé incluso el más débil de los tigres. Pero ¿qué ocurre si metemos a ese leopardo en una jaula con gatitos? Sí, has acertado, de pronto ese animal casi indefenso se convertirá en un arma formidable y letal que liquidará a los diez, veinte o cien gatos que haya en la jaula. A todos, de uno en uno. Solo se detendrá cuando sacie su hambre y permitirá vivir al resto como reserva hasta que su apetito vuelva a manifestarse. Es solo un leopardo contra cien gatos sin posibilidad de defensa. Imagina cien leopardos, miles…

Nosotros somos los gatitos. La merienda.

No terminamos de entenderlo. El buenista progre, convencido de que todos los seres humanos somos bondadosos y amables, llenos de buenas intenciones, se convierte en el más primario y básico de los excluyentes y los racistas. Devoto creyente en la neorreligión de que las personas con menos recursos de diferentes etnias, procedencias o creencias merecen una protección paternalista —lo que *de facto* implica que el protector se sitúa en un plano social y moral superior—, parece no asimilar que, entre los que llama excluidos y desfavorecidos también existen seres malvados y sin escrúpulos. El progre, por esnob y clasista, hasta el derecho a ser malo y racista niega a cualquiera que no sea occidental, blanco y heterosexual.

El mal y el delito existen aquí y en la China, pero nuestra tolerancia al mal y al delito no es el mismo que el de Somalia o el de Colombia. En Europa el ciudadano medio es un sujeto que rara vez conoce el mal. Acomodado, es un gatito doméstico con pedigrí que nunca ha vivido en la calle ni ha comido de la basura. El gatito europeo cree que los monstruos no existen, hasta que un día escucha un ruido bajo su cama y, al mirar, encuentra un leopardo.

Pero antes de hablar de animales salvajes, deberíamos reconocer que no hemos sabido ponderar el cambio de perspectiva que nuestra sociedad ha experimentado en los últimos años, ni los efectos que las restricciones sufridas durante la pandemia han producido en la psique colectiva. Si hay un sentimiento grupal que hemos compartido la mayoría de nosotros, ha sido el del miedo. Pero no todos hemos tenido el mismo miedo ni lo hemos experimentado de la misma forma. Los humanos gestionamos con dificultad la incertidumbre. Nos desasosiega, nos deprime y nos vuelve cobardes, nos convierte en traidores y nos mata.

El principio del fin

Miedo, mucho miedo. Aún hoy, hay personas con mascarilla que te esquivan por la calle, mirándote con pánico, como si portaras la muerte en forma de estornudo o tos. Ese terror se crea y destruye a golpe de noticia interesada en el telediario, pero a fuerza de incrustarnos en el cerebro pequeñas dosis de temor, nos vuelve indefensos. Miedo a la relación humana, a la interacción. Depresiones, fobias... miedo a la indiferencia y miedo a salir por la noche. La gente normal tiene miedo, pero hay otra gente —gentuza— que no tiene miedo a nada ni a nadie. No lee el periódico ni hace caso a las noticias. Con ellos no van las terapias ni el psicoanálisis, no van a los cursos de trabajo en equipo ni a los de resolución de conflictos, no les importan nada las curvas de incidencia, las emisiones nocivas que expulsamos al medio ambiente, las charlas feministas y los talleres de activismo social contra los micro o macroproblemas inventados por la cultura *woke*. No cumplen ninguna norma, ni aun las más elementales de urbanidad. Los compañeros que patrullan nuestras oscuras calles, sin necesidad de estudiar ninguna elaborada estadística, ya se han dado cuenta. La degradación de la cortesía y su transformación en agresividad es el inicio de la destrucción de la convivencia y la degradación del barrio, de la ciudad y del país. Es el principio del fin del diálogo y el principio del inicio de otra cosa. De la palabra al contenedor quemado, de la acalorada discusión que finaliza en un apretón de manos al machetazo.

No cumplen las normas porque no las comprenden, nadie se las explica y nadie, salvo la policía —y cada vez menos—, les exige su cumplimiento.

—¡Eh! ¡Co! ¿Vas a tardar mucho o qué? —grita un joven de origen marroquí parado en un arcén para realizar la prueba de alcohol y drogas en un control.

—¿Disculpe? —Le pregunta un agente de la Guardia Civil de Tráfico.

—Que si tu colega está sudando de mí, que me toca los cojones estar aquí esperando.

Es habitual, rutinario. La grosería ni llama la atención. Faltas de respeto, de cortesía, de educación. Monstruos que devoran el mundo. Cualquier adolescente se atreve a hablar en estos términos a la policía, sabedor de que no va a recibir represión a su comportamiento. No es un delito y, realmente, casi tampoco una infracción administrativa. Es solo la prueba de que todo va mal. Hace tan solo cuarenta años, el guardia le hubiera dado una bofetada antes de que terminara la primera frase, aunque es probable que no hubiera hecho falta porque su padre ya se la habría dado primero. Hace treinta años la autoridad era indiscutible, hoy no. ¿Era sano repartir guantazos? No. Era el último recurso ante la conducta desviada. Hoy ni presencia uniformada, ni voz de mando, ni uso de la defensa extensible. Ni los tristes matones de colegio se arredran ya ante la policía, porque todos los mensajes que han recibido desde su nacimiento han ido dirigidos a atacarles en las emociones, a decirles que son guapos, listos e importantes y que su voluntad es la única ley. Ahora todo el mundo se echa las manos a la cabeza. Los casos de *bullying* aumentan, aumentan los suicidios, las conductas violentas...

Los oriundos copian los peores patrones de la maldad. Ya no necesitan ver malos ejemplos en televisión, pueden verlos en algunos de sus compañeros con problemas de adaptación, con problemas de afecto o con problemas de arraigo. De estos últimos, hay que entenderlo, dicen que «provienen de una sociedad distinta». No obstante, algunos ya han nacido aquí, y sus padres también.

En cualquier caso lo que ocurre es mucho más complicado, desde luego, pero el mal ejemplo de quienes se niegan a adaptarse, extranjeros o locales, cunde y se contagia. Hacen lo que les da la gana y les funciona. Nadie los pone en su sitio. Se ríen de sus profesores, se ríen de sus compañeros, se llevan a las chicas y las tratan como muebles. Lo que es peor, algunas se dejan, ofreciendo en redes sociales imágenes que no se compadecen con las frases de *mujeres empoderadas* que escriben debajo de la foto.

Los jóvenes españoles que aspiran a un futuro mejor callan y se aplican a las cosas importantes de la vida. Los extranjeros que, bien guiados por sus progenitores, saben que tienen que dar lo máximo, sufren las consecuencias de los actos de sus homólogos delincuentes y pagan el altísimo precio de ser señalados como tales. Ambos, de aquí y de allá, esperan pasar de curso tranquilos, sin que ningún acosador les haga la vida imposible.

Pero para empezar a profundizar en un problema que es tremendamente denso y con múltiples derivadas, deberíamos hacer saber a nuestros legisladores —aunque ellos bien lo saben— que para que una norma funcione debe ser, en primer lugar, creíble. Después, debe aplicarse con coherencia y sin distinción, a todo el mundo. Por último, su incumplimiento debe suponer un coste, y para eso una de las características básicas del castigo debe ser la inmediatez. Pero, claro, estamos en un país en el que el principio de igualdad admite excepciones y en el que hemos comprobado hasta la saciedad que no importa la gravedad del delito si es cometido por una multitud de personas o se aduce alguna causa supuestamente noble.

Vemos a diario vídeos y leemos noticias de crímenes violentos que nos llaman la atención por lo escabroso. Nos compungimos, pero solamente un ratito, y pasamos página. En esta nueva era el asombro ha dado paso a la resignación e incluso a la justificación. Afortunadamente, poco a poco, cada vez más sectores de la sociedad, cansados de poner la otra mejilla a la violencia, están emitiendo respuestas de repulsa y condena más allá de las huecas palabras del *deeply concerned*.

Sabemos que esos crímenes no tienen nada de raro, forman parte de la cotidianidad, aunque llevan décadas vendiéndonos que los autores son sujetos desviados, pero cada vez menos españoles se tragan el cuento. No son desviados, no. Al menos no todos. Son individuos perfectamente normales que actuan de la manera a la que están acostumbrados. Están desajustados, no desviados. Su sociedad criminal es la fallida, no la nuestra. La nuestra es la que puede ofrecerles, si es que la aceptan, la oportunidad que la suya les negó.

Meter a un leopardo en una jaula de gatitos es una crueldad, pero te contaremos un secreto, ese fiero leopardo era en su lugar de origen un triste animalito, un huidizo y despeluchado cuadrúpedo que en su salvaje entorno lleno de leones y tigres no tenía ninguna posibilidad de sobrevivir y que, una vez ha conseguido salir de allí, ha llegado a un territorio abundante de caza, lleno de otros animales indefensos a los que maltratará y de los que abusará. Pobres diablos, gente medianamente normal, también gatitos, que al llegar aquí se transformaron por misteriosa brujería en leopardos. ¡Cuidado! También se coló algún leopardo que se ha transformado en tigre y algún tigre que sabe Dios en qué ha podido convertirse. Años de permisividad, años de pandemia, años de hibernación, y ahora salen del letargo con hambre y se van a comer el mundo.

«De esta salimos más fuertes», se ha dicho. Pues no. Los malos han salido mucho más malos, los regulares, peores, y muchos que eran buenos ahora son regulares. Piensa en cuánta buena gente lo ha perdido todo y está desesperada, cuántas vidas destrozadas, familias enteras. Aunque nunca sabremos la verdad de casi nada, sí sabemos y hemos visto de cerca que la gente ya no se comporta como antes, que hay tensión y agresividad, y que esa agresividad puede desencadenar violencia. Cualquier patrullero lo ve en la calle, observa esa tendencia. Era algo que venía *in crescendo* desde hace años, pero que se ha potenciado con el aislamiento. No hace falta que seas policía, si trabajas de cara al público es probable que veas grupos de personas casi bipolares, algunos tienden a una amabilidad y empatía extrema, casi excesiva, y otros a la grosera falta de educación.

Ahora mismo hay una mayoría de personas normales que trabajan y hacen su vida de la mejor forma que pueden o saben.

Otros que se han visto obligados a pequeñas prácticas de delincuencia ocasional por derivación. Esto es, personas normales cuya situación desesperada les ha llevado a cometer pequeños delitos y han tenido que enfrentarse a la acción policial. De no acompañarles un mínimo de suerte, podrían acabar por arruinar su vida visitando juzgados y, si la cosa fuera a mayores, pasando en algún momento por prisión. Luego está el delincuente serio, el de verdad, el que vive por y para eso. No estamos hablando de ese pequeño ratero *robacuartos*, ni siquiera de la despreciable banda de carteristas del metro, sino del profesional con galones de criminal veterano, el empresario del crimen. El que no tiene ningún problema en rajarte el cuello para quitarte una cadena, arrojarte a un callejón para violarte, entrar a tu domicilio y aterrorizar a tu familia o atropellar con un camión a decenas de personas en un mercadillo navideño. Miedo, terror social o terrorismo. Sujetos criminales que ya han cambiado nuestra forma de vida, que viven entre nosotros y de nosotros y que nos han sometido de formas de las que aún no somos conscientes.

Cuando uno hace muchas horas de calle se encuentra de todo: accidentes, alcoholemia, discusiones de pareja, conductas suicidas, pequeños hurtos, infracciones administrativas... Algunos de esos comportamientos, además de la ruina propia, han causado la ruina de terceros. El policía, como profesional, actúa con el reglamento reprimiendo el delito o denunciando la infracción. Como persona, valora el arrepentimiento, la buena fe y el propósito de enmienda. No es un cura confesor, es simplemente un humano que entiende que está ante otro humano imperfecto. Sin embargo, como le ocurre al sacerdote, a veces te encuentras con individuos que no se redimirán jamás y al que ni un millón de *padrenuestros* le servirían para ir al cielo. Hay gente muy mala y peligrosa.

El mundo se ha vuelto loco y todo está corrompido, ya nadie cumple la función prevista. La Guardia Civil baila en Tik Tok, los Mossos d'Escuadra son una herramienta política, las policías locales son recaudadoras de impuestos y la Policía Nacional está entregada a cumplir la agenda 2030. Las administraciones han pervertido su sentido de servicio y se han convertido en un servicio sin sentido, en un fin en sí mismo: estadísticas y propaganda. No era su función, como tampoco lo era de los miles de policías de balcón, de mascarilla y botellón que hemos creado y que han disfrutado espiando a sus vecinos de formas que ni la mismísima *Stasi* hubiera imaginado. No lo era, tampoco, la de los camareros inspectores de sanidad que pedían pasaportes covid, algunos antes de que lo ordenaran y después de que lo prohibieran. Una sociedad autocontrolada y autocensurada, imponiéndose castigos más fuertes que los que la propia ley sugiere. Excluyendo socialmente a cualquiera que discuta el mensaje. Somos camadas de gatitos que juegan y pelean por un ovillo de lana. Los leopardos miran, esperando a que nos fatiguemos para hincarnos el diente sin tener siquiera necesidad de correr para darnos caza.

Queda poco tiempo, necesitamos un despertar

En España, mientras los leopardos campaban a sus anchas, no fuera que alguien tuviera tentaciones de coartar el libre albedrío de estas fierecillas venidas de otras latitudes, sin arraigo ni familia, ni miedo, ni vergüenza, millones de jóvenes estaban atrapados en sus domicilios, confinados. Atados por sus padres, que, con el lógico temor a un contagio presuntamente mortal, los sujetaban en casa. Se reían a distancia, desarrollaban su adolescencia en la distancia y se amaban en la distancia. Cuando por fin pudieron salir a la calle y se reunieron para beber o escuchar música, fueron tachados de insolidarios e irresponsables por toda una generación que sí pudo disfrutar de libertad. Sí, querido, privamos a cientos de miles de nuestros chicos del ocio relacional, del grupo *scout*, del partido de fútbol, de la tarde en el Burger King y de la cafetería de la facultad... y gracias que tuvieron Tik Tok, Tinder o Instagram. No es comparable a vivir una guerra, gracias a Dios, pero a cada época lo suyo. Aún no está claro que se libren de luchar en una. De hecho, cada vez está menos claro. La actitud con la que defendemos nuestras calles no es más que un reflejo de la actitud con la que defenderíamos nuestras tradiciones y nuestras naciones llegado el momento. Estamos a tiempo de cambiarla, pero queda muy poco tiempo y necesitamos un despertar.

Somos españolitos que hemos recibido mensajes totalmente contradictorios durante las crisis, la pandemia y, realmente, durante casi toda nuestra vida. Con el periodo covid todo ha quedado al descubierto. Pasamos de «usar mascarilla es absurdo» a «es obligatorio usarla»; de «hemos vencido al virus» a una segunda, tercera y hasta sexta ola; de «las decisiones las toma un comité de expertos» a «ese comité no existe». Y aunque todo el mundo sabía que nos estaban mintiendo descaradamente, nadie se ha atrevido a abrir la boca y, al final, nadie ha respondido por ello ni ha pasado nada. Los muertos no tienen costumbre de protestar y los enfermos no tienen fuerzas para hacerlo.

Con la delincuencia ocurre lo mismo. Mientras el Ministerio de Interior dice que baja, la gente, que no es idiota, se siente insegura. Con un nivel delincuencial medio, como el que tuvimos hasta hace pocos años, se puede engañar a la población para que crea que es bajo, pero cuando los ciudadanos comienzan a percibir por sí mismos que su barrio ya no es el que era, comienzan a sentir miedo, y a ese estado emocional ya no se le engaña con mensajes gubernamentales. El ciudadano puede que no lo diga en voz alta, pero lo piensa: «Todo no va bien, deja ya de tratarme como a un idiota, al hijo del vecino le dieron una paliza el sábado y a la sobrina de mi compañero de trabajo la han agredido sexualmente cuando volvía de currar en el *pub*. No quiero que mi hijo sea el siguiente».

Si la gente informada no sabe qué hacer ni a quién creer, imagina aquellos que no tienen información ni formación o que no muestran ningún interés por nada. La falta de credibilidad, de liderazgo y protocolos claros está conduciendo a parte de la sociedad normal al caos en el comportamiento. Mientras el temor cunde y las personas se constriñen y coartan a sí mismas, los individuos con comportamientos asociales disfrutan a sus anchas y sin cortapisas de toda la libertad que se niega a otros. No te confundas, el delincuente está haciendo lo que hace porque puede. Está ejerciendo la forma más básica del derecho, la capacidad de hacer, ejercer o ejecutar todo aquello ante lo que nadie se opone. En su sociedad, dura y terrible, no podían hacerlo porque otros —que allí eran tigres— se lo impedían, pero aquí, enfrentados a mansos gatitos que comen latitas de paté *gourmet*, pueden.

Esa creencia de que un leopardo salvaje se domesticará como por arte de magia es la premisa errónea de la que parte esta sociedad idiotizada. Se abraza al delincuente, olvidando al ciudadano honrado, desamparado ante cualquier crisis porque la buena gente no molesta. No, no molesta, y si lo hace será con alguna forma íntima de daño. Los suicidios y las conductas de consumo de alcohol y fármacos aumentan a niveles nunca vistos y, como enfermos, sobre todo si son encasillados en alguna patología mental, quedarán fuera de cualquier tipo de responsabilidad que nuestros gestores pudieran llegar a tener. No molestan, pero sufren las consecuencias.

Hay sujetos antisociales que son patológicos, otros que son puntuales y los hay habituales naturales. Llama la atención que los dos primeros, los que tienen recuperación, los que pueden ser conducidos fuera del lado oscuro de la fuerza del crimen, son los que más castigo y presión reciben, cuando son los que debieran tener más ayuda. Mientras, el antisocial puro e irredento no encuentra límites. Fuertes con los débiles, débiles con los fuertes.

Este es el *quid*. Portan machetes porque en su hogar ya usaban machetes. Explotan redes de trata y esclavizan a otras personas porque ya lo habían visto anteriormente como forma de vida. Esta ingenua e inconsciente Europa pretende controlar a un enemigo difuso con leyes y planes ineficaces, gastando millones en recursos que solo funcionan con sujetos reinsertables, precisamente los que jamás reciben la ayuda. La educación no hace magia en las generaciones presentes, podrá en todo caso hacerla en el futuro. El trabajo social aquí no sirve de nada. Escuchamos en los medios que la respuesta policial no es la solución y que hay que invertir más en políticas sociales. Y puede ser cierto, pero jamás debemos olvidar que las fuerzas de seguridad solo actúan cuando el mal ya está presente, cuando todos esos expertos en intervención social han fallado.

No se trata solo del aumento de los ciberdelitos, los asaltos de bandas armadas o las nuevas formas de criminalidad, que también, sino del cambio radical de paradigma de nuestra sociedad. Nula natalidad, eliminación del modelo de familia nuclear tradicional y pirámide de población invertida. Nuevas formas de ocio y relaciones humanas despersonalizadas... Hoy dice mucho del estado de cosas el cultivo del narcisismo en las redes sociales, extendido a líderes de partidos políticos y organizaciones de todo tipo, con fotografías y vídeos en poses ridículas, publicitando innecesarias reuniones *al más alto nivel* que no sirven para nada, o compareciendo con pompa y boato para algún anuncio vacío de contenido.

Estamos desorientados. Hemos cambiado nuestra forma de vida, que funcionaba razonablemente bien, e importado otra diferente, sin terminar de entender cuál es ni de dónde proviene. Ocupaciones, secuestros exprés, amputaciones a machete, bandas que se apropian de parques públicos, grupos de narcos

que controlan barrios enteros, asaltos violentos en tiendas, alunizajes en joyerías, robos con violencia a turistas... No es el
Bronx ni el Detroit de los ochenta, no hablamos de Somalia.
Está pasando aquí y están intentando ocultarlo o mirar para
otro lado. Hoy, al contrario de lo que pasaba hace tan solo
treinta años, cualquier turista que visite Nueva York puede pasear por cualquiera de sus barrios —excepción hecha de ciertos
polígonos y concentraciones de viviendas sociales—. Ya no se
puede hacer en pleno centro de París o Barcelona. La Gran
Manzana, aun teniendo alguna zona que no se debe visitar de
noche, como el South Bronx, no tiene zonas *no-go* —la policía
llega y entra a todas partes—, París y Bruselas, sí.

La descomposición de Europa comienza por la sustitución
de los valores fundamentales y continúa con la permisividad ante
cualquier imposición ideológica. La religión de base se está sustituyendo por el islam o por el ateísmo, que deriva no pocas veces en la sustitución de Dios por la adoración a un tirano. La
capitalidad de las grandes naciones se diluye en procesos independentistas que son puro provincianismo mientras crece la influencia criminal de los barrios y los polígonos. Los gobiernos
solo atienden a las redes comerciales globalistas mientras se crean
oscuras redes delictivas, tanto virtuales como analógicas. Los
más mayores quedan desatendidos, mueren en residencias, abandonados o presas de leyes de *muerte digna*, y antes que eso, quedan proscritos para la vida civil, aplastados por una tecnología
que no saben utilizar. Los que deberían tener ya una familia se
han rendido por falta de recursos o de ganas, y los jóvenes son
sometidos a un bombardeo de malos ejemplos. No es de extrañar que cada vez más menores sean extraídos del control de sus
familias y educados en la atracción del dinero fácil y los grandes
coches. Fatalismo que solamente puede conducir al desencanto,
a las conductas autolíticas o, si el arraigo familiar no es profundo
y firme, a las múltiples formas de delincuencia.

Frente a esta realidad tenemos una policía sin autoridad, escrutada por su régimen interno y crucificada por el poder mediático. Juzgados desbordados con medios antediluvianos, con abogados de oficio que cobran tarde o no cobran. Leyes laxas, un modelo penal de reinserción que no reinserta y que mete a delincuentes violentos en almacenes controlados por funcionarios de prisiones abandonados, sin más medios ni autoridad que un pantalón y una camisa corporativos. Y entre tanto, una pandemia que llegó para demostrarnos que todo nuestro sistema de bienestar era un castillo de naipes.

Esto es lo que hay. Ruina y jóvenes educados en el fatalismo y la socialización disfuncional, sin futuro. Individuos desajustados a los que damos la bienvenida a nuestro mundo y consentimos todo, no importa lo que hagan, e individuos socialmente aptos que han sido expulsados de la vida social, chicas y chicos sin ilusión por nada y permanentemente castigados. Hipertitulados que no tendrán trabajo, no tendrán un coche o una casa y para los que la posibilidad de formar una familia y trazar una vida se pone cuesta arriba. Hasta eso les han dicho que es bueno y deseable. ¡No tendrás nada y serás feliz!

Los sujetos irrecuperables para la vida en comunidad empiezan a poblar las ciudades, exentos de responsabilidad, y buscan robar el plato de comida de los gatitos. Tienen derecho a robarlo, se lo hemos hecho creer nosotros, se lo hemos otorgado nosotros. La culpa no es del que lleva el machete, la culpa es de tu hijo, el muy xenófobo, que no supo integrarle. Si es preciso, llegarán a decirte que van armados porque se sienten indefensos ante esta sociedad capitalista que no los acoge y los oprime, todo sea porque al final el culpable sea tu hijo. ¡Que se arrodille! Es insoportable ese privilegio de gato de angora blanco que vive con una buena familia.

Admitimos que han cambiado las relaciones, las formas de ocio y hasta las fuentes de información, pero somos incapaces de entender que ha cambiado también la forma de cometer delitos y los escenarios en los que se cometen. Nuestro país es el destino vacacional del criminal, que no necesita esperar a la temporada de verano para disfrutar de nuestra hospitalidad.

Emerge un aterrador mundo nuevo

Las zonas *no-go* aparecen conforme crece la criminalidad, esa criminalidad que expulsa a tus padres ancianos del barrio en el que vivieron toda su vida, que roba oportunidades a tus hijos y que, si te descuidas, los secuestra para sus fines. Pero antes de que el barrio llegue a convertirse en zona *no-go* se habrá convertido en una zona en la que se produzcan pequeños hurtos y trapicheo sin que nadie haga nada para impedirlo. Áreas urbanas en las que el capo de la banda no vive, solo la habitan sus tristes sicarios que, día a día, se convierten en ejército y que cumplen labores de inspección y control interno.

En Europa, el barrio *no-go* sustituye en importancia a la capitalidad. Algunos delincuentes no van de Algeciras a París o Berlín, sino desde el barrio X al barrio Y. Son sus *green zone*, en las que son reyes. Entre los barrios *no-go* de cualquiera de los países por los que transitan y se establecen también hay vías alternativas de comunicación, verdaderas autopistas por las que los traficantes hacen turismo, sobre todo por España, transportando kilos de droga en potentes coches robados, pasándose las normas de tráfico por el forro, descojonándose de nuestras leyes, pasando por encima, si se pone por delante, de cualquier policía local o guardia civil de tráfico que ose darles el alto.

Todo está relacionado en esta nueva década del nuevo siglo: inmigración ilegal y adolescentes autóctonos que adoptan costumbres ajenas, fracaso escolar y *bullying*, despersonalización de las relaciones y agresiones sexuales. Entornos degradados, drogas y vehículos robados. La necesidad de cambiar al modelo policial es tan acuciante...

Una de las actividades delictivas que nunca pasa de moda —y que más elementos precisa reclutar— es el tráfico de drogas. Los nuevos tiempos han traído un aumento exponencial de la demanda y, como en cualquier proceso industrial, los empresarios del delito exigen mayor productividad. Como venimos advirtiendo, la industria del delito es informal pero tremendamente jerarquizada, no escribe manuales ni protocolos, pero todo el mundo tiene meridianamente claro lo que tiene que hacer. No hay ninguna escuela o facultad que proporcione estudios adecuados para las materias en las que trabajarán, pero cada día, en sus peculiares *university of life,* se gradúan y doctoran miles de jóvenes cuyos conocimientos son tan avanzados que siempre van por delante de los gestores de la seguridad de las naciones.

Como en la antigua industria, la organización criminal profesional ha pasado del modelo productivo basado en el taylorismo y el fordismo, mediante el que toda su actividad se basaba en una gigantesca cadena de producción en la que cada operario solo conocía una parte del proceso y realizaba operaciones muy sencillas que eliminaban la posibilidad de error, a implementar el método *Toyota just in time*, adaptándose de una forma tan ágil al mercado que ya quisieran algunas multinacionales. La industria del delito dispone hoy de un producto de calidad, en el momento preciso y que cuida de que nada se pierda ni desperdicie por el camino. Se adapta magistralmente a la demanda y proporciona a cada cliente lo que necesita. El verdadero grupo criminal profesional es flexible y no tiene inconveniente en ofrecer productos *fuera de carta*. Como animal evolutivo, se adapta a cualquier cosa, es lo más parecido a un tardígrado, sencillo biológicamente pero casi inmortal.

Los clientes exigen a la fábrica del delito un producto cada vez más exclusivo. Lo mismo un asesinato que un robo de un vehículo de alta gama, y en esto, como en todo, hay empresas y profesionales con mayor o menor prestigio y que cubren más o menos demanda y servicios.

En el tráfico de drogas, el consumidor precisa entregas más rápidas y ya no desea empeñar sus medios en recogerlas o almacenarlas, quiere que le sean suministradas en cualquier punto y a cualquier hora. En el mundo de la *uberización,* también hay un sistema *delivery* en el que numerosos *riders* distribuyen sustancias a domicilio. Esto implica la necesidad de *stock* permanente de una mercancía de consumo rápido que, como la *pizza,* no admite demoras. La policía es un inconveniente. Su presencia es como cuando el horno de tu pizzería favorita del barrio se avería el día de la final de la Champions: nadie está contento. La fábrica del delito tiene cada día más clientes y no puede permitir que nadie interrumpa la producción. A diferencia de la pizzería de tu barrio, que te deja sin cenar *pizza* si su horno está fuera de juego, la fábrica del delito no se detiene, aunque una operación policial la desmantele cinco minutos antes del partido. Automáticamente otra atiende los pedidos y adapta su producción, pero ningún cliente se queda sin su *pizza.*

Es lo que diferencia a la delincuencia de cualquier otro proceso industrial o comercial, las organizaciones criminales adoptan todos los métodos, modelos y procesos nuevos y modernos, pero jamás abandonan los procedimientos antiguos que funcionan. No importa que sea más rápido y provechoso hacerse con miles de euros mediante *phishing,* si el timo de la estampita o el trilero y la bolita siguen dando rédito desde hace siglos, se queda en el *catálogo de servicios.*

El crimen a doscientos por hora

El reparto de droga no se ha dejado de hacer a la vieja usanza, a lo feo y sucio en tugurios lúgubres, también en bares y zonas de ocio, pero cada vez más mediante reparto a domicilio, igual que Globo, Just Eat o Amazon. Sin duda has visto alguna vez en carretera algún camión de Amazon, *There's more to Prime. A truckload more*, surten diariamente de mercancías a los centros de distribución. Pues, aunque no hayas sido consciente, seguro que también has visto más de una vez circular por carretera a los transportistas del delito. Te adelantan un par de vehículos, habitualmente con matrícula francesa o italiana, aunque últimamente también con placas españolas, a gran velocidad y separados a una distancia de aproximadamente diez o veinte kilómetros el uno del otro. Suelen circular a altas velocidades, pero habitualmente a menos de doscientos kilómetros por hora.

Menos de doscientos porque circular en autovía y autopista a esa velocidad es un delito y, si son detectados por un radar, saben que se emitirá una orden a las patrullas cercanas para que sean detenidos, mientras que a menos velocidad saltará el radar y solo se pondrá en marcha la maquinaria administrativa que cursará una denuncia que nunca llegará a ninguna parte. Si tratan de detenerlos, intentarán huir. Si se ven atrapados, se llevarán por delante al que se interponga en su camino, sin piedad. Muchos compañeros han resultado gravemente heridos al tratar de detenerlos, algunos han perdido la vida. Este traslado de drogas, y a veces de armas, tiene una denominación popular: *Go Fast*. También fue un fenómeno que empezó a producirse en Francia y Alemania a final de los ochenta y tampoco nadie hizo ni puñetero caso.

El *modus operandi*: un vehículo lanzadera —*ouvreur*—, en permanente contacto con el vehículo nodriza —*porteur*—, que lleva la mercancía, abre camino explorando la existencia de controles o patrullas y verificando las aplicaciones que avisan de los dispositivos policiales. Si existe peligro, hará que el coche nodriza se detenga por detrás o dé la vuelta. Si observa que el paso del coche nodriza es inevitable, intentará distraer a las patrullas, bien inventándose alguna incidencia en un tramo próximo o distrayéndoles con alguna maniobra temeraria que obligue a los agentes a abandonar la vigilancia y seguirle, dejando el paso expedito al vehículo cargado de regalos.

Si detienen al vehículo lanzadera, en el peor de los casos puede caerle un ridículo delito contra la seguridad vial por conducción temeraria. Si el conductor es listo, se irá con una simple infracción que abonará con reducción por pronto pago y, si tiene suerte, ni siquiera será alcanzado. Esto es cada vez más habitual ya que los agentes están menos dispuestos a jugarse la vida para detener a una gente que, cuando llega al juzgado, resulta que «solo iban rápido».

Utilizan coches potentes con gran capacidad de carga y los llenan de droga y combustible. No paran en ninguna gasolinera, evitando cámaras de seguridad y reduciendo las posibilidades de reconocimiento. Igual que los camioneros y los policías paramos en determinados bares y restaurantes, ellos tienen sus puntos de parada, puntos estratégicos desde la frontera sur hasta su destino; también casas con garaje privado en zonas aisladas o apartamentos en barrios con poca vigilancia, siempre con buenas comunicaciones, donde intercambian mercancías, se esconden, enfrían[1] un coche o recogen otro. También guardan armas o custodian garantías personales.[2]

Es fácil: roban un Cayenne en cualquier *banlieue* de Francia, lo dejan enfriar unos días y, si pueden, le ponen placas falsas que correspondan al mismo modelo. Depende de las necesidades

---

[1] Dejan pasar un tiempo para que el vehículo, cuya matrícula probablemente estará registrada en las bases policiales, deje de captar la atención de los agentes. Habitualmente le cambian las placas por otras de un turismo del mismo modelo o, si es preciso, lo decoran cambiando alguna característica.

[2] Persona de relevancia de la organización criminal con la que se esté realizando un determinado trato que permanece hasta el fin de la operación bajo custodia, so pena de ejecución si se presenta algún tipo de problema.

que tengan y del trayecto, pueden traer alguna mercancía y regresar con otra o, lo más habitual, llevar droga desde el sur de España a Francia. Los coches que han traído hasta aquí pueden embarcarlos rumbo a Marruecos para su venta en algún país africano —doble negocio—, allí les entregarán otros similares que, tras el transporte en la dirección contraria, también serán vendidos a un tercer país. El *Go Fast* es un auténtico servicio polivalente. Correo de información, tráfico de vehículos, de drogas y, si es necesario, de personas. Máxima eficiencia. El crimen adaptándose a la demanda de mercado, todo lo contrario que el modelo policial, que es incapaz de adaptarse a las demandas de seguridad reales, a las que no atiende.

Si en el coche *ouvreur* suele ir un miembro con cierto rango en la banda, con un vehículo legal y limpio, detrás circularán uno o dos *porteur*, conducidos a veces por críos de poco más de veinte años, dispuestos a todo por unos euros y por medrar en la estructura de la organización. Estos críos tienen más miedo de perder la droga que de las consecuencias legales de una detención policial o por atentar contra un policía local o un guardia civil. En Bélgica, Francia, Suecia o Alemania algunas organizaciones están empezando a usar menores para determinados trabajos. Son mucho más inconscientes, temerarios y casi inimputables en algunas legislaciones.

Graduados en delincuencia

En el caso de los emigrantes, muchos salen de su país con la falsa promesa de un El Dorado. A través de endebles redes de contactos reciben ayuda y favores que a menudo se devuelven con la comisión de pequeños delitos, y quedan así atrapados en el círculo criminal. Una vida ociosa y fácil, el gancho que les atrapa desde antes de salir de sus hogares. Los pequeños hurtos y poco más tarde los robos con violencia que se cometen a diario en nuestras ciudades son solo el comienzo. Si bien la mayoría de la gente que viene de fuera no es así, ante procesos migratorios desbordados, el número de personas que sí están dispuestas a delinquir es cada vez más alto e imposible de gestionar. No gana nadie, ni ellos ni nosotros.

Participar en un *Go Fast* como el que hemos descrito implica subir varios escalones en la red. El muchacho se hace hombre —nuevamente rituales casi tribales—. Pasa de ser un mocoso sin responsabilidad, un simple avisador que corre de aquí para allá con su ciclomotor, a ser un correo. De ahí, puede pasar a vender pequeñas cantidades y, unos meses después, a ser el cabecilla que gestionará las ventas de otro grupo de niños o a ser parte del séquito de algún jefecillo —también tienen su servicio de seguridad y protocolo—. Si lo hace bien, le ofrecerán hacer un viaje con el que ganará algún dinero y subirá de nivel en la organización, se graduará.

Cada día se desmantelan organizaciones y redes criminales, pero no importa. En las fuerzas de seguridad, los equipos de policía judicial cuentan con unos pocos agentes que no dan abasto para realizar las operaciones e instruir las diligencias. Formar nuevos agentes supone un gasto gigantesco y un largo periodo de enseñanza. En las redes criminales, por cada detenido hay diez candidatos firmes para ocupar su lugar que aprenden el oficio en una mañana con material didáctico gratuito. El modelo actual solo necesita a unos pocos funcionarios para convertir sus operaciones en titulares de prensa, prefiere consumir a los guerreros policiales en gigantescos aparatos burocráticos.

Las organizaciones sociales criminales están fuertemente jerarquizadas y disponen de una grandiosa base de soldados dispuestos a entrar en combate. La ocasión de adquirir más responsabilidad, de transportar cada vez más carga o de quitar de en medio a algún enemigo de un clan o grupo rival será una oportunidad que ninguno de ellos desaprovechará. Más reconocimiento y dinero o algo tan absurdo como unas zapatillas nuevas son los parámetros con los que miden el éxito.

Este fenómeno, ya rutinario en las capitales europeas que nos llevan años de ventaja en podredumbre y crimen, crece y se expande imparable ante la pasividad de gobernantes cobardes que ven el mundo arder desde sus atalayas feministas y *ecofriendly*. Se pospone indefinidamente la respuesta al sindicato del crimen global que se organiza a toda velocidad, con su caladero en los menas que traen las mafias de la inmigración ilegal, en los mal llamados refugiados que entran sin control y en los jóvenes de tercera y cuarta generación que no hemos sabido gestionar. Une todo eso a la tecnificación, la especialización y el aumento en el rango de violencia de la delincuencia autóctona, y ya tienes tu bidón de nitroglicerina caliente a punto de explotar.

La exclusión es la excusa, no la causa

El *Go Fast* no es sino otra forma más de delincuencia importada, como los sicarios, las bandas latinas o los secuestros exprés, que contribuye a que nuestra sociedad, imperfecta y llena de problemas, pero mucho más avanzada y respetuosa con los derechos y libertades que la mayoría de las que hay por el mundo, se esté yendo al garete a velocidad de vértigo.

Hay sectores encantados en hacerte creer que el pobre o marginal se ve obligado a delinquir por falta de oportunidades, pero es otra trampa más. La inmensa mayoría de esas personas lleva vidas honradas. La exclusión social es la excusa del delincuente, no la causa del delito, y se utiliza para convencer a toda una sociedad acomplejada de que ella es la culpable. Pero no, no es así. Europa ha importado formas sociales desestructuradas del norte de África y de ciertos países orientales que ya están siendo introducidas en España y que han traído no pocos desajustes y problemas. El origen es una clave mucho más importante que la clase social o la capacidad económica para valorar las causas de la escalada criminal, como ya explicamos.

Pero la explicación del delito no puede ser tan simple. Tiene que haber otros factores progres profundos como la clase social, la capacidad económica o los fallos del sistema de integración para que sigan manteniendo sus dogmas y mantras, y por supuesto que puedan seguir viviendo de ellos.

La realidad es que gentes de todos los colores cometen todo tipo de delitos, pero suele existir predisposición por origen —no por raza— a cometer unos u otros. Un licenciado en Harvard o en la London School of Economics tiene más posibilidades de desarrollar una red internacional para estafar millones captando capital que un chaval de un barrio negro que no aprobó los estudios mínimos.

Tampoco se trata de xenofobia. Ya hay cientos de españoles con ocho apellidos castizos que prefieren dedicarse a cosas como el *Go Fast* antes que trabajar ocho horas por un exiguo salario o pasar media vida en una facultad para acabar en el paro. Además, están empezando a copiar los métodos ultraviolentos de organizaciones extranjeras, o directamente se integran en ellas. El delito es global y la solución pasa por atacar la disfunción desde su raíz, no por ocultarla. Si una sociedad está enferma, tratémosla a ella, no nos hagamos responsables de problemas que no son nuestros. ¡Bastantes tenemos aquí! Estamos viviendo los primeros efectos y, lejos de diagnosticar las causas, tratamos solo las consecuencias. Así es imposible curar nada.

Estamos importando modelos culturales fallidos y todavía hay quien cree que con subsidios y políticas sociales de pacotilla cambiará algo. La única política social válida es el trabajo, la adopción de la cultura de acogida y el sometimiento al imperio de ley. ¿Cuántas de esas personas dejan el delito al ser subsidiadas? Ninguna. En todo caso lo compatibilizan.

A pesar de la desastrosa política de personal de los cuerpos policiales, se hacen detenciones, se desmantelan bandas y se incautan cientos de kilos de droga. Entre los compañeros de Aduanas y el resto de cuerpos policiales, les damos duro. Pero por cada kilo incautado entran cien. Por cada banda que se desmantela, se arman diez. Cada vez que se detiene a un alunicero por una treintena de robos, nos han ganado veintinueve a uno, pero además otro chaval asume el liderazgo del grupo. Y no importa lo que te digan, la delincuencia aumenta a paso de gigante. Faltan medios, pero sobre todo falta liderazgo y estrategia.

Llegados a este punto no hay más solución que la mano dura. Leyes, jueces, fiscales y policía, todos a una, con el máximo respeto a nuestras garantías constitucionales, que tanto tiempo de honorable lucha costaron, pero con tolerancia cero. Pero esa es solo una mínima parte. El problema real debe atacarse en origen, en la miseria en la que ciertos gobiernos despóticos y sistemas teocráticos tienen sumidos a sus pueblos y no en seguir culpándonos por los efectos de un presunto colonialismo que ya queda muy lejos.

La confianza de la ciudadanía está ya por los suelos, las tradiciones arrastradas. Se discute cómo en nuestra época aún es posible que haya gente que acuda a misa o espere horas para postrarse ante un paso de Semana Santa, como si fueran hijos retrógrados de un tiempo oscuro y lejano. Mofa y befa a los jóvenes que deciden acudir a catequesis o que hacen cursos prematrimoniales antes de casarse, o prisión para los que se ponen a rezar delante de una clínica abortiva, y ninguna crítica a los cientos que se ponen a rezar mirando a La Meca en una céntrica calle de París, que degüellan miles de corderos en una plaza o que consideran a la mujer, a la que por cierto tampoco permiten abortar, como un ser con menos derechos que el hombre.

Si en España algunos de estos salvajes, de momento, se conforman con desvalijar tiendas de Louis Vuitton en Nochevieja, en Suecia, Alemania o Francia, además del saqueo han adoptado la insana costumbre —más de un lustro ya— de celebrar la llegada del nuevo año quemando cientos de coches y agrediendo sexualmente a docenas de mujeres en una peculiar orgía de lujuria y destrucción que ningún líder quiere reconocer ni atajar.

Quieren que nuestro mundo arda para construir sobre sus cenizas el suyo, que también fue pasto de las llamas, porque su modo de sociedad solo es una máquina perfecta de fabricar miseria, hambre y violencia. Algunos líderes progres empiezan a ver las orejas al lobo y a tener miedo de que el pueblo se harte y pida medidas de control de inmigración que hasta hace poco consideraban como propias de eso que llaman *ultraderecha* y que no es otra cosa que todo lo que se opone a su discurso.

Policías transformados en militares en campaña

El principio del fin llega con la anulación del poder y el prestigio de la policía, acusada de represora por hacer cumplir las normas de la polis, que es en definitiva el símbolo de la civilización. Policías que por pura necesidad y supervivencia no van menos equipados de lo que iba un militar hace dos décadas: subfusil, chaleco antibalas —estabas loco si hace veinte años decías que era imprescindible—, guantes anticorte y punzón, torniquete táctico... Queda poco, muy poco, para que tengamos que equiparnos con casco y gafas de protección. Que las unidades antidisturbios se debían equipar con el *pack* antitrauma era una obviedad, pero no que un agente de seguridad ciudadana se viera obligado a vestir como un soldado de las fuerzas especiales. Ya lo hemos conseguido, poco a poco el policía se ha tenido que equipar a la fuerza como un SWAT americano.

El fin de la civilización no solo se adivina cuando los policías se preparan para el combate, sino cuando otro de los primeros pilares de la democracia, la prensa libre, debe cubrir noticias en territorio nacional y tiempo de paz con peto que les identifique para evitar pedradas, casco y gafas de protección, o cuando los servicios sanitarios también deben ir protegidos. ¿Nadie se ha dado cuenta? ¿No lo quieren ver? No, no quieren.

Cada año miles de jóvenes opositan para entrar a un cuerpo de seguridad o al servicio de prisiones y otros miles se incorporan a algún servicio de vigilancia privada. Todos ellos tienen en común una gran ilusión por servir a su país, a sus compatriotas, por poner su granito de arena en la tarea de dejar el mundo un poco mejor. En pocos años, esa ilusión suele convertirse en decepción y hastío al ver el abismo de abandono en el que los burócratas han sumido la profesión.

¡Despierta! Porque si esto no cambia, los depredadores no solo estarán en las calles cuando el sol se ponga y las bestias agudicen sus sentidos para cazar, sino que acecharán en el portal de tu casa, y si les dejas, dentro de ella. Nuestras ciudades se habrán convertido en una zona hostil en la que ya no habrá leopardos, sino manadas de tigres. Habrá hienas y leones, cocodrilos y ñus. Tú ni siquiera serás ya el gatito, sino el manso bóvido que cruza el Okavango en manada.

La degradación de nuestros barrios y ciudades, también de nuestros pueblos, va a un ritmo más rápido si lo comparas con lo que ocurrió en países como Francia. Una gran ciudad se puede perder en tres o cuatro años si se dan todos los condicionantes para que el mal triunfe. Volver a casa antes de que el sol se ponga debe ser una elección de confort personal y nunca, como ocurre en otros lugares, una forzosa medida de seguridad.

El miembro fundador de la asociación Una Policía Para el Siglo XXI, Juan Pablo de Anca Cuesta, creó un diagrama con los pasos naturales que una sociedad sigue en su camino hacia el descenso a los infiernos[3]. Nosotros los hemos ido dando todos.

---

[3] Juan Pablo de Anca Cuesta, *Entre el orden y el caos*, 2022, pág. 373.

Degradación de la seguridad y mecanismo de control de la violencia por el Gobierno

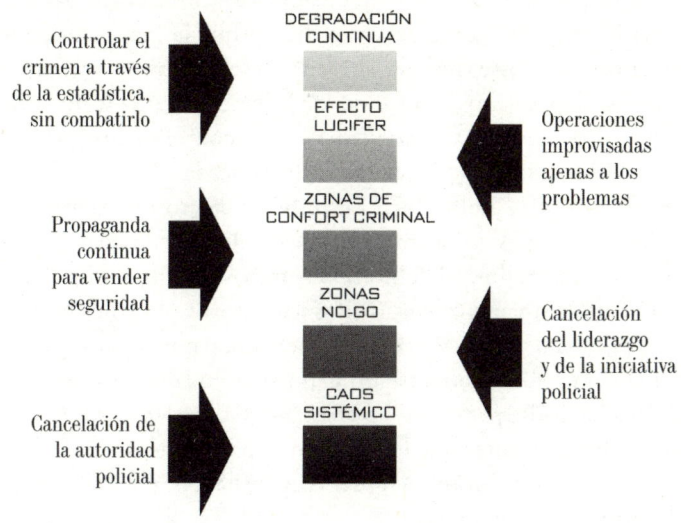

Fuente: Una Policía Para el Siglo XXI.

El efecto Lucifer

La degradación comienza cuando no se da importancia a las primeras señales de que algo va mal, bien porque se infravalora el problema o bien porque políticamente no interesa airearlo. Así, la banda latina de Aluche que empezó cobrando dinero a los chavales del barrio por usar la pista de fútbol es hoy una organización criminal que mueve miles de euros y perpetra todo tipo de delitos con violencia. Desde las extorsiones hasta los asesinatos, pasando por cientos de robos no denunciados por miedo. En esta fase, con un nivel delincuencial medio, el poder puede imponer sin problemas el mensaje de seguridad solo controlando las estadísticas y la propaganda. Así pasamos dos décadas: los ochenta y los noventa.

Entonces se produce el efecto Lucifer,[4] los delitos pasan a normalizarse, a ser parte del día a día porque la gente entiende que, si no hay coste, hay recompensa, y comienza a valorar la comisión de pequeños actos fuera de la ley como una forma más de vida. Los entornos se transforman, y con ellos los que allí viven. Un nefasto círculo vicioso. ¿Te acuerdas de la cárcel del experimento de Zimbardo? Él estudió el efecto que tienen los ambientes hostiles en la transformación de las personas que se ven sometidas a ellos. El delito tiene efectos empáticos, de adaptación para la supervivencia. Todos los entornos hostiles los tienen. Por eso en el País Vasco de los ochenta y noventa casi todos los jóvenes preferían ponerse un pendiente en la oreja y cortarse el pelo a bacinilla para poder disfrutar del casco viejo sin miedo y sin problemas, antes que llevar camisa, pantalones de pinza e ir el domingo a misa, como Miguel Ángel Blanco, porque podían pegarte dos tiros en la nuca.

El psicólogo americano participó en uno de los procesos judiciales que más han avergonzado a América —el juicio a los siete soldados que torturaron, humillaron y vejaron sexualmente a prisioneros de la cárcel de Abu Ghraib—, para intentar explicar cómo personas normales en sus entornos naturales se habían comportado de aquella manera en aquel infierno. Militares americanos, hombres y mujeres —porque la maldad no tiene género—, que se fotografiaban con soldados iraquíes cubiertos de heces, desnudos, atados a correas de perros o en posiciones humillantes, mientras los estadounidenses sonreían a cámara. Todo en una prisión militar dirigida también por una mujer, la comandante Janis Leigh Karpinski. Y lo hacían, entre

---

[4] Philip Zimbardo, *El Efecto Lucifer: El porqué de la maldad*, Paidós, Barcelona, 2012.

otras cosas, porque podían, porque tenían el poder. Las mujeres soldado que así se comportaban seguramente no lo hubieran podido hacer en sus hogares con ninguno de los iraquíes presos. Pero en el entorno de una cárcel, con prisioneros y carceleros, sí podían. Y lo hicieron. Un entorno tóxico devora la psique de las personas. Una persona con la psique devorada suele presentar conductas amorales. La suma de conductas amorales convierte al entorno tóxico en un entorno donde el crimen encuentra refugio y confort.

Una vez el efecto Lucifer se extiende, se crean las *zonas de confort criminal*, término designado por Samuel Vázquez en 2018 para explicar por qué Barcelona iba a ser la primera ciudad sin ley en España. Los criminales se acomodan y los ciudadanos honrados se resignan, después se acostumbran y al final se adaptan y sobreviven en ese medio. El efecto Lucifer consigue, incluso, que lo malo no parezca tan malo. Ante esta situación, el poder político y gran parte del mediático reaccionan enrocándose, hablándote de casos aislados, causas socioeconómicas y cifras de criminalidad que supuestamente certifican su mensaje de país seguro. La estrategia no es otra que ocultar la realidad, engañarte, para que esta no les salpique políticamente y les perjudique. Los ciudadanos solo servimos para votar —si votamos bien— y pagar impuestos.

Entra entonces en escena la cancelación del liderazgo, por el peligro que supone enfrentarse a un monstruo que te están vendiendo que no existe, que solo está en tu imaginación. Ganan los burócratas que protegen mensajes y maquillan estadísticas, y los policías que no van en la misma dirección que esos burócratas comienzan a sufrir el coste de enfrentarse de verdad a la delincuencia cada vez que tienen que utilizar la fuerza para revertir la violencia. La motivación evitativa se impone, los policías de raza se frustran, e inevitablemente aparecen las zonas *no-go*, porque entrar implica mucho coste y muy poca recompensa, pase lo que pase dentro. Tu ciudad ya está perdida. Tú, con tu voto, has decidido que era mejor que en tu barrio la bofetada de más la diera el delincuente y no el policía, porque te han convencido de que es lo correcto. Te han vendido que aún existen escenarios de paz y armonía en los que nadie da hostias de más, ni grita de más, ni roba, ni abusa; que son imaginaciones y dislates de ultras nostálgicos. Que son casos aislados.

La violencia no es un proceso justo y reglado, es pura anarquía, puro instinto de supervivencia, procesos químicos y neurofísicos, estados de estrés y tensión. Sabemos que no se puede juzgar la guerra desde la paz, sabemos que no se puede juzgar la violencia desde el sofá de casa o una silla de tertuliano. Ciertos niveles de violencia solo se pueden enfrentar con toda la fuerza necesaria, no con la mínima fuerza imprescindible y la proporcionalidad, como mandan nuestros protocolos, escritos por uniformados que jamás fueron policías. El uniforme ya no impone, ni sirve para resolver una intervención con la mera presencia. Ese mundo se acabó, ya no existe.

El siguiente y último paso es la cancelación de la autoridad —cuando los políticos empiezan a negociar con aquellos que se niegan a aceptarla, y que pretenden el caos como sistema—, sin entender que la autoridad no se negocia, se impone, por eso es autoridad. Ese es el escenario en el que se negocia con terroristas en igualdad de posiciones, es el escenario en que se mima al criminal y se trata de entender sus motivaciones, es el escenario Defund The Police. Las comisarías vaciadas de agentes y ocupadas por activistas sociales, como el barrio CHAZ de Seattle. Ese era el panorama de *kale borroka* de los noventa, con la Ertzaintza batiéndose el cobre y jugándose la vida. Ese es el escenario catalán de hoy, donde el caos es diseñado y subvencionado desde el poder, porque en el puesto de mando hemos colocado a los agentes del caos.

Ese mismo puente de mando es el que un lunes nos obliga a los miembros de las Fuerzas y Cuerpos de Seguridad a recibir un curso de igualdad en el que te hablan del empoderamiento femenino y el martes otro de trato con colectivos extranjeros en el que te dicen que cuando necesites algo de una mujer musulmana, te dirijas a su marido o a su acompañante, nunca a ella. Esa nave que zozobra es aquella que, en sus bodegas, alberga a miles de jóvenes que cada día, a través de boletines digitales, reciben adoctrinamiento y formación en la preparación de atentados yihadistas *high impact low cost*.[5] Es aquella que atraca a duras penas, y escorada, en un puerto en el que no hay un problema de radicalización islamista, sino de salud mental, porque todos los musulmanes que van cortando cuellos o cometiendo atropellos masivos están locos, aunque en sus ordenadores y teléfonos siempre encontremos soflamas del tipo «tienes la fe, tienes los conocimientos y ahora solo necesitas la inspiración».

¿Ahora te echas las manos a la cabeza y te preguntas dónde está la policía? La Policía está donde tú la has puesto cada vez que ibas a votar en unas elecciones. Los policías estamos hartos. Porque no es lo mismo la Policía que los policías. Después de tantas páginas, estamos seguros de que lo entiendes. La Policía está en los despachos de poder donde se marcan las estrategias. Los policías estamos en la calle, frustrados porque no podemos hacer más por ti, no nos dejan.

---

[5] Alto impacto y bajo coste. Los atentados con explosivos o con grandes medios, como ejemplo paradigmático el 11-S, son de alta complejidad y deben ser orquestados por organizaciones cada vez más difusas. Raramente consiguen su objetivo, aunque cuando lo hacen los efectos son extraordinarios. Sin embargo, el auge de los lobos solitarios ha permitido despliegues informales en cualquier punto del planeta y sostener la presión en ellos. Algunos boletines digitales de yihad enseñan a cometer atentados de esta categoría. Robar un camión implica un coste cero, mientras que el coste en vidas será elevado, así como en asistencia médica, policial y recursos para medidas legales u operativos policiales e inteligencia. Sobre todo generan enormes tensiones sociales y ahondan las diferencias políticas.

No es ninguna broma, caminas sobre las cenizas de una civilización. España se encuentra ahora entre las zonas de confort criminal, las zonas *no-go* y la amenaza constante del terrorismo yihadista. En tu mano está parar esto. Los lobos quieren seguir subiendo escaleras hasta llegar al palacio, y en sus habitaciones están jugando tus hijos.

Epílogo
¿QUIERE USTED OPINIÓN O AFIRMACIÓN?

Seguro que has visto cientos de películas bélicas. Suelen protagonizarlas aguerridos valientes dispuestos a enfrentarse al enemigo y combatir hasta la última gota de su sangre. Suelen reflejar solo la parte honorable, si es que algo tiene, de la lucha entre iguales. En algunas de ellas aparece un personaje curioso, el soldado que cocina el rancho o prepara el café para los oficiales de la plana mayor de la compañía. No es un personaje menor. En la vida real, los problemas de logística ganan y pierden las guerras y, a veces, un simple soldado que consigue preparar un chute de buena cafeína puede hacer que todo un pelotón funcione.

El que prepara café es importante, el que hace el rancho es importante y el que envía desde el despacho el papeleo también es importante. Todos son engranajes de una misma máquina que debe funcionar bien engrasada. Pero para que todo tenga sentido, la máquina debe estar dedicada a algún fin. Ni en una película bélica ni en la vida real tendría sentido que todos los soldados hicieran café, todos enviaran papeles y ninguno estuviera en la trinchera pegando tiros. Sí, amigo. Aunque más de uno se haya olvidado, los que están en el frente llenos de barro, enfrentándose a los malos, son los que le dan a todo sentido.

Alguien debe protagonizar la historia épica, nadie quiere ir al cine a ver militares o policías haciendo papeleo. Imagina la trama: «*Policinistas:* la trepidante historia de un inspector que, acuciado por la reunión que su comisario tiene con el coronel de la Guardia Civil y el subdelegado del Gobierno, prepara la hoja de Excel con los datos de criminalidad del mes. Después de tanta presión, el inspector descubre que esa hoja que tanto trabajo le costó confeccionar jamás salió de la carpeta de su jefe y que, después, comisario, coronel y subdelegado se fueron a comer juntos y a hablar de fútbol». Próximamente en sus pantallas, pero a todas horas en las dependencias policiales de España. Esta sinopsis es lo más parecido a la realidad.

Europa está en guerra, pero esta vez la lucha es contra el crimen, y lleva desde los años noventa perdiendo batallas. Primero se rindieron barrios, luego ciudades y más tarde países enteros. España ha llegado tarde a este proceso, pero ya está aquí. El enemigo ha traspasado las líneas porque había demasiados soldados dedicados a preparar el delicioso café del coronel, demasiados ocupados en redactar el diario de guerra y procurar que las hazañas bélicas quedaran bien redactadas para el reparto de medallas, y demasiados con la tarea de escribir los discursos, preparar el rancho, tener el coche del jefe bien limpio, ocuparse del protocolo y repasar el mapa de la contienda en el cuartel general. Enfrentándose y disparando a los malos había cuatro. A la mitad los mataron —no los malos, sino el sistema— y la otra mitad están preguntándose si merece la pena seguir luchando.

Los diferentes gobiernos han sido los culpables de esta situación, al pervertir nuestra noble profesión para utilizarla exclusivamente como órgano de propaganda política y la aleja de su cometido real: combatir el crimen y el desorden, el famoso *servir y proteger*. Hoy, pretenden que nos enfrentemos a un nuevo paradigma delincuencial de alta intensidad y violencia con perspectiva de género, sostenibilidad, resiliencia y Tik Tok. Es imposible.

«España es un país seguro», repiten. El Mercedes que hoy lleva un taxista somalí también era seguro, pero en el año 85. En nuestros días, cualquier utilitario de plástico es más capaz de salvarte la vida que ese confiable y bien construido pero obsoleto, coche alemán. Policialmente seguimos con el arcaico y poco eficaz pensamiento de que, aunque viejo, el modelo aún funciona y no necesitamos cambiarlo si todavía es capaz de rodar. También ruedan los neumáticos sin dibujo, hasta que se pone a llover a cántaros y hay que frenar bruscamente porque se cruza un jabalí.

Los datos y las cifras suelen revelar verdades incómodas. ¿Cómo es posible que un dato que debería ser positivo esconda en realidad una de esas verdades que no queremos conocer? Estamos convencidos de que la mayoría de los ciudadanos se alegrarán al saber que España tiene una de las tasas de policías por habitante más altas de Europa. En la última década, esa tasa se ha ido moviendo entre los 4,8 y los 5,3 policías por cada mil habitantes, muy superior a cualquier país comparable al nuestro. La media de la Unión Europea es de 3,6.

El ciudadano quiere que no sea necesario llamar a la Policía

Consideremos, además, que ese índice de 3,6/1.000 habitantes ya es muy elevado para los estándares globales, y es así de alto porque los países mediterráneos, cuyas administraciones son gigantescos aparatos de gasto público, hacen que la media europea aumente. La verdad incómoda es que esto no se traduce en ningún impacto en la eficacia. ¿Cómo es posible? Pues porque, como todos convendremos, es mucho más rápido un Ferrari que un Land Rover, pero si el trayecto que debes realizar a diario es por una pista forestal hasta una cabaña en mitad del monte, entenderás que el carísimo y superveloz automóvil no sirve para nada comparado con el todoterreno. Tener algo que parece bueno pero que en realidad no sirve para nada es el resumen de este modelo de DPO, cartas de servicios y relaciones institucionales. En general, todo esto al ciudadano le importa un rábano.

El ciudadano no quiere ser atendido por la Policía. Al revés, necesita que la Policía haya hecho su trabajo con anterioridad para no tener que precisar su ayuda. No le interesan los mensajes institucionales. Los problemas de gestión de la seguridad deben ser resueltos por prescriptores y gestores reales de seguridad, no por burócratas. Sin ninguna duda, el primer gestor de la delincuencia es el policía de calle. Es el que conoce la zona y a los vecinos, los comercios y los bares. Es el primero en llegar y el último en marcharse. Ante situaciones de emergencia el ciudadano exige respuestas y solo su policía de proximidad puede ofrecerlas con inmediatez, sea para resolver el problema o para orientar si es necesaria la intervención de unidades especializadas.

Ante la acción de la delincuencia hay factores que reducen el estrés del momento y aportan valor añadido a la eficacia en la actuación policial y a la confianza de los ciudadanos en su policía:

- La rapidez en la respuesta.
- El número de agentes que llegan a la escena.
- La confianza que transmite su actuación.
- El conocimiento del entorno...

En ningún caso genera valor añadido —ningún valor, realmente— toda la sarta de eslóganes y mensajes institucionales que, en los últimos años, se dedican a difundir gobiernos, ministerios y direcciones generales de los cuerpos policiales. Cuando un hostelero que está siendo atracado llama a una patrulla quiere que llegue rápido y que detengan al chorizo. Si no es así, le importa un huevo que le expliques que has llegado tarde, pero que el índice de criminalidad de la zona ha descendido. Cuando alguien avisa de una pelea callejera, quiere que los agentes aparezcan de inmediato. No le interesa lo más mínimo que le digas que te has equivocado de lugar porque te han dado mal el aviso, pero que, a cambio, has acudido con una excelente compañera porque la brecha de género se ha reducido en las fuerzas de seguridad. Si unos okupas se lían a botellazos con los vecinos, el barrio quiere que aparezcan diez patrullas que corran a varazos a los delincuentes y los echen de allí. Si solo acuden dos agentes que no pueden hacer nada más que mirar porque no hay disponibilidad de efectivos, ningún vecino va a estar más contento cuando le expliquen que no han podido hacer nada, vale, pero que han llegado con un coche eléctrico nuevecito con pegatina cero emisiones, que es muy respetuoso con el medio ambiente.

Nuestro público no es el ciudadano, es el delincuente

Perdemos y perderemos las batallas mientras no entendamos que, como hacen los delincuentes con su *cartera de servicios*, debemos adaptarnos a las tareas requeridas. Sobre todo a las demandas de seguridad ciudadana, y trabajar con los recursos que tradicionalmente funcionan siempre que se acompasen a lo que los nuevos tiempos traen. Adaptarse a los tiempos no es comprar más vehículos eléctricos ni tener más seguidores en redes sociales. Es conocer el mercado en el que queremos situar nuestro producto. Somos servicios públicos de seguridad, nuestro producto es la tranquilidad de la ciudadanía, pero tal vez deberíamos empezar a cambiar la visión de nuestro *target*. Nuestro público objetivo no es el honrado ciudadano, sino el delincuente. A este es al que deberíamos ofrecerle nuestro catálogo y explicarle el coste. Señora, compra usted un hurto en un supermercado, le cuesta esto. Caballero, atraca usted con arma blanca, le cuesta esto.

Zonas como la Comunidad de Madrid, Cataluña o País Vasco superan los siete policías por cada 1.000 habitantes. Son números más propios de una zona de guerra. Nueva York tiene 2,9. Al contrario de lo que se piensa, los países con sistemas de vigilancia policial eficaz tienen una ratio de agentes relativamente baja. A pesar de estos datos incontestables, todos los mensajes institucionales del *establishment* son unidireccionales: faltan policías. Y, sinceramente, es cierto. Tan nefasta es la organización que no encontrará a un solo miembro de las Fuerzas y Cuerpos de Seguridad, no importa si es un policía foral de Navarra, un guardia civil de Cádiz o un policía local de Albacete, que no esté prestando servicio en una unidad operativa en cuadro, o sea, con falta de personal y con serias dificultades para cubrir todos los servicios requeridos. En las unidades burocráticas y administrativas, no hay una silla vacía y, a mayores, en cuanto prevén que van a necesitar a alguien más, comisionan personal proveniente de las unidades operativas con graves carencias. Y así, siendo el país de nuestro entorno con más policías en promedio, existen hoy grandes ciudades donde se dejan avisos de emergencia sin atender por falta de radiopatrullas o se atienden con mucho retraso, y zonas rurales donde hay disponible una sola pareja de agentes para vigilar varios pueblos y enormes extensiones de terreno, y todo para que a la pantagruélica Administración no le falte alimento, para que no le falte un soldado que le prepare el café.

Hay demasiados policías que realizan tareas no policiales, exceso de supervisores y duplicidad, e incluso triplicidad competencial que malgasta dinero y recursos humanos, y que tiene al político y sus cortijos como único beneficiario, nunca al ciudadano, que además paga la factura. La falta de procesos de liderazgo alcanza límites dramáticos. Es imposible mejorar un modelo policial sin líderes. ¿Recuerdan al capitán de los Tercios Alejandro Farnesio?: «No puede llenar el cargo de capitán quien valerosamente no hubiera hecho primero el oficio de soldado».

No quieren policías formados, la formación implica espíritu crítico y esta casa mal con la obediencia.

Entonces, llega un día en la vida de todo profesional, y no solo de las Fuerzas y Cuerpos de Seguridad, en que uno se da cuenta de que las cosas no van bien. Miras a tu alrededor, en la trinchera, y no hay nadie. Quedan cuatro desgraciados, desarrapados, sin comer, sucios y malolientes, uno de ellos herido. Hace frío y no hay siquiera una manta con la que cobijarse, el enemigo está a un paso de asaltar el puesto y apenas queda munición. De repente, te das la vuelta con los prismáticos con los que oteas el frente y, al mirar a retaguardia, ves un montón de coches de lujo nuevecitos aparcados en la base de una montaña a la que no pueden subir porque no sirven para eso, pero ¡hay que ver qué bonitos son y qué bien quedan en la foto! En mitad de la ladera divisas el cuartel general. Ves el humo de la confortable estufa salir por la chimenea e incluso desde tu posición puedes oler el delicioso aroma del café que debe de estar degustando el coronel. Tu compañero y tú os miráis y, sin decir nada, sabéis que la guerra está perdida. Tampoco importa ya demasiado. Si te quedas en la trinchera, te van a matar y, si te retiras, abandonando tu puesto, y te presentas en el cuartel a protestar, te fusilarán por desertor. La historia de España está llena de valientes que jamás abandonaron su puesto, aunque sabían todo esto que te estamos contando. Gracias a ellos nuestro legado está escrito con letras de oro.

Si trabajas en una empresa privada, poco tienes que decir al respecto. La dirección puede estar absolutamente desnortada y, con su mala gestión, arruinar el negocio y destruir tu puesto de trabajo, pero, al fin y al cabo, es su empresa y su dinero. A ti poco más te queda que patalear. En la función pública esto no debería ser así. Cada administración, cada empresa o servicio público son un poco tuyos y míos, de todos. De manera que, en esta enorme cadena que conformamos todos los ciudadanos, nunca deberíamos permitir a un gestor desnortado. Deberíamos poder exigir que los servicios funcionaran bien y que los gestores rindieran cuentas y asumieran que trabajan para la comunidad, no para ellos mismos ni para los políticos. Funcionarios, gestores y políticos no son los dueños, no son los *CEO* ni el consejo de administración, son servidores. Olvidan su rol porque la Administración, como ente abstracto, es inmortal y cuida que la responsabilidad individual de los de arriba se diluya como azucarillo en el café, mientras que los de abajo somos la cuchara dando vueltas. Existirá Administración hasta que quede el último ciudadano que le sirva de alimento y al que someter con su implacable apisonadora.

Singularizando en los cuerpos policiales, que es de lo que aquí hablamos, en las escalas de gestión se ha perdido por completo el sentido final de la profesión. Los servidores públicos que ostentan puestos de poder han olvidado que sirven al ciudadano y no a la institución en sí o a la Administración. El fin último es el bienestar de las personas, su cuidado, su seguridad. Nunca puede ser un fin perpetuar la línea política o ideológica del gobierno de turno ni mantener una inercia dedicada únicamente a aparentar que todo funciona, a reproducir los discursos de moda o a ser la policía del pensamiento de lo políticamente correcto.

Primero el cuerpo. El empleo es secundario

Es un detalle que te habrá pasado desapercibido, pero si conoces a algún mando de la Guardia Civil o de la Policía, verás que, al ser preguntado por su profesión, nunca dirá que es guardia civil o policía, dirá que es capitán de la Guardia Civil o inspector jefe de Policía. Es el primer síntoma de que algo no va bien. Hay demasiados mandos que han olvidado que, primero, pertenecen a un cuerpo determinado y, después, dentro de él, tienen un empleo que implica una mayor o menor responsabilidad. Algunos mandos están convencidos de que mandar es dirigir, pero ser mando no solo implica tener tareas diferentes, sino que, además de todos los cometidos que tiene un agente básico, tiene todos los demás. «Mandar es servir». Eso se lee en las aulas de la Academia General Militar, pero debe de estar algo borroso o escondido.

Ocurre, sin embargo, que algunos creen que su empleo les otorga facultades o conocimientos especiales de los que, a ojos vista, carecen. Un comandante, un inspector o un coronel tienen conocimientos sobre muchas cosas, pero también desconocen infinidad de ellas. Saberes de los que, a veces, disponen sus subordinados, a los que jamás consultan. Muy pocos son los que lo hacen, la mayoría solo preguntan para reforzar su preconcebida idea. No creas que la soberbia es patrimonio de las jefaturas y los cuadros de mando. En las bases también la hay a raudales —todos pecamos de ella en algún momento— y no podemos olvidar tampoco que muchos de los mandos intermedios que son auténticos lastres en el desarrollo lógico de órdenes e instrucciones operativas provienen de esas bases.

En el principio de mi carrera, y hasta hace relativamente poco tiempo, creía que la primera muestra de lealtad al mando era la de ser absolutamente sincero cuando me requería mi opinión en calidad de profesional con determinada experiencia y especialización. Esto no significaba decir lo que me viniera en gana, sino decir lo que yo en conciencia haría y, sobre todo, lo que creía que era legal y justo. Lamentablemente hace ya algunos años que cuando un jefe requiere mi opinión —aunque esto ya rara vez ocurre— pregunto antes si desea obtener opinión o afirmación.

Lo hago por la sencilla razón de que la pregunta no suele ser formulada sin más, sin información previa, sino con la exposición primera de una serie de argumentos por parte del mando de lo que él cree que debe hacerse, con los que puedo o no estar de acuerdo. Antaño daba mi opinión nítida, después cambié de estrategia y presentaba mi opinión como si de la perspectiva del investigado o del letrado se tratara, por enfrentar puntos de vista. Tampoco servía. Luego opté por indagar:

—¿Quiere usted opinión o afirmación?

Esta actitud no me llegó de la noche a la mañana, sino que ha sido fruto de una continua decepción y hastío. Cuando llevaba muy poco tiempo en la Guardia Civil, para mi desesperación, observaba a mis compañeros más veteranos salir de servicio sin ninguna gana, a pasar el rato. No podía comprender aquella desidia. Me resultaba asombroso el increíble superpoder que les permitía estar siempre en el lugar más alejado de donde ocurrían los problemas. Desgraciadamente para mí, no tardaría en descubrir de qué forma habían adquirido tan extraordinario don.

En cada servicio nos entregaban una papeleta con nuestros cometidos, que básicamente eran ir de punto a punto de la demarcación parando media hora o tres cuartos en cada uno de ellos, hasta la vuelta a base para la finalización. Éramos la reencarnación del verbo *To be*. Ser o estar era nuestra única función. A final del siglo pasado la delincuencia no tenía, ni de lejos, el volumen actual, pero la poca que había nos ganaba por goleada. Cada semana nos robaban una gasolinera, cada semana desvalijaban una casa solariega y a todas horas robaban en granjas y garajes. La sesuda estrategia consistía en que cada día nos apostáramos exactamente en los mismos puntos, a las mismas horas y con el tiempo justo para cubrir la distancia entre estacionamiento y estacionamiento. No vigilábamos, solo estábamos para que la gente nos viera. ¿Pero quién iba a vernos en aquellos pueblos vacíos? Nadie, solo los malos. Ellos sí tenían un método de vigilancia y por eso sabían exactamente dónde estábamos en cada momento. Cuando alguien tenía alguna inquietud o había sufrido algún percance o algún robo, toda la respuesta que obtenían era: «Vaya usted al puesto a denunciar». Pero nadie iba porque nadie tenía tiempo para hacer cincuenta kilómetros y perder una mañana para denunciar el robo de unas herramientas o aperos que luego tampoco nadie iba a molestarse en buscar. Era más rápido comprar unos nuevos. Estadísticamente, en aquella zona nunca pasaba nada.

Mis compañeros, algunos ya descansan en paz, estaban absolutamente desmotivados. No se les permitía iniciativa alguna. No podían desviarse ni quince minutos de la hora prevista en la papeleta de servicio. El capitán no lo permitía. El capitán solo quería llegar al punto, encontrarnos, revisar la papeleta y ver que en ella había anotados dos o tres coches y personas identificados, números y palotes. ¿El motivo de parar y molestar siempre a los mismos vecinos? Ninguno. Yo no era ingeniero en seguridad ni arquitecto, solo era un joven guardia civil de diecinueve añitos que estudiaba Derecho y que no comprendía absolutamente nada. Entonces eso de que *algo no funcionaba* era tan solo una percepción. Muy acusada, pero percepción, al fin y al cabo.

Dos episodios, dos decepciones

Puedo contar mil historias, mil episodios, tan terribles algunos y tan maravillosos otros como podrían contarlos tantos miles de compañeros en toda España, pero solamente escribiré dos. Dos episodios que cambiaron mi visión de todo, que me desilusionaron profundamente. Me llevaron a tomar la decisión de que jamás me callaría cuando viera una injusticia, que siempre haría saber mi opinión cuando alguien la preguntara y que, si tenía que decidir entre ser políticamente correcto o meterme en un lío por no dar la razón al sistema, me metería en el lío. Si nadie preguntaba, me quedaría bien calladito.

A lo largo de la profesión te llevas disgustos y decepciones. Mi primera desilusión llegó pronto. Una madrugada de agosto del año 2000 la inmundicia terrorista ETA asesinó en Sallent de Gállego (Huesca) a mi compañero de promoción José Ángel y a su jefa de pareja, Irene. Los hicieron volar por los aires con una lapa adosada a los bajos de su coche patrulla, un coche que cada noche dormía abandonado en la calle, enfrente de un cuartel indigno y ruinoso.

Aquella mañana, sin recuperarnos de la rabia, montamos la jaula.[1] A mi patrulla le tocó en el límite con la provincia de Lérida, en un cruce remoto donde no había cobertura de transmisiones ni cobertura de teléfono móvil. Aun a sabiendas de que era imposible que los terroristas iniciaran su huida por ese punto, ya que del lugar del atentado a la frontera con Francia hay diez minutos de viaje y era una zona sin vigilancia, y menos aún en el momento de la explosión, salimos volando hacia nuestro punto de control. Permanecimos en él desde las siete de la mañana, aproximadamente, hasta casi las cinco de la tarde. Era uno de esos lugares por los que no pasa nadie; tal vez cinco o seis coches en toda una mañana. Si por una de esas casualidades de la vida hubieran pasado por allí los asesinos, tampoco lo hubiéramos sabido; ni datos, ni descripciones y, por supuesto, ninguna instrucción.

Serían más o menos las tres de la tarde cuando, a unos cien metros del lugar en el que estábamos estacionados, un motero se cayó en la calzada. Allí no había nadie, solo nosotros y, como no podría ser de otra forma, nos acercamos para auxiliarle. Aquel hombre estaba gravemente herido y no teníamos forma de avisar a nadie. Mi compañero se quedó con él y yo cogí el vehículo para acercarme al pueblo más próximo, donde conseguí pedir ayuda desde el teléfono fijo de una panadería.

Volví con mi compañero nada más que para permanecer impotentes, a su lado, viendo cómo aquel hombre comenzaba su

---

[1] Dispositivo que se establece inmediatamente tras un hecho grave. Se cierran todas las salidas por tierra, mar o aire, según proceda, de una determinada zona, para detener a los autores.

camino hacia el otro mundo sin que pudiéramos hacer nada. Respiramos con alivio cuando por fin llegó la ambulancia. Desconozco qué pronóstico y destino esperaron a aquel hombre, ojalá fuera feliz. Las luces naranjas de la UVI comenzaron a perderse en el horizonte y nosotros permanecimos allí retirando la motocicleta; una pesadísima *custom* que no había un dios que fuera capaz de levantar. Entonces apareció el teniente.

Aunque vio la ambulancia alejarse y la moto en el suelo, no hubo compasión. Recibí el broncazo más grande de mi carrera. Lo fue entonces y lo sigue siendo hoy. Habíamos abandonado un punto de control, éramos una «vergüenza para la Guardia Civil» porque podríamos haber dejado escapar a los terroristas. Nos amenazó, nos insultó y no atendió a ninguna razón que pudiéramos darle. Pregunté qué podía haber hecho yo distinto en ese caso. No obtuve respuesta, solo gritos y atribuciones de incompetencia. Todos habíamos perdido a un compañero, en mi caso alguien con quien había convivido a diario durante dos años. ¿Quién era ese teniente para atreverse a hablar de aquella manera? Entonces le repliqué y no se contuvo en amenazarme con *corregirme*. Hoy, sin duda, nos hubiéramos visto ante un instructor en un procedimiento de régimen disciplinario.

Aquel día mi percepción de que *algo no funcionaba* se convirtió en certeza. Tuve claro que era todo el sistema al completo el que fallaba. Dos compañeros muertos a manos de unos terroristas con los que, ya entonces, los políticos dialogaban sin ningún rubor; un vehículo patrulla tirado en la calle porque ningún mando responsable había hecho su trabajo y había procurado que estuviera a resguardo y vigilado, máxime en una pocilga de cuartel que ya había sido atacado anteriormente sin que nadie pusiera ninguna solución; unas transmisiones que no funcionaban y unas órdenes e instrucciones que nadie había dado. Para aquel teniente, lo único reprochable de todo aquello era mi comportamiento y no se cortó en hacérmelo saber sin escatimar calificativos. No había abandonado mi puesto para almorzar ni para tomar café o ponerme a la sombra, sino para auxiliar a un herido. Pero tuve que escuchar: «Debería darte vergüenza» y «estás faltando al respeto a los compañeros muertos».

Su trato fue inadecuado —impresentable, maleducado y grosero, pero lo dejaremos en inadecuado— y así se lo hice saber. Como era un pardillo, creí que imperaría el sentido común y que la superioridad reconocería que mi compañero y yo hicimos lo único que se podía haber hecho, pero no fue así. Por supuesto, no se quedó para hacernos el relevo. Se marchó a comer mientras nosotros esperábamos a otra patrulla. Él, su profesionalidad y su respeto tomaron café, almorzaron y comieron aquella mañana. No me lo invento. Mi compañero y yo permanecimos sin tomar ni un café desde la cena del día anterior hasta bien pasadas las cinco de la tarde. Ni ganas.

Ese mismo teniente me tenía viviendo en un zulo. Una habitación de cinco metros cuadrados sin higiene, sin espacio y en la que, como si fuera el prisionero de un servicio de espionaje, tenía que dormir con luz a todas horas, de día porque no había persiana y de noche porque la farola estaba justo encima de mi ventana. Tenía que tapar la ventana con cartones. Aunque el cuartel estaba vacío, intentó por todos los medios evitar que solicitara la ocupación en precario de una vivienda de las muchas que allí había abandonadas, como si fuera él su propietario. Aquel teniente, muchos años más tarde, me llamó para pedirme que cometiera un delito: hacer la vista gorda cuando en un control pillamos a su hijo borracho. El honor, la responsabilidad y la profesionalidad se le habían caído por un agujero del bolsillo. Un cabo intentó hacerle el favor y, por supuesto, se lo impedí. A mí me llamaron la atención por tratar mal a un compañero —el teniente se quejó de mí y dijo que no fui cortés con él—, pero su hijo se fue imputado y el cabo, considerado un tipo competente, trabajador y válido, hoy está expulsado de la Guardia Civil. El sistema no es imperfecto del todo y aunque premia al obediente, a veces tiene recompensas en forma de justicia poética para los que no nos sometemos. Los agentes de base somos los primeros en detectar cuando alguno de nosotros huele mal, así que sacamos la basura y la arrojamos donde debe estar.

José Ángel era un buen tipo. No era mi amigo, ni siquiera teníamos una relación excesivamente cordial. Era un guardia civil de vocación y no perdía ocasión de fotografiarse junto al monolito de Valdemoro que dice: «La Guardia Civil muere, pero no se rinde». Precisamente por eso, su muerte, por lo que de simbólico tiene, me dolió tanto. Fueron los criminales terroristas que lo mataron junto a Irene los responsables del asesinato, pero fueron todos esos burócratas con galones y el pecho lleno de medallas, incapaces de conseguir un cuartel decente o un garaje apropiado, los que fallaron en el cometido que se supone es su responsabilidad: velar por sus subordinados. Si los malnacidos etarras hubieran tenido que superar alguna medida de seguridad, por mínima que fuera, para instalar la bomba en el vehículo, no tendría nada que reprochar a nuestra jefatura. Pero se lo pusieron a huevo, les regalaron la vida de dos jóvenes valientes. Nunca he comprendido cómo tuvieron la desvergüenza de aparecer por el funeral. Yo no fui. José Ángel murió y, en su memoria, yo no acudiré a ningún homenaje, aniversario ni a nada que implique parafernalia, pero no me rendiré.

Un año después se inauguraba el nuevo cuartel. Un edificio cuya construcción acumulaba años de retraso por problemas burocráticos varios que ni puñetero interés tengo en saber cuáles eran. Lo único cierto aquí es que había un cuartel en ruinas y sin vigilancia, un coche tirado en la calle día y noche y que, por ese motivo, los asesinos no tuvieron ninguna dificultad en matar a dos compañeros.

El segundo episodio ocurrió varios años más tarde. Su Majestad el rey se encontraba en Zaragoza en viaje oficial. Yo era el único instructor de atestados de la unidad y regresaba con un compañero conductor de hacer un detenido, cuando la central de servicios solicitó una patrulla próxima a un punto que por seguridad omitiré. Casualmente yo estaba allí, así que respondí a la llamada. El requerimiento era simple: cortar el tráfico porque la comitiva real iniciaba el desplazamiento en dirección a la autopista. Nunca llegué a hacerlo porque, justo en ese instante, un autobús volcó en esa autopista y dejó varios fallecidos, amputados y heridos de diversa consideración. Otra patrulla ocupó mi puesto y yo me trasladé al accidente.

Cuando llegué al lugar la escena era dantesca, como todas las escenas de siniestros de tráfico, pero aquí había un plus de tragedia. Llovía a mares, había un autobús volcado y varias personas atrapadas que aún luchaban por salir. Entre nosotros y los bomberos pudimos sacarlos a todos, a excepción de los que ya no se contaban entre los vivos, que esperarían su turno hasta que médicos y enfermeros lograran estabilizar a los heridos.

Lo recuerdo perfectamente, como recuerdo tantas otras escenas inolvidables. La mayoría de aquellas personas eran mayores, con una media de sesenta y cinco años. Impertérritos, estaban allí, de pie, con la mirada perdida. Yo intentaba hablar con algunos de ellos, pero respondían vagamente. No era para menos. A su alrededor, un enjambre de uniformes y prisas. Ellos estaban a salvo y nadie les hacía ni puñetero caso. Como zombis calados por el agua, todo el mundo parecía huirles y nadie les ofrecía refugio.

Por transmisiones, y debido a la demanda de comunicaciones de este hecho, se *perdió* la pista del convoy de Su Majestad. En el acto que habían celebrado se encontraban multitud de autoridades y todas debían regresar a sus lugares de origen; lugares que, en ningún caso, obligaban a pasar por el sitio en el que se había producido el fatídico accidente. Por alguna razón, se sospechó que el rey sí iba a acudir al sitio ya que, al parecer, él sí tenía en agenda otro compromiso y el lugar del siniestro era paso obligado. Don Juan Carlos I nunca se presentó y su comitiva jamás pasó por aquella carretera, pero, por si acaso el monarca se presentaba —siempre ha tenido fama de asomarse a los *fregaos* desoyendo los consejos de su equipo de seguridad—, una banda de trajeados con cargo político comenzó a aparecer para dejarse ver. Fue la primera vez en mi vida que vi a una autoridad comparecer en el lugar de un siniestro y estoy convencido de que, salvo que se den condiciones similares, será la última.

El primero en llegar al lugar fue el alcalde de Zaragoza, Juan Alberto Belloch. Ante mí se presentaron dos escoltas de la Policía local de Zaragoza que, sin pedir permiso, avanzaron hacia la escena. Su cara fue un poema cuando les impedí el paso.

—Es el alcalde de Zaragoza —alegaron los policías.

—Lo siento, compañeros. No pueden pasar. Pueden esperar en el coche y, cuando todo esté solucionado, les dejaré pasar. —En aquel momento el autobús estaba apuntalado y sostenido en precario por la pluma de los bomberos, que trabajaban en el rescate de algunos heridos y en la extracción de los cadáveres.

—Pero es el alcalde de Zaragoza —insistieron con cara de pocos amigos.

—Es el alcalde de Zaragoza, pero este no es su término municipal, así que aquí carece de esa autoridad. Es exministro de Justicia e Interior, pero ya no dispone de esa categoría. Por favor, no insistan. Ahora estamos muy ocupados. Esperen en el vehículo y, cuando todo esté asegurado, en atención a la trayectoria de su persona, podrán entrar —no podía yo eternizar aquella conversación.

—¿Quién es el mando del operativo? —me interpelaron.

—Hasta que alguien más caracterizado acuda, yo mismo.

Y casi no pude terminar de hablar. Detrás de mí apareció el jefe del subsector, corriendo, sujetándose la gorra y la pistola. Alguien más caracterizado acababa de llegar y debió de horrorizarse, no al ver el autobús volcado, sino al verme negando el paso a un VIP. Al pasar a mi lado, casi atropellándome, me echó una de esas miradas que hielan el alma. De esas que anuncian problemas. Empezó a salir el sol, la pluma bajó el autobús, aparecieron más políticos y la prensa. Salieron unas fotos preciosas.

Sé que fueron unas buenas fotos porque las vi publicadas. Ni una de ellas correspondía a nuestros equipos trabajando, a los bomberos sudando para asegurar el vehículo ni a los servicios médicos currando, incluso en el suelo, porque hubo momentos en los que no había camillas suficientes. En todas se veía a los políticos con cara de interés, escuchando las explicaciones de los respectivos jefes de los servicios. En el momento en que se hacían las fotos ni mi compañero ni yo estábamos allí. Junto con los dos voluntarios de Protección Civil, cogimos la furgoneta de atestados, el todoterreno de Protección Civil y una furgoneta que *robamos* al encargado de autopistas, que aún estaba realizando un sinfín de llamadas para poder tomar la decisión de si podía usarla para hacer ese traslado, y las llenamos con los pasajeros del autobús que milagrosamente habían resultado ilesos y estaban allí empapados. Los acercamos al área de servicio y los dejamos en el bar. Cuando le pedí a la chica que, por favor, les diera algo caliente de beber y de comer y que tuviera la cortesía, como mínimo, de no cobrarles, me dijo que tenía que consultarlo.

—No hace falta. Mi compañero y yo lo pagaremos. No se preocupe.

No llegamos a pagar nada porque, al final, conseguimos arreglarlo. La camarera no era una mala persona, simplemente era incapaz de tomar una decisión. El encargado de la autopista tampoco era malo. Cuando regresamos con su furgoneta seguía esperando autorización para usarla. Tuvo miedo de tomar una decisión. Yo no era malo tampoco por quejarme, sencillamente entendía que, antes de que políticos y medios se pusieran a su trabajo, que es hacer relaciones y salir en las fotos, yo tenía que completar el mío, que era mucho más urgente. Las decisiones urgentes deben tomarse y asumir el coste. Pero no siempre deberíamos tomarlas ni pagar el precio los mismos.

De no haber sido por aquellas interrupciones, la tarea habría acabado mucho antes, pero finalizamos el servicio, que habíamos empezado a las catorce horas, bien entrada la madrugada. Solo pudimos regresar a casa para ducharnos y volver a las seis de la mañana siguiente. Aquella jornada terminé a las cuatro de la tarde y, aunque tenía que entrar de nuevo a las veintidós, a las seis de esa misma tarde tuve que volver de nuevo para hacer unas inspecciones con un grupo de investigación que venía de Madrid. En menos de cuarenta y ocho horas, realicé casi treinta y seis de servicio efectivo.

No recibí ninguna ayuda, cero. Aquel servicio no me trajo precisamente una palmadita en la espalda. No importó nada de lo bueno que yo pudiera haber hecho. Es lo de menos, pero ni siquiera cobré la dieta que me correspondía. Ni la solicité, no tuve estómago para hacerlo. Entregué las diligencias, salió el juicio, la sentencia fue absolutamente coincidente con mi instrucción policial y todos los afectados, responsable incluido, agradecieron el trato recibido por mi parte y por las conclusiones del informe. El único recuerdo que dejé en mis superiores fue que *no dejé pasar a Belloch* y, por ello, me reprendieron. Sucedieron otras cosas que no puedo contar y por las que también tuve multitud de problemas. De hecho, fue por ellas por lo que me marché de la Agrupación de Tráfico para no volver, pero ¡ya ves! Nunca digas...

Belloch, el hombre, no tenía culpa de nada y sus escoltas menos. Pero están tan acostumbrados los políticos a que nadie les cierre una puerta, aunque en ocasiones como esta deberían cerrárseles todas, que cuando alguien les da una negativa, no pueden encajarla. Yo no tuve ocasión de explicar mi negativa, mi jefe debió impedirles el paso también y explicar los motivos y, llegado el caso, el jefe de mi jefe hacer lo propio. Estoy convencido de que el señor Belloch, como cualquier otra persona, lo hubiera entendido perfectamente, pero como aquella vez tampoco obtuvo una negativa y sí una disculpa del jefe por mi comportamiento, se iría a su casa pensando que yo era un gilipollas con ganas de tocar las narices.

En casos así, siempre me viene a la cabeza mi profesora de protocolo institucional y organización de eventos, una conocida protocolista —muchos años de ministerio en ministerio y de ministro en ministro—. Nos decía que «hay que estar preparados para todo». Ese todo, matizaba, incluía prever, por ejemplo, que si el VIP acudía a la inauguración de una obra, se hubiera ordenado que el pequeño trayecto que debiera andar desde el coche hasta el punto concreto de la foto se hubiera asfaltado o, al menos, rellenado con grava compactada. Eso suponía que, antes de la visita, un equipo de funcionarios que pagamos todos hiciera otra visita previa, anotara las necesidades y ordenara a los responsables aquello de ¡hágase! Igual no estaba previsto porque después habría que picar el cemento y hacerlo todo de nuevo o puede que no hubiera presupuesto y fuera un gasto extra, pero si venía el ministro todo tenía que estar limpio para que el pobre hombre o la pobre mujer que lleva en sus hombros el elevado peso de la responsabilidad no se manchara los zapatos. ¿Y si se los manchaba? Pues para eso estaba el imprescindible set de limpieza de calzado. «Un buen protocolista siempre lleva paraguas, un set de limpieza de calzado, un set de costura y ropa de recambio».

Muy probablemente, cuando el VIP inició su periplo como autoridad no imaginó que nadie le tuviera que coser un botón o limpiar los zapatos, y jamás se planteó que tuviera que asfaltarse nada a su paso, pero una pléyade de cortesanos y lameculos así se lo hicieron creer. Son la misma clase de pelotas que preparan la visita de un general o un político a unas dependencias policiales que están medio abandonadas y ese día compran toallitas, jabón con olor, ponen decoración y, si hay dos duros, hasta pintan las paredes. Cuando el general llega, tal vez con inquietud por mejorar las cosas o dotar de más medios y recursos materiales, encuentra a un grupúsculo de personas dispuestas a sonreír, a decir que todo va bien y a afirmar que no hace falta nada. Ya se han ocupado de que en la formación no haya nadie indeseable, no vaya a dar la casualidad de que su excelencia le pregunte precisamente a él y escuche algo que no quiera oír.

Mi encuentro con Samuel

Es a fuerza de decir cosas poco agradables a oídos poco acostumbrados a escuchar interferencias como uno no llega nunca a ninguna parte, o quién sabe, quizá al fin del mundo. La primera vez que vi a Samuel fue en un vídeo en redes sociales a raíz de su discurso en el Congreso. Si te soy sincero, su discurso me pareció valiente, pero creí que era un compañero policía que se había armado de valor, había escrito un buen compendio de ideas e informaciones y se había atrevido —que no es poco— a soltarlo allí. Estaba seguro de que era alguien «puesto allí», que cuando empezara a sufrir presión, comenzaría a templar gaitas y a rebajar el tono para bajar al patio de lo políticamente correcto. Cuando empezaron a lloverle las bofetadas, al ver que no cambiaba la forma, el tono ni el mensaje y seguía dando golpes al yunque, impasible, me dije: ¡este es de los míos! Pero la absoluta catarsis llegó cuando, con toda contundencia, les dijo a las diputadas del PP, entonces en el gobierno:

—Ustedes se han rodeado durante años de gente que les decía lo que ustedes querían oír y cuando alguien les dice lo que ustedes no quieren oír, se enfadan.

Entonces lo vi claro. ¡Se les había colado un disidente!

Ahí estaba él, un policía básico, un pelagatos cuya opinión no es tenida en cuenta por su rango en la toma de ninguna decisión, diciendo en el Congreso lo que ningún alto mando se hubiera atrevido jamás a soltar por la boca. El decir siempre lo que creemos que es justo, sin estridencias, pero sin rebajar un ápice la contundencia de nuestros mensajes nos unió. Nos unió también a tantos otros policías, a tantos vigilantes, a tantos guerreros y ciudadanos que desean expresarse en voz alta y que están hartos de poder hablar únicamente cuando sus ideas son coincidentes con el modelo imperante, con lo políticamente correcto, con el mensaje de moda o con lo que dice el jefe.

Estas breves historias son la demostración de lo que te hemos contado durante tantas páginas. Está la frustración del policía, está la priorización de la perspectiva política y de la perspectiva social del momento, por encima de la profesional; también están los procesos de liderazgo inexistentes y están los fríos números de la estadística venciendo a las necesidades de las personas y a las personas mismas.

En el sinfín de batallitas e historietas vividas a lo largo de mi carrera, las cuales me callo para no poner en evidencia a algún mando que he tenido, seguro que hubo hechos en los que me equivoqué, pero en los que siempre traté de que imperara el sentido común y la escrupulosa legalidad antes que la estadística que todo lo corrompe. Nadie ajeno a nuestras instituciones podrá decir jamás de Samuel ni de mí que hemos dado mala imagen de ellas. Como tantos otros miembros de las Fuerzas y Cuerpos de Seguridad de España, la gratitud que hemos recibido de nuestras instituciones por tratar de hacer lo correcto ha sido ninguna, pero la recibida por parte de tantos a los que hemos tratado de ayudar ha sido tanta que no puede haber grito, expediente disciplinario ni desmotivación que superen la recompensa de saber que nuestro trabajo sí importa y marca la diferencia. No se trató nunca de esperar más que la satisfacción del deber cumplido, pero tampoco se trató nunca de recibir coces y exabruptos.

El mando es el mando y sus decisiones se acatan, pero si requiere una opinión, debe dársele con total honestidad. Si no quiere oírla, que no pregunte. Si pregunta, sabe a lo que se expone. Si hay dudas sobre la posición del jefe, pregúntale: «¿Quiere opinión o afirmación?». Le extrañará que respondas así y te dirá que quiere tu opinión sincera. Distinguirás si estás ante un jefe o ante un líder porque el primero intentará convencerte de que no tienes razón, le recordarás que ha sido él quien te ha preguntado y jamás volverá a pedir tu opinión.

Amigo ciudadano, a ti, a quien nos debemos en cuerpo y alma, te pedimos: confía en tu policía, somos la última frontera entre la paz social y la demolición de nuestra sociedad. Compañero, recuerda que te ha contratado una administración pero que trabajas para las personas, porque si antepones la burocracia, puede que solo seas alguien que viste un uniforme. Si para ti están primero las personas, entonces eres un guerrero, un policía. Sé un policía, sé un guardia civil, un vigilante, un militar, un foral, un ertzaina, un mosso, un funcionario de prisiones, un portuario... porque, independientemente de si tu trabajo suma en la estadística o no, siempre suma en la vida de alguien.

Josema Vallejo
Madrid, a 9 de mayo de 2022